법학 글쓰기

法を学ぶ人のための

文章作法

井田良・佐渡島紗織・山野目章夫 공저 ── 이정민・장성숙 공역

박영사

목 차

COLUMN 목차

저자소개

이다 마코토(井田良)   (INTRODUCTION, PART I, EPILOGUE 집필)
1978년 케이오대학(慶応義塾大学) 법학부 졸업
현재 츄오대학(中央大学) 대학원 법무 연구과 교수, 케이오대학 명예교수
형사법 전공

주요저서
『基礎から学ぶ刑事法 [第6版]』, 有斐閣, 2017
『入門刑法学·総論 [第2版]』, 『入門刑法学·各論[第2版]』, 有斐閣, 2018
『講義刑法学·総論 [第2版]』, 『入門刑法学·各論[第2版]』, 有斐閣, 2018

사도시마 사오리(佐渡島紗織)   (PART II. 집필)
1998년 일리노이대학 대학원 졸업
현재 와세다대학(早稲田大学) 국제학술원 교수
국어교육 전공

주요저서
『これから研究を書くひとのためのガイドブック』, 共著, ひつじ書房, 2008
『文章チュ―タリングの理念と実践』, 共著, ひつじ書房, 2008
『レポ―ト論文をさらによくする「書き直し」ガイド』, 共編, 大修館書店, 2015

야마노메 아키오(山野目章夫)   (PART III. PART II. 집필)
1981년 토후쿠대학(東北大学) 법학부 졸업
현재 와세다대학(早稲田大学) 법학학술원 (대학원 법무 연구과) 교수
민사법 전공

주요저서
『民法総則·物権 [第6版]』, 有斐閣, 2012
『ひとりで学ぶ民法 [第2版]』, 共著, 有斐閣, 2012
『不動産登記法概論』, 有斐閣, 2013

역자소개

이정민(李定玟)
한국외국어대학교 일본어과 학사 · 석사
고려대학교 법과대학 법학과 학사 · 석사 · 박사
전) 한국형사법무정책연구원 부연구위원
현) 단국대학교 법과대학 법학과 교수(형사법 전공)

장성숙(張成淑)
한국외국어대학교 일본어과 학사 · 석사 · 박사
전) 한국외국어대학교 교양학부 시간강사
현) 삼육대학교 일본어학부 겸임교수(일본어 문법 전공)

INTRODUCTION

본서(제2판)의 취급설명서

법학 글쓰기가 어려운 여러분에게

책 제목에 이끌려 이 책을 손에 쥔 여러분은 법학도이거나 법학전문대학원에서 법학을 배우는 학생일 것 같네요. **법학 공부 자체는 재미있는데, 글쓰기가 어렵다**는 생각을 가지고 있지는 않은지요? 또는 법학 수업에서 **답안이나 리포트를 작성할 때, 어떻게 써야 좋을지 모르겠다**는 생각을 하거나, **논술형 시험에서 좋은 점수를 받지 못한 이유에 대해 아무리 생각해도 모르겠다**는 생각을 한 적이 있지는 않은지요? 그렇다면, 이 책을 선택한 것은 옳은 결정입니다. 본서는 **바로 그런 사람들을 위한 책**이기 때문입니다.

법을 배운다는 것

법은 언어로 이루어지고, 언어 없이 존재하지 않습니다. 문장 쓰기를 비롯하여 글을 자유자재로 다루는 것은 법률가의 기본적인 능력입니다. **법을 배우는 것은 법의 언어를 배우는 것**이고, **법률가의 문장**(이것을 '법률문장'이라고 부르기로 하죠)**을 이해하고, 그것을 쓸 수 있도록 하는 것**입니다.

법을 배우는 것은 외국어를 배우는 것과 비슷한 면이 있습니다. '법률행위'라든지 '구성요건'이라는 **중요한 용어나 개념을 머리에 넣어 두는 행위**는 외국어 단어나 숙어를 정확히 암기하는 것과 같이 필수 불가결한 것입니다. 영어를 본격적으로 배우려는 학생이 **영작문을 훈련하듯이, 법학 답안이나 리포트를 제대로 쓰기 위해서도 평소에 법학 글쓰기 연습을** 해야 합니다.

문장력과 작문의 중요성

외국어의 경우와 달리 법은 배우는 데 문장을 쓰는 힘, 문장력이 더 필요합니다. 본서의 3명의 저자 중 2명이 법학전문대학원에서 법학을 가르치고 있습니다. 그래서 학생이 쓴 문장을 읽을 기회가 많은데, 법학 지식을 운운하기 전에, 국어 문장력과 작문 면에서 큰 의문이 남는 답안이나 리포트를 접하곤 합니다.

변호사 시험과 같은 논술형 시험에 합격하기 위해서는 일정 시간 내에 일정 분량의 문장을 단숨에 써내는 '**필력**'이 필요합니다. 그것은 법학 학습 진도와 무관한 것이며, 이전에 기초적인 국어 능력이 문제가 됩니다. 본서의 PART II에서는 이를 '**문장을 쓰는 기초체력**'이라 하고 있습니다. 기초체력이 부족한 사람은 아무리 열심히 법학을 배운다 해도 배운 내용을 답안지에 표현하는 데 어려움을 겪게 됩니다.

항해하면서 배를 수리하자

국어 능력과 작문법은 법학을 배우기 이전 단계에서 확실히 익히는 것이 이상적입니다. 그러나 그것을 익히지 못한 학생들에게 법학과나 법학전문대학원 수업에서 '작문부터 익히고 오세요'라고 쫓아내는 것은 잔

인한 일입니다. 게다가 이런 학생들은 생각보다 소수가 아니라서 모두 쫓아내고 나면 교실이 텅 빌 수도 있습니다.

이 책은 법학을 배우면서 글쓰기 방법을 익히려는 사람을 위한 책으로, 일석이조의 효과를 기대할 수 있습니다. **법률문장을 쓰는 데에는 글쓰기 방법과 약속이 있습니다.** 그것은 국어적 측면과 법률적 측면 모두에서 요구되는 것입니다. 본서는 그 양면을 동시에 해결하도록 도와주는 신개념 책입니다.

여러분은 넓은 바다에서 각자의 배로 항해를 하고 있습니다. 지금은 치명적이지 않지만 고쳐야 할 배의 결함을 발견하였습니다. 그러나 다시 항구로 돌아가서 수리할 시간은 없습니다. 게다가 배는 출발 후 한참이 되어, 항구로부터 너무 멀어져서 출발지로 돌아갈 수도 없습니다. 그런 때는 목표로 정한 항해를 계속하면서 바다 위에서 여러분의 소중한 배를 수리하며 가는 것이 좋지 않을까요? 본서가 이러한 상황에서 도움이 되기를 바랍니다.

이러한 사람에게도 필요합니다

법학과나 법학전문대학원에서 만난 학생 중에는 기초적인 문장력과 글쓰기 방법이 탄탄하며, 법학도 꽤 잘하는 학생이 있습니다. 장래 법률가로서 큰 활약이 기대되는 학생들입니다. 그러나 그런 학생의 문장에서 **학원가 수험서의 영향을 받아 위화감이 드는 문장**이 종종 있습니다. 정말 안타까운 일입니다. 약간의 궤도 수정만으로도 문장은 몰라볼 만큼 개선될 수 있습니다. 이 책은 그런 사람에게도 필요하다고 생각합니다.

본서의 구성과 사용법

욕심 많은 이 책은 세 파트로 구성되어 있습니다. PART Ⅰ '문장을 생각하다'는 법학전문대학원에서 형법을 가르치는 저자가 법학 세계의 언어와 문장에 관해 설명을 한 것입니다. PART Ⅱ와 PART Ⅲ는 각론편 내지 실천편이고, PART Ⅰ은 법을 배우는 사람이라면 법률문장에 대해 최소한 이 정도는 알아두어야 한다는 취지에서 쓴 총론편과 이론편입니다. 조금 추상적이라서 이해하기 힘들 수도 있습니다. 그런 학생들은 PART Ⅱ 또는 PART Ⅲ의 각론편, 실천편부터 먼저 읽어주시기 바랍니다. 이 책 각 **PART는 독립적이며 순서대로 읽지 않아도 완결된 정보를 얻을 수 있습니다.** 또한 컴퓨터 관련 팁을 정리한 책처럼 책 전체를 빨리 빨리 넘기면서 **눈에 들어오는 부분을 먼저 읽어도 됩니다.**

PART Ⅱ '이론편'에서는 평소 여러 학부의 학생들을 위해 문장 쓰기를 지도하고 있는 저자가 답안이나 리포트를 쓸 때 필요한 명확한 글쓰기 방법에 대해 알려 드립니다. 평상시 준비, 문장 쓰기 과정에서 알아두면 좋은 팁, 자신의 문장 쓰기 스타일을 갖는 방법 등 3가지로 나누어 보다 좋은 문장 쓰기를 위한 노하우를 전수합니다. 많은 예시를 나열하고, 연습문제(및 해답)도 있기 때문에, 법학 공부를 잠시 쉬면서 한번 보시기 바랍니다.

PART Ⅲ '실전편'에서는 법학전문대학원에서 민법을 가르치는 저자가 많은 예시를 들어, 법학 분야에서 좋은 글쓰기를 위한 실천적인 조언을 합니다. 법학과나 법학전문대학원에서 법을 공부하는 여러분 입장에서는 PART Ⅲ가 가장 흥미롭고, 접근하기 쉬울 수도 있습니다. PART Ⅲ부터 시작해서 PART Ⅱ로 돌아와 보다 체계적인 글쓰기 방법을 공부한 후, 마지막으로 PART Ⅰ을 읽는 방법이 합리적일 수도 있습니다.

가장 마지막에 에필로그가 있습니다. 전체적인 '총정리' 같은 것은 아닙니다. 독자 여러분이 PART Ⅰ부터 PART Ⅲ까지 모두 읽었다고 칩시다. 이때 생기는 의문은 법학 시험이나 리포트에서 구체적으로, 어떤 문장을 써야 좋은 평가를 받을 수 있을지입니다. 그래서 저자는 법학을 가르치는 교수가 어떤 답안이나 리포트를 원하는지에 대해 샘플을 보여주면서 해설을 합니다. PART Ⅰ에서 등장한 형법 사례 문제를 중심으로, **채점자가 기대하는 답안에 대한 힌트**가 있습니다.

이처럼 구성된 본서는 교수들이 답안이나 리포트를 쓰는 학생에게 기대하는 바를 비밀스럽게 가르쳐주는 '비법서' 같은 것입니다. 물론 **교수마다 독자적인 교육방침이 있기 때문에 교수들이 원하는 답안이나 리포트가 일치한다고 할 수는 없습니다.** 이 책을 쓴 3명의 저자 간에도 미묘한 견해차가 있을 수 있습니다. 원래 문화와 글쓰기는 명확하게 말로 객관화하는 것이 어려운 분야입니다. 본서는 그것을 글로 표현하려고 시도하기 때문에 일종의 모험을 하는 것입니다. 부디 이 책에 나와 있는 것을 정답이라고 생각하지 않기를 바랍니다. 자신의 머리로 정답을 고민하시기 바랍니다. '친구들 모두가 그렇게 한다'고 휩쓸려 가면 안 됩니다. **자신만의 이유를 발견하여 해답을 찾고, 자신 있게 그것을 실천해야 합니다.**

저자 3인은 즐겁게 본서를 집필하였습니다. 너무 즐겼던 나머지 곳곳에 탈선한 흔적도 있습니다. 독자 여러분도 즐기면서 읽어주시기 바랍니다. 어려운 부분은 넘기고 관심 있는 대목은 반복해서 읽어도 좋습니다. 이 책을 책상 앞에서만 읽지 말고, 스타벅스 구석에서 부담 없이 읽는 것도 권장합니다. 여러분이 글을 쓸 때, 어려워하는 것을 극복하고, 글쓰기를 좋아하게 된다면 저자 3인은 기쁘기 그지없을 것입니다.

제2판 간행에 즈음하여

본서 초판은 2016년 12월에 간행되었습니다. 다행히 독자들 반응이 좋았습니다. 본서와 같은 책을 기다려 왔던 학생들이 많았던 것 같습니다. 그러나 초판 간행 후, 독자 의견을 보면서 본서가 독자의 요구, 니즈(Needs)에 충분히 답하지 못했다는 사실도 알았습니다. 그런 이유로 초판이 발행되고 아직 3년이 지나지 않은 시점이긴 하지만, 제2판을 발행하게 되었습니다. 초판에서 어렵게 기술되었던 설명 등을 삭제하고, 더 쉬운 설명으로 바꾸어 보았습니다. PART Ⅱ의 연습문제도 고쳐 보았습니다. 한편, 에필로그 말미에는 수준 높은 독자를 위해 향후 지침이 될 수 있도록 '법해석'과 '법적용'에 관한 상세한 설명도 덧붙였습니다. 내용을 좀 더 충실하게 보강한 제2판이 법을 공부하는 독자 여러분께 도움이 되기를 진심으로 기원합니다.

PART I

문장을 생각하다

PART Ⅰ에서는 '법률적으로 좋은 문장이란 어떠한 문장인가'에 대해 여러 각도에서 말하고자 한다. 이 물음에 간단히 한마디로 대답하기는 힘들다. 왜냐하면, 좋은 문장이라고 하기 위해서 확실히 해야 하는 몇 가지 전제조건들이 있기 때문이다. 먼저, 1장과 2장에서는 법률문장의 특수성에 관해 서술한 후, 좋은 법률문장이 되기 위한 조건을 '형식적 조건'과 '실질적 조건'으로 나누어 본다. 형식적 조건은 문장의 정확성 · 평이성 · 논리성으로 구성되며 3장에서 다룬다. 실질적 조건은 문장에 포함된 법적 판단의 합리성 · 정당성을 말하며 4장에서 다루기로 한다. 5장에서는 이러한 것을 바탕으로 독자 여러분을 위한 실천적 조언을 하고자 한다.

01

들어가며

— '언어'로 이루어진 '법' —

글 잘 쓰는 사람이 누구냐고 물으면 '현상학'[1]을 쓴 일본 철학자 키다 겐(木田元)이 떠오른다. 철학뿐 아니라, 독서나 인생에 관해 다방면의 가르침이 있었다. 그중에 '언어'에 대한 다음과 같은 문장이 있다.

> … 일상생활 속에서 때에 따라 언어는 커뮤니케이션 수단으로 인식된다. 상징으로서 형성된 언어가 단지 교환의 기호로 전락해 버렸다. 우리에게 처음으로 '사물'을 경험시켜 주고, '세계를 열어준 언어의 원초적 기능', 즉 '본래 언어'는 소멸해 버렸다. … 아마도 이제 막 언어를 시작한 아이나, 처음 연애 감정을 느끼게 된 연인은 살아서 기능하고 있는 '본래 언어'를 다시 살리려는 시인이자, 일상 언어 근저에 있는 언어의 원초적 기능을 찾으려고 하는 철학자임에 틀림없다.[2]

나는 시나 철학은 잘 모르지만, 위 내용에 대해서는 강하게 공감하고 있다. 언어나 문장은 단순히 실용적인 커뮤니케이션 수단이 아니다. 마음을 움직이는 강하고도 깊은 감정이라든지, 신이 아닌 인간으로서 느끼는 무력감이라든지, 지금까지 말로 표현되지 않았던 심원한 사상을 표현하는 것도 언어에 기대되는 중요한 작용일 것이다. 이러한 것을 평이하고 정확하게 논리적으로 타자에게 전달하는 것은 대개 불가능하고, 무리하게 그것을 시도하려고 한다면, 그 실질을 훼손하거나 적어도 단순화 내지 축소된 형태로밖에 전달할 수 없다. 키다 겐(木田元)은 독일 철학자 하이데거(Martin Heidegger)의 『존재와 시간』을 '심원한 사상'을 잘 표현한 걸작으로 꼽았다. 이 책은 난해하고, 사용되는 언어가 애매하며 불확실하다는 이유로 종종 비판의 대상이 되기도 한다. 법철학자 아오미 준이치(碧海純一)는 막스베버(Max Weber)의 문장과 비교하여 다음과 같이 서술했다.

> … 비유를 들어 말하자면, 막스 베버의 문장은 어렵긴 해도 일종의 세밀화 같은 느낌이라서 확대경을 통해 바라보면 어떤 내용이 묘사되어 있는지 알 수 있는 그림과도 같다. 그러나 헤겔이나 하이데거의 문장은 마치 초점이 안 맞는 사진과도 같아서 아무리 돋보기를 들이대고 노려본들 흐릿한 모양이 확대된 상태로 시야에 들어올 뿐이다.[3]

그러나 나는 이 '초점이 안 맞는 사진'이라는 표현은 좀 과하다고 생각한다. 오히려 하이데거의 『존재와 시간』만큼 인간존재의 현상을 언어적 수단으로 훌륭하게 표현한 작품은 어디에도 없다고 생각한다. 분명 독특한 문장이기는 하지만, 인간 존재의 형상을 추상적인 차원에서 언어로 표현하기 위해서는 이러한 문장이 될 수밖에 없었던 것으로 생각된다.[4] 우연히 눈에 띈 문장을 인용하려고 한다. 아랫글은 우리가 언젠가 불가피하게 맞이하게 될 죽음의 모습을 지극히 정확하게 묘사한 것이라는 생각이 든다.

> … 실재론적 입장에서 죽음에 이르는 것은, 자기 자신에게 있어 가장 고유하고, 다른 것과 아무 관련도 없는, 넘을 수 없는 모습이라고 규정할 수 있다. 실존할 가능성이라는 것은 본디 실존할 수 없게 된다는 단적인 불가능성과도 맞물려 있다. 일견 죽음에 대한 규정은 허술해 보이지만,

죽음에 처해 있다는 것은 이러한 규정에 더해 일상적인 것을 통해 구체적으로 드러난다. 일상성이 본질적으로 품고 있는 퇴락경향에 따라 죽음에 처해 있다는 것도 실상은 죽음을 은폐하고 회피하고 있다.[5]

정확하고 평이하면서 논리적인 문장이 '좋은 문장'이라는 명제는 다른 사람에게 전달해야 하는 내용이 처음부터 아주 한정적일 때만 의미를 갖는다. 반대로, 모든 문장이 정확하고 평이하며 논리적이어야 한다면, 풍부하고 다양한 생각을 다 표현하지 못할 것이다.

아오미(碧海)박사도 언어가 불명확한 것은 이론적으로 어쩔 수 없지만, 유용한 면이 있다는 것을 인정하고 있다.[6] 만일 단어나 문장이 완전히 명확하다면, 그때는 정말 조금이라도 다른 사물을 표현하기 위해 별개의 단어나 문장이 필요할 것이다. 의문의 여지가 없는 완벽한 단어를 만들려고 한다면, 그 수는 점점 증가하고, 보통의 사람들은 기억해 내기 어려운 분량의 단어가 생성될 것이다. 그러한 단어를 모두 외워서 사용법을 익혀야 한다면, 그것은 개인에게 매우 부담이 될 것이다. 사람이 자유롭게 구사할 수 있을 정도의 적절한 수의 단어를 가지고 세상의 모든 사물을 표현하기 위해서 단어는 어느 정도 추상적이고, 애매하며, 불명확한 것이어야 한다.

한편, 아오미(碧海)박사는 언어의 다의성, 즉 단어가 복수의 의미를 지니는 것은 장점은 별로 없고, 단점만 많다고 지적하였다.[7] 그러나 이렇게도 말할 수 있지 않을까? 문학작품이 사람의 마음을 울리는 하나의 이유는 독자가 스스로 경험한 것, 또는 경험했을지도 모르는 것, 또는 언젠가 경험할 것을 작가가 대신해 문장화하고, 거기에 인생의 근본 문제를 눈앞에서 재현해 주기 때문이다. 단순히 저자 개인의 단독 세계를 묘사한 것이 아니라, 보편성을 지닌 사상의 표현은 어느 정도 다의적인 문장일 때 비로소 가능하다.

이처럼 우리는 애매하고 부정확하고 다의적이기도 한, 때로는 그래야만 하는 언어에 둘러싸여, 그것을 항상 사용하며 생활하고 있다. 가족이나 친한 친구 사이 또는 회사에서 사이가 좋은 동료끼리, 각각이 생각하는 바를 전할 때 항상 명확하고 일의적(一義的)이면서 논리적인 문장을 사용할 것이라고 기대하지 않는다. 훌륭한 법률가라고 해도, 법률가가 아닌 사람과 일상적인 소통에서 마치 법정에서 말하는 것처럼 말한다면 오히려 비웃음거리가 될 것이다. 일상생활에서는 언어의 뉘앙스를 충분히 잡아내야 하며, 그것이 안 되면 '눈치 없는 사람'이라는 핀잔을 듣게 된다.

COLUMN 1. 문학작품에 드러난 단어의 애매함과 다의성

문득 2016년 노벨문학상을 받은 밥 딜런(Bob Dylan)의 'Like a rolling stone'이라는 곡이 떠오른다. 그 가사는 자신을 버린 연인이었던 여성을 노래한 것인지, 과거에 잘 나가던 라이벌을 노래한 것인지, 줏대 없이 권력에 영합하여 배신당한 자신을 자학적으로 묘사한 것인지, 국가나 정치가를 테마로 한 것인지 알 수 없다. 내용이 다의적이기 때문에 그야말로 많은 사람이 그것에 맞게 가사에 공감하고, 가수에게 자신을 투영하는 것이다.[8] 단어나 문장이 명확하고 일의적(一義的)이라면 잃는 것은 수없이 많아진다. 단어의 애매성과 다의성 자체가 '문화'를 생성하는 것이라고 할 수 있지 않을까.

그러한 점에서 영화나 음악은 책과 비교해 볼 때, '강요하는' 측면이 있다. 때에 따라 그것은 '일률적 감동을 강매'하는 것이다. 책은 보다 겸허해서 독자에게 많은 자유를 준다. 예를 들면, 영화는 장소나 등장인물의 이미지가 꽤 명확히 정해져 있지만, 책은 독자가 예전에 살았던 장소를 투영할 수도 있고, 등장하는 여성에 자신이 몰래 마음에 품고 있는 가까운 사람을 자유롭게 집어넣을 수도 있다.

02

법률가는 어떤 문장을 써야 하는가?

― 법률가의 문장에서 요구되는 것 ―

1 보통 문장과는 달라야 한다

이제부터 본론이다. PART Ⅰ에서는 지금까지 서술한 것을 전제로, 법학 분야에서 어떤 문장을 쓰거나 말해야 하는지, 법률가의 문장(이하 '법률문장'이라고 한다)은 어떤 성질을 가져야 하는지를 주제삼아, 여러 가지 각도에서 생각하고자 한다.

먼저 독자 여러분은 지금부터 언어와 문장에 대한 이미지를 근본적으로 전환하기를 바란다. 즉, 법률가가 사용하는 언어나 문장은 일상생활에서 사용하는 언어나 문장 또는 문학가나 철학가의 언어와 문장과 질적으로 다른 것이다. 법률가가 사용하는 개념은 가능한 한 명확하고, 일의적(一義的)(하나의 의미를 갖는 것)이어야 하며, 그 문장은 정확하고 평이하면서 논리적이어야 한다. 또한 상대방(같은 법률가나 일반인인 경우)에게 설득력이 있어야 하며, 합리적이고 정당성을 갖추어야 한다.

따라서 여러분이 법을 공부하는 과정에서 리포트와 시험 답안을 작성하고 세미나에서 발표하는 것은 일상적으로 의사소통이나 정보를 전달하는 활동(예를 들어 친구들과 이야기하거나 메시지를 하는 것)과 전혀 다르다는 점을 인식할 필요가 있다.

2 왜 그래야 하는가?

법률문장의 특수성이 무엇에 기인하는지에 대해 간단히 설명하고자 한다. 법률문장의 특수성은 '법은 무엇을 위해 존재하는가?'라는 법의 존재 이유 내지 존재 근거와 밀접하게 관련되어 있다.

'법은 무엇을 위해 존재하는가?'라는 물음 자체가 애매하고 다의적이지만, 법은 법적 문제에 대한 해결을 위한 것이라고 답할 수 있을 것이다. 이 세상에 우리가 해결책을 찾는 무수한 문제 가운데, 법으로 해결하는 것이 적당한 경우는 실제로 그다지 많지는 않다. 법을 통해 해결되는 문제는 공적인 강제(국가적 강제)이다. 구체적으로 금전 지급이나 물건 반환의 강제처럼 개인에게 일정한 불이익(대표적으로 형벌)을 가하는 경우다. 이러한 형태로 공권력이 등장하여 해결할 수 있고, 또한 공권력 투입이 적절하다고 생각되는 문제(이것을 '법적 문제'라 함)를 해결하기 위해 법은 존재한다.↙

> ↘ 한편 공권력으로 해결되지 않는 문제도 많고, 그러한 경우 법이 만족스러운 해결책을 제공할 수 없다. 예를 들면, 사고로 생명을 잃었을 때, 피해자 유족의 슬픔은 헤아릴 수 없을 것이다. 많은 배상금을 지급하고, 잘못이 있는 사람을 아무리 무겁게 처벌해도, 문제가 '해결'되지는 않을 것이다. 게다가 법이 가진 본질적인 한계도 있다. 현대의학에서 '해결'할 수 없는 불치병에 시달리는 환자가 있고, 단지 그 아픔을 완화하는 것밖에 할 수 없는 경우에 비유할 수 있을 것이다.

이러한 법적 문제에 대해 법률가가 법적 해결책을 제시하는 대표적인 경우로 민사사건과 형사사건을 들 수 있다. 예를 들면, 금전대차나 토지 소유권 귀속 등을 둘러싼 분쟁이 발생한 경우(민사사건)나, 범죄에 의해 피해가 발생하여 어떤 사람이 범인으로 의심되어 형사소추의 대상이 되는 경우(형사사건) 등이다. 해당 상황에 공통되는 것은 관계된 사람들의 이해관계가 날카롭게 대립하는 것이다.

법적 해결 여하에 따라, 관계된 사람의 운명이 크게 좌우된다. 해결 방식이 틀린 경우는 물론, 해결방식이 맞아도, 관계된 누군가가 인생에서 다시 일어설 수 없을 정도로 해를 입게 되는 경우도 종종 있다.

따라서 법적 해결 내지 법적 조정을 할 때 법률가의 언어나 문장이 명확해야 함을 쉽게 이해할 수 있을 것이다. 언어나 문장에서 시적인 느낌과 문학적 깊이, 인생의 심오함을 표현하는 것은 불필요하며, 무엇보다 오해가 생기지 않는 언어와 문장으로 미리 설정된 룰, 즉 법에 따라 공정하고 평등한 해결을 하는 것이 바람직하다. 다시 말해, 법률문장은 쓰는 사람의 개성을 느낄 수 없는 '무색투명'한 문장을 쓰는 것이 바람직하다. 거창하게 쓴 문장, '강압적인 시선'으로 권위가 느껴지는 문장 등은 결정적으로 좋지 않은 인상을 준다.

3 법과 언어의 관계를 생각한다

형법을 예로 들어 법의 존재 이유와 기능에 대해 살펴보기로 한다. 형법 조문 중에 가장 대표적인 것이 살인죄 규정일 것이다. 법전을 펼쳐 살인죄 규정을 보면, '사람을 살해한 자는 사형 또는 무기 또는 5년 이상의 징역에 처한다'라고 되어 있다. 이 규정은 살인사건이 일어났을 때 적용되고, 그 목적은 개인의 생명을 보호하기 위함이다.

먼저 이 조문은 살인행위를 해서는 '안 되는 행위(때에 따라서는 사형에 처할 정도로 중대한 위법행위)'라고 법의 입장에서 분명한 평가를 하고, 일반 시민에게 살인행위를 하지 말라고 강하게 호소하고 있다. 법에는 '사람을 죽이지 말라'고 적혀 있지는 않다. 왜냐하면 오히려 법률에 명기하는 것이 우스울 정도로 당연한 이치이기 때문이다. 동시에 형법규정은 현실적으로 살인사건이 일어났을 때, 국가에 범죄 행위자를 처벌하는 권한('국가형벌권'이라고 한다)을 줌과 동시에 그 처벌의 한계를 정한 것이다. 즉, 이 규정에 들어맞지 않는 행위를 살인죄로 할 수 없고, 살인행위라고 하여도 형법 조항에 없는 형을 선고할 수 없다.

이처럼 형법은 국가 형벌권의 근거가 되고 동시에 국가 형벌권의 발동과 실현의 테두리가 되는 것을 본질적 사명으로 한다. 인간의 생명조차 빼앗을 수 있는 형벌권의 행사가 불공정한 것이 되지 않기 위해서는 엄밀한 언어와 정확한 문장이 사용될 필요가 있다. 언어나 문장의 정확성, 엄밀성은 법학의 숙명이다.

COLUMN 2. 언어적 존재로서의 법 　　　　　　-규범이라는 언어

'법이란 무엇인가'라고 묻는다면 '규범'의 일종이라 답하면 될 것이다. 그것은 흡사 '사람은 무엇인가'라고 물을 때, '동물'의 일종이라고 답하는 것과 같다. 그렇다면, 규범은 무엇인가?

규범은 '~하면 안 된다(금지)' 또는 '~하여야 한다(명령)' 같은 내용을 가진 사람의 행동 기준(준칙)을 말한다. 예를 들면, 살인죄의 처벌 규정은 개인의 생명보호를 위해 일반 시민의 행동을 규제함과 동시에 살인사건이 일어났을 때 등장하는 국가기관(형사사법기관)의 활동을 규제한다. 이처럼 법(법규범)은 일정한 목적(예를 들면, 개인의 생명 보호)을 위해, 언어와 문장을 가지고 인간의 행동을 규제하려는 것이다. 법이라는 것은 그 의미가 바로 언어적 존재이다. 언어에 '힘'이 부여된 것이 법이다. 그 때문에 법에 관심이 있는 사람은 언어에도 관심을 두어야 한다.

또한 규범적 언어는 법적 문제 해결에서 규범적 명제(법적 판단기준)로 사용되는 경우도 많다. '규범의 발견'과 '규범의 사실 적용'은 PART Ⅲ의 3장에서 논할 '구성을 생각해서 종합적으로 쓴다'에 등장하는 규범의 의미와 같다. 물론 그 의미의 규범은 앞서 기술한 법(법규범)과 다르다. 법(법규범)을 문제 해결의 기준이 되도록 더 구체화한 것이 규범적 언어이다.

법률문장을 읽을 때 '법', '법률', '법규' 등 유사한 단어가 번잡하게 등장하기 때문에 헷갈릴 것이다. '법'이라는 것은 여러 형태의 법규범 각각 또는 그 총칭이다. 법의 존재 형태는 여러 가지이고, 문장화된 성문법과 그렇지 않은 불문법으로 구별된다. 성문법에는 법률, 명령(대통령령, 부령),[9] 조례 등이 있다. 이러한 것을 합쳐서 '법령'이라 부른다. 불문법에는 판례법이나 관습법이 있다. 이러한 모든 것을 합쳐서 '법'이라고 부르는 것이다. '법률'이라는 단어는 '법'과 같은 의미로 사용되는 경우가 있지만, 협의로는 국회가 법률명으로 제정한 성문법을 말한다.

4 법률문장에서 요구하는바

앞서 언급한 법의 존재 이유와 역할에 기초하여 법률문장에는 일정한 기능과 작용이 요구된다.

첫째, 법률문장은 관계자의 자의(恣意), 특정 당사자에게 좋은 방향으로 조작되는 것을 배제해야 한다. 모호한 개념이나 논리적이지 않은 문장은 특정한 자(특히, 정치·경제·사회적으로 힘을 가진 자)가 제멋대로 판단하거나 의도적으로 조작할 가능성이 있다. 이 때문에 예전부터 특히 주의를 기울여 왔던 분야가 형법이다. 전술한 바와 같이, 국가는 범죄자를 처벌하는 형벌권을 가지고 있다. 형벌은 국가가 개인의 생명, 자유, 재산을 강제적으로 빼앗는 극히 가혹한 제재이다. 이러한 형벌이 아무렇게나 사용된다면 곤란하기에, 미리 룰을 정하고, 형벌권의 발동 및 실현과 관련된 국가기관 활동이 그 테두리를 벗어나지 않도록 규제할 필요가 있다. 형법이라는 것은 언어를 수단으로, 국가형벌권의 발동을 규율하고, 규제하기 위한 법이다. 국가권력을 통제하기 위해 엄밀한 용어와 개념이 필요하다. 다의적으로 사용되고 있는 단어의 뜻을 분석하여 의미 내용을 특정하기도 하고, 비전문가에게는 생소한 전문용어가 등장하기도 한다. 문외한 입장에서는 의미를 집요하게 규정하고 있다고 생각하겠지만, 규정된 의미에 따라 이해관계가 달라진다. 이는 민법 분야에서도 마찬가지이다. 단어의 의미를 엄밀하게 따지지 않아, 개인이 최종적으로는 강제집행을 받고, 건물을 철거당하거나, 재산이 압류되는 심각한 상황이 발생하기도 한다.

그렇기 때문에 법률가가 사용하는 문장은 정확함과 동시에 평이하면서도 논리적이어야 한다. 정확성, 평이성, 논리성은 '좋은' 법률문장이 되기 위한 '형식적 조건'이라 할 수 있을 것이다. 이 내용은 3장 정확성·평이성·논리성에서 자세히 설명하기로 한다.

둘째, 법률문장은 법적인 문제 해결을 위해 쓰는 것이기 때문에 법적 판단 및 그 결론의 합리화와 정당화에 도움이 되어야 한다. 이해관계가 날카롭게 대립하고 있는 사건의 당사자들에게 그 결론이 이치에 맞고, 정당하다고 설득시킬 수 있어야 한다. 그리고 사건을 아는 누구라도 각각 나름의 근거가 있는 올바른 판단으로써 합의할 수 있도록 해야 한다. 사건에 관한 법률 규정에 따라, 의심할 여지가 없는 해결 방법이 있다면,

양 당사자는 납득할 수밖에 없다. 조문을 어떻게 읽을 것인가를 둘러싸고 의견 대립이 생길 때나 법령의 사례 해결에 대한 직접적인 규정이 존재하지 않을 때, 모두가 납득할 수 있는 해결책이 요구된다.

덧붙여 말하자면 당면한 하나의 사건만 잘 해결되도록 하는 법률문장이 되어서는 안 된다. 어떤 사건에 대해서 해결을 할 때, 그 해결이 별도의 사건 해결과 모순되어서는 안 되고, 장래 유사한 사건에도 영향을 미칠 수 있음을 염두에 두어야 한다. 더 나아가서 모든 사례의 법적 해결이 상호 정합적이고, 수미일관(首尾一貫)적인 것이 이상적이다. 법적 판단은 문제가 될 수 있는 모든 관련 사례에 적합한 보편적 해결 원리 내지 통일적 판단 기준이 되어야 함을 늘 인식해야 한다. 법적 판단이 임기응변적인 해결이 된다면, 전체적으로 제각각인 결론이 되어 통일성을 잃게 되는데 법률문장은 이를 용납해서는 안 된다.

법률가가 '좋은 문장'을 쓰기 위해서는 평이하고, 정확하며, 논리적일 뿐만 아니라, 법적 판단의 합리성과 정당성을 기본으로, 지금까지 사례 해결과 정합성이 맞아야 하며 내용적·실질적으로 일정한 조건을 만족시켜야 한다. 이를 '좋은 법률문장'이 되기 위한 '실질적 조건'이라 부를 수 있을 것이다.

이하 법률문장이 '좋은 문장'이 되기 위한 조건을 형식적 조건과 실질적 조건으로 구분하여 서술하기로 한다.

03

정확성 · 평이성 · 논리성
— 훌륭한 법률문장의 형식적 조건 —

1 문장의 정확성

법률가의 문장은 법적 정보 제공과 전달을 위한 수단이다. A가 하나의 정보 내용(이하 'P'라 함)을 상대방 B에게 전달할 때, 문장을 나열한다. A가 B에게 P를 정확히(내용이 다른 'P1'이나 'Q'가 아니고 정말로 'P'로서) 전달하는 것이 문장을 사용한 정보전달의 가장 기본적인 목적이다. 이 목적을 실현할 수 있는 문장을 정확한 문장이라고 부르고, 그 문장이 목적을 실현할 수 있는 성질 내지 속성을 가질 때, 문장의 정확성이라고 할 수 있을 것이다.

문장의 정확성이 큰 의미를 가지는 경우는 일정한 사실관계에 대해 보고하거나 설명을 해야만 하는 때이다. 또한 법률문장이 현행법·판례·학설에 대한 정보를 포함하는 경우는 당연히 정확한 내용이어야 한다. 예를 들면, 일상적인 생활 장면에서 A가 B에게 다음과 같은 사태에 대해 설명한다고 해 보자.

C와 D의 관계가 사소한 말다툼으로 매우 험악하게 되고, 그 때문에 E가 매우 곤란해졌다.

만일 설명을 들은 B가 'C와 E의 사이가 안 좋아지고, D가 매우 곤란해하고 있다'고 이해했다면, P라는 내용의 정보가 Q로 전달된 것이며, 정보전달의 기본 목적이 달성되지 않았다. 정보 내용이 정확히 전달되는 문장이란, 정보전달 수단으로써 '문장'이 무엇보다 분명해야 한다는 것이며, 이것은 최소한의 조건이라고 볼 수 있다.

2 사실관계의 이해와 전달

이처럼 사실관계의 정확한 이해와 전달은 법률가에게도 지극히 중요한 의미가 있다. 현행법 규정이나 판례, 더 나아가 학설에 대한 정확한 이해나 전달도 중요하지만, 여기서는 우선 '사실'에 주목하고 싶다. 왜냐하면 법률가는 법에 따라 문제를 해결할 때, '법적용'을 하지만, 법적용의 전제 중 하나가 사실관계 확정이기 때문이다. 법적용이라는 것은 법규정(법규)을 구체적 사실관계에 적용하는 일이다. 사실을 법규에 '포섭한다'고도 한다. 사건에 법을 적용하여 사건을 해결하기 위해서는 먼저 적용대상이 되는 사실을 확인해야 한다. 여기에 틀린 것이 있다면, 그 후 작업이 완벽해도, 법적용은 전체적으로 잘못되게 된다. 문자 그대로 모든 노력이 '수포'로 돌아간다. 또한 실제 재판절차에서 사실확정은 '증거'에 의하며 그것을 위한 구체적인 방법과 절차는 민사소송법이나 형사소송법 등의 '절차법'에 규정된다.

또한 사실관계 파악과 기술(記述)은 적용되어야 할 법규범의 해석과 밀접한 상호관계에 있다. 이러한 점에 대해서는 답안이나 리포트를 쓰기 위한 실천적 조언에서 자세히 설명하기로 한다.

법적용의 프로세스에 관해 살인죄 규정을 예로 들자. 형법에서는 '사람을 살해한 자는 사형 또는 무기 또는 5년 이상의 징역에 처한다'고 규정하고 있다. 이 규정을 현실의 사건에 적용하기 위해서는 먼저 ① '사람을 죽였다'라는 규정의 표현에 들어맞는 사실이 실제로 일어났는지를 확인할 필요가 있다.

예를 들어, 2019년 3월 10일 오후 3시에 ○○시, ○○구에서 부모인 甲이 생후 몇 개월이 되지 않은 아기에게 우유를 충분히 주지 않아 영양실조로 사망시켰다는 사실이 인정되어야 한다. 다음으로, ② 살인죄 규정을 그 사실에 적용하는 것이 가능한지 확인하기 위해 '살인을 했다'는 규정의 표현을 명확히 할 필요가 있다. 아기에게 우유를 주지 않아서 사망시킨 행위가 '사람을 죽인다'는 행위로 볼 수 있는지, 어떠한 조건에서 그렇게 말할 수 있을지를 확실히 할 필요가 있다. 이것은 법해석의 문제이다. 즉, 규정의 의미의 명확성 문제이다. ③ '사실인정'과 '법해석'을 전제로 비로소 해당 규정을 사실에 적용할 수 있을지 분명해지는 것이다. 적용할 수 있다고 한다면, 甲은 '사형 또는 무기 또는 5년 이상의 징역'에 처하게 되는 결론을 얻을 수 있다.

이와 같은 법적용의 프로세스는 전통적 논리학으로 일컬어지는 '삼단논법'으로 이해할 수 있다.10) 삼단논법이란, '인간은 모두 죽는다(대전제)', '소크라테스는 인간이다(소전제)', '소크라테스는 죽는다(결론)'의 추론 형식(2개의 전제가 '참'인 이상 결론은 반드시 '참'이 된다)이다.11) 여기에 적용해 보면, 대전제로서 '사람을 죽이는 행위를 한 사람은 살인죄로서 처벌된다', 소전제로서 '甲은 사람을 살해하는 행위를 했다', 결론으로서 '甲은 살인죄로 처벌된다'는 식의 법적용 프로세스이다. 적용법규 발견과 그 해석이 대전제이고, 사실인정이 소전제가 되는 것이다.

법률가가 하는 일은 사실의 법적 평가에 관한 것(법해석)과 사실 존부의 확인에 관한 것(사실인정)이 있는데, 이는 차의 양쪽 바퀴와 같이 밀접하게 관련되어 있다. 예를 들어, 일정한 사실관계를 전제로(일정한 사실이 있었다는 것을 가정한 때), 손해배상 청구권이 발생한다든가, 범죄를 구성할지에 대한 문제는 법적 평가(법해석)에 관한 문제이다. 이에 반해 그러한 사실이 정말 있었는지, 또는 어떠한 증거가 있다면 그 사실의 존재를 증명할 수 있을지에 관한 문제는 사실관계 확정(사실인정)의 문제이다.

3 사실문제(사실인정)와 법률문제(법해석)

대학에서 법을 배울 때, 대부분 법해석이 중심이고, 사실인정에 대해서는 소송법 수업에서 기초적인 부분을 가르치는 정도이다. 법학전문대학원 과정에서 배우는 사실인정에 관한 내용도 '흉내'내는 정도라 할 수 있다. 예를 들면, 법학부 형법 수업에서는 다음과 같은 사례문제가 기말시험이나 리포트 과제로 나오는 경우가 있을 것이다.

 사례문제 1

甲은 자동차 사고를 가장하여 A(여성)를 자살시켜 보험금을 취득하려는 계획을 세웠다. 甲은 폭행·협박으로 A에게 절벽 위에서 차를 탄 채, 한겨울 한밤중에 수온 5도인 바다에 스스로 뛰어들어 자살하라고 집요하게 요구하였다. A는 자살 결의에 이르지 않았지만, 甲의 명령에 따라, 자동차에 타고 바다에 뛰어들 수밖에 없는 정신상태에 이르게 되어, 그대로 실행하였다. 그러나 A는 수물 전에 차에서 탈출하여 죽음에 이르지는 않았다. 甲의 형사책임에 대해 논하시오.

문제를 출제한 교수의 의도는 이러한 사실관계를 전제로 한 경우, 甲의 행위는 어떠한 형법적 평가를 받을지, 특히 살인미수죄가 성립하는지, 자살교사죄 미수에 해당하는지에 대해, 사안을 전제로 법적 평가 측면에서 검토시키는 것이다.[12) 그러기 위해서는 이 사례에 포함된 사실을 정확히 이해해야 한다. 학부 과정에서 사실인정의 실제와 그 방법 등에 대해서 가르치지 않더라도, 사실관계에 주의를 기울이고, 그것을 정확히 파악하려는 마음가짐은 법학도에게 필수 불가결한 것이다.

여기서 만일 위 사례문제를 답할 때, 'A는 甲이 아무리 집요하게 명령을 했다고 해도, 도망가서 경찰에 도움을 요청할 수도 있었고, 실제로 승차한 채 바다에 뛰어드는 행위 외에 다른 행위를 선택할 수 없는 정신상태에 빠지는 일은 있을 수 없다'든지, '절벽에서 차에 탑승한 채 수중으로 뛰어드는 결의를 했기 때문에, 자살 결의가 있었다고 할 수 있다'라는 식으로 상세하게 서술해도 점수를 얻기는커녕, 크게 감점당할 위험이 있다. 오히려 그런 답안을 제출하면 '법학 글쓰기를 이해하지 못한 학생'으로 취급된다. 사례문제를 풀려고 할 때는 사실관계를 지문에 입각하여 정확히 이해하고, 답안에서도 그 이해를 바탕으로 하는 것이 무엇보다 중요하다. 이는 아무리 강조해도 지나치지 않는다.

한편 이 사례의 'A는 아마도 상해를 입었을 것'이라 하여, 상해 결과에 따른 형사책임을 검토하는 것도 쓸데없는 짓이다. 문제에서 상해에 대해 언급하지 않았다면, 출제자는 그에 대한 검토는 하지 않아도 된다는 의도를 나타낸 것이다.

4 사실과 가치   - 2개의 다른 세계

　여기에서는 위의 서술한 내용과 관련하여, 보다 기본적인 사항에 대해서 말하고자 한다. 즉, 사실관계의 파악·기술과 그 법적 평가(가치판단)는 구별되어야 한다. 단순하게 말하자면, '사실'은 이 세계에 존재하는 것이지만, '평가'는 우리 머릿속에 있는 것이다. 일정한 사실이 존재하는지는 객관적으로 확정 가능한 것이지만, 평가 내지 가치 판단은 다분히 주관적이며, 장소적·역사적으로 보아도 상대적이다. 특정 가치판단에 관해 많은 사람이 공유한다고 해도, 공유된 가치판단에 사실판단과 유사한 의미의 '객관성'이 있지 않다.

　법규범은 사실 세계와는 다른 가치판단의 세계에 속한 것이고, 거기에 기초한 법적 평가도 어느 정도 주관성·상대성·불확실성이라는 성격을 피할 수는 없다.

　물론, 법은 한 개인의 주관적 가치판단을 보여주는 것이 아니라, 국정을 위임받은 국회의원이 합의한 결과물로서 법률 제정이라는 형태로 '객관화'되어 있다. 제정법에 대해서도 의미를 분명히 하기 위해 해석이라는 작업이 필요하고, 그 과정에서 해석을 하는 자의 가치판단이 많은 영향을 미친다. 법을 배울 때, 시험 답안이나 리포트 형태로 문장을 쓰거나 발언을 하는 것은, 법해석에 관한 경우일 것이다. 가치판단을 포함해야만 하는 법해석의 경우에서는 그것이 단순히 '개인의 의견'이나 '주관적 선택'에 그치는 것이 아니라, 일정한 객관성 내지 보편적 타당성을 갖추기 위해 어떻게 하면 좋을지 늘 생각해야 한다. 그에 따라 무엇이 필요한가에 대해서는 4장 법적 판단의 합리성·정당성에서 서술하기로 한다.

5 문장의 평이성과 논리성

문장은 단순히 정보 내용을 정확히 전달하는 것만으로는 충분하지 않다. 문장의 정확성은 좋은 문장의 필요조건이나, 충분조건은 아니다. 정보를 받는 B에게 과도한 부담을 주지 않는 것, 즉 쓸데없는 시간이나 노력, 스트레스를 주지 않고 정보를 전달하는 것이 중요하다. 문장은 정확할 뿐만 아니라, 이해하기 쉽고 평이하면서, 논리적으로 구성되어야 한다. 이것을 문장의 평이성, 문장의 논리성이라고 부르고 싶다.

A가 B에게 C·D·E 사이에 생긴 기본적 사건에 대해 전달하려고 할때, 평이하고 논리적인 문장이라면 B는 스트레스 없이 그 사태를 파악할수 있다. 그로 인해, 사태 개선을 위한 대책을 고안하는 데 시간과 여력이 생길 것이다. 비즈니스 세계에서는 평이하고 논리적인 문장의 '경제효과'를 무시할 수 없다. 몸에 익힌 글쓰기는 커다란 경제적 효과를 낳을수 있다. 이것은 문자 그대로 '재산'이 된다.

단, 정확성, 평이성, 논리성이라는 3개의 요건 중 정확성과 논리성이특히 중요하다. 부정확한 문장이나 비논리적인 문장은 법률문장으로는실격이다. 법학 분야에서는 정확성과 논리성이 무엇보다 중시되기 때문에 평이성이 희생되는 경우도 있다. 예를 들어, 일상생활에서는 사용되지 않는 전문적 개념이 생성되어 사용되기도 한다.

COLUMN 3. 법에서 사용되는 전문적 개념

여러분은 음악 CD나 영화 DVD 데이터를 보관하기 위한 USB 등을 가지고 있을 것이다. 그러면 이러한 매체에 기록된 정보를 포괄적으로 지시하는 법적 개념을 들어 본 적이 있는가? 일본 형법은 '전자적 기록'이라는 일상에서 사용되지 않는 개념을 사용하고 있다. 일본 형법 제7조의2에서는 '전자적 기록'이라는 것은 전자적 방식, 자기적 방식 그 외 사람의 지각에 의해서는 인식될 수 없는 방식으로 만들어진 기록이며, 전자계산기에 의한 정보처리에 사용되기 위해 제공되는 것'이라고 규정한다. 여기에는 CD-ROM이나 PC에 넣는 하드 디스크 등에 기록된 것도 포함된다. 예를 들어 그러한 전자적 기록을 손괴하거나 삭제하는 행위는 그러한 내용이 종이 위에 기재된 경우와 동일하게 처벌된다.

형식 면에서 문장 전체의 논리적 구조를 뚜렷하게 하고, 전달하려는 정보 내용을 쉽게 풀어 내는 등 독자의 부담을 줄이기 위한 여러 노력이 있다. 본서의 PART Ⅱ와 PART Ⅲ는 그것을 위한 내용이다. 그중 몇 가지를 뽑아 보면, ⓐ 전체 구성을 생각해서 쓸 것, ⓑ 문장이 너무 길어지지 않게 신경쓸 것(한편, 짧은 문장을 나열하는 것이 오히려 이해를 방해할 위험도 있으니 주의), ⓒ 적당히 행을 바꿔 각 문단에서 말하고 싶은 것을 정리할 것(반대로 맘대로 행을 바꾸지 말 것), ⓓ 문단을 다듬을 것 '하여/해서, 에/에서, 을/를, 은/는'을 적확히 사용할 것, ⓔ 접속표현에 신경 쓸 것, ⓕ 논리적 차원의 다른 부류를 동일한 차원으로 나열하지 않을 것이 있다.

이러한 점에 대한 각론적인 설명은 PART Ⅱ와 PART Ⅲ에서 하기로 하고, 여기에서는 사실관계를 전달하는 문장의 논리적 구조에 주목하려고 한다.

6 사실을 전달하는 문장의 논리적 구조

전술한 바와 같이 C·D·E 사이에 생긴 기본적 사건을 문장으로 전달하려고 할 때, 그 논리적 구조는 어떻게 될까? 먼저 살펴봐야 하는 것으로, 사건이 크게 두 부분으로 구성되어 있다는 점이다. 즉, ① C와 D가 사소한 말다툼을 계기로 심각하게 사이가 틀어진 것, ② 이 일이 E를 매우 곤란하게 한 것이다. 이 설명에서 두 가지로 구별된 사태의 기본적 구조를 중심에 두고, 상대방을 확실히 이해시킬 필요가 있다. 그다음에 ①에 관하여, 언제, 어떤 말싸움에서 어떻게 사이가 틀어지게 되었는지를 설명하고,13) 거기에 ②에 관해, C와 D의 관계가 나쁘게 된 것이 왜 E를 곤란하게 했는가를 설명해야 할 것이다.

이처럼 논리적인 설명에서 중요한 것은, 설명하고 싶은 것과 선행하는 사실을 연결하고, 그 원인 및 이유가 된 사실과 발생한 결과의 귀결관계(즉, 인과관계)를 보여주는 것이다. 이것을 '인과적 설명'이라 할 수 있다.14) 사실관계의 보고와 전달을 내용으로 하는 논리적 문장은 사실관계의 인과적 설명에 성공한 문장이라 할 수 있다.

사실적 인과관계 확인은 법적 책임을 긍정하기 위한 전제가 된다는 점에서 매우 중요하다. 다시 사례문제 1을 보자.

해당 사건에서 A가 자동차에 탄 채, 한겨울 바다로 뛰어들어 생명을 잃을 뻔한 행위를 한 것은 甲이 폭행·협박을 해서 집요하게 명령했기 때문이고, 甲의 행위와 A의 행위 사이의 사실적 연결(그런 의미에서 인과관계)의 존재를 긍정할 수 있다. 이것을 명확히 하는 것이 법적 해결의 전제이다. 이를 위한 특별한 법적 지식이 필요한 것은 아니다.

甲의 형사책임을 검토할 때, 甲은 A에게 자살행위를 결의시키고 그것을 실행시키려고 했던 것으로서(그렇지만 자살 의사나 사망의 결과가 발생하지 않았다), 자살교사미수죄가 성립하는지, 아니면 더 나아가 A의 의사를 제압하여 그 의사와 상관없이, 살해하려고 했던 것으로(그렇지만 사망의 결과는 발생하지 않았다), 살인미수죄가 성립하는지를 명확히 밝혀야 한다. 여기서는 해당 케이스의 사실관계 이해를 전제로, 甲이 한 행위의 (형)법적 평가를 묻고 있으며, 이때 해야 할 일은 적용 가능한 법규의 후보군 중에서 최종적으로 적용해야 할 법규를 결정하는 것이다. 구체적으로는 후보가 된 살인죄, 자살교사죄를 적용함에 있어 어떻게 구별되는지, 형법해석에 관한 하나의 논점을 묻는 것이다.

형법각론에서 그 논점과 검토 방법에 관해 배우지 않고서는 이 케이스의 정확한 법적 해결에 도달할 수 없다.

이상에서 밝혀지듯이 법적 사례 해결에서는 전제가 되는 사실관계의 정확한 파악과 분석이 필요하고, 적용해야 할 법규범의 선택과 그 해석이 모두 필요하다. 게다가 이 두 가지를 유기적으로 연결하는 법적 지식과 법적 사고력이 필요하다.

7 법적 논증의 논리성

법 실무에서는 사실관계의 파악과 인과적 설명이 큰 의미를 가진다 해도 법학부 과정의 시험이나 리포트에서 그리 많이 요구되지 않을 수도 있다. 하지만 법학전문대학원 수업에서는 필요성이 증가한다. 특히, 법률 문장의 논리성 측면에서 관건이 되는 것은 결론을 이끌어 내는 과정에 대한 근거제시 부분이다.

흔히 법적 해결에 정답은 없다고 하는데, 중요한 것은 결론이 아니라, '근거제시'이다. 지금까지 반복하여 말했지만 법적 문제의 해결은 적용법규의 선택 및 선택된 법규의 적용을 통하여 이루어지고, 그 전제(사실인정과 마찬가지의 또 하나의 전제)가 되는 것은 법해석이다. 법해석은 법이 갖는 의미 내용을 명확하게 밝히는 것을 말한다(이러한 것이 학설에 반영되어 A설, B설, C설이라는 대립이 생긴다). 법은 첨예하게 대립되는 이해관계를 조정하기 위한 것으로, 법의 내용이 해석자의 가치 판단과 선택에 의해 결정되는 것이 아니기 때문에 원래부터 하나여야 한다고 생각할지도 모르겠다. 그러나 실제 객관적으로 통용되는 해석으로 정할 수 있는 판단기준은 존재하지 않는다. 그것이 현실이고, 이것도 법학의 숙명이다. 법을 공부하는 사람은 여기에서 출발할 수밖에 없다.

이렇게 결론에 대한 이유제시(근거제시)란 사실관계 파악과 확인을 거쳐 적용법규를 선택하고, 그 법규의 해석을 보고, 그 후 사실에 적용하는 과정에서 올바른 논거를 제시하는 것이다. 특히, 그 중심이 되는 법(법규)의 해석이 맞는다는 것을 논거를 통해 제시해야 한다.

COLUMN 4. 법(법규)의 해석과 그 기준

여기서는 법(법규)의 해석에 대해서 간단히 설명하고 싶다. 법의 해석에는 5가지 종류와 방법이 있다. 법조문의 단어와 문장의 일상적 의미, 즉 국어사전에 등재된 의미에 따라 해석하는 것이 문리해석이며, 법해석의 출발점이 된다. 문리해석에 의한 것(일상적 의미)보다도 조금 넓게 이해하는 것을 확장해석이라고 하며, 반대로 그것보다 좁게 이해하는 것을 축소해석이라고 한다. 법조문의 단어나 문장의 의미를 확장해도 특정 사례에 직접적으로 적용할 규정이 없는 경우, 즉 이 사건에 관해 직접적으로 적용할 수 있는 규정이 없는 경우, 유사한 사례에 적용되는 규정을 적용하여 같은 결론에 도달하는 유추해석도 있다. 또한 이것과는 반대로, A와 B라는 유사한 사실 중, 법률에는 A에 대한 규정밖에 없는 경우, B라는 사실에 대해서 A와 반대의 결론을 내는 반대해석도 있다.

그렇다면 언제 확장해석을 하고, 언제 축소해석을 해야 하는가? 또 어떤 경우에 유추해석을 선택하고, 반대로 반대해석을 해야 하는가? 법을 해석할 때, 실질적 기준이 필요하다. 해석의 실질적 기준에 따라 해석을 분류해 보면, 다음 4가지로 분류할 수 있다. 해석의 출발점은 문리해석이다. 먼저 특단의 이유가 없는 한, 조문의 일상적 보통의 의미에 따라 해석해야만 한다. 그러나 입법자 내지 초안자가 생각한 것을 기준으로 해석해야 하는 것을 역사적 해석, 그 규정이 놓여 있는 장소나 다른 규정과의 상호관계를 해석의 기준으로 하는 논리적·체계적 해석, 규정이 이루어야 할 목적을 고려하여, 사회생활의 요구를 반영하여 타당한 결론을 얻으려는 목적론적 해석도 중요하다.

이러한 해석 방법에서 우선순위 내지 순서가 존재하는 것은 아니지만, 일반적으로 법과 같은 사회적 제도를 움직일 때는 그 '목적'이 중요하고, 법해석에 있어서도 목적론적 해석이 때때로 결정적인 의미를 가진다. 반면, 목적론적 해석은 객관성을 가지기 어렵고, 해석하는 사람마다 다른 결론이 날 가능성이 있다. 정리하면, 먼저 규정의 문리적 의미를 존중해야만 하고, 목적론적 견지에서 법규를 확장해석 할 때는 그에 상응하는 근거가 필요하다. 충분한 실질적 이유가 없을 때는 문리적으로 충실한 해석을 해야 함을 명심해야 한다.

일반적이고 추상적인 이야기지만 올바른 법적 해결의 판단 기준은 결론을 지지하는 논거 또는 근거의 설득력이다.

만일 정해 놓은 답이 없이 결론을 내야만 한다면, 각자 그 결론이 타당하다고 생각되는 이유를 교환한 후, 많은 사람이 납득할 수 있는 결론을 선택할 수밖에 없다. 법학 분야에서 다수의 사람(이상적으로는 전원)이 납득할 수 있는 결론이 올바른 결론, 즉 '진리'라고 할 수 있다. 합의를 이끌어 내기 위한 목적으로 토론할 때, 어떤 특정한 사람이 권력으로 결정하면 안 된다. 결론의 논거 내지 근거가 고도의 설득력을 가질 때 처음에 반대했던 사람의 마음을 움직일 수 있는 것이다.[15] 법률가에게 요구되는 능력은 정해 놓은 답이 없는 곳에서 많은 사람이 납득할 수 있는 결론을 이끌어 내는 것이고, 토론하는 중에 상대방을 설득시킬 수 있는 논거 또는 근거제시를 할 수 있는 힘이다.

답안이나 리포트 등을 쓰는 법률문장에서는 제시된 '문제'에 '답'을 해야 한다. 예를 들면, '甲과 乙에게 어떠한 형사책임이 있는가?'라는 물음에 대해 '甲은 상해치사죄의 형사책임을 진다', '乙의 행위는 강도죄가 성립한다'라는 최종적인 결론만이 아니고, 그 결론에 이르기까지 사고 과정을 나타내야 한다. 현행법규정을 전제로 적용 가능한 법규를 선택하고, 그 법규의 해석을 보고, 이것을 사실에 적용하고, 최종적인 결론을 논리적으로 도출해 내는 것이 필요하다. 이것을 법적 논증이라고 부른다. 법적 논증에서 중요한 것은 이미 서술한 바와 같이, 결론이 아닌 그 과정이다. 각 단계에서 제시된 논거 및 근거제시가 결론을 이끌어내는 힘이다.

법적 논증을 위해 사용되는 방법 3가지를 사례문제를 통해 소개하고 싶다. 이를 조합하여 병용하는 것도 가능하다. EPILOGUE에 사례문제에 대한 답안의 샘플을 붙여 놓았으니 EPILOGUE를 참조하기 바란다.

 사례문제 2

> 甲은 종교단체 X교단의 신자이다. 甲은 교단에서 탈퇴하려고 행방을 감춘 A를 찾고 있었는데, B가 A를 숨겨주고 있다는 정보가 있어 A를 찾기 위해 오전 2시경, B의 가족이 사는 집 담을 넘어 정원에 무단으로 들어갔다. 甲의 형사책임을 논하시오.

법적 논증을 하는 방법으로 첫째 조문 내지 자구(이것을 '문언'이라고 한다)**의 해석을 매개로 하는 것이다.** 사례문제 2를 통해 그 실례를 들어 보자. 이 케이스에서는 형법의 주거침입죄 규정을 적용할지가 문제된다. 주거침입죄 규정은 사람의 주거나 사람이 관리하는 건조물 등에 침입하는 행위를 처벌 대상으로 한다. 사례에서 甲의 행위가 주거침입 행위에 해당한다는 것을 논증하기 위해서는 '주거'에 관한 문언 해석이 필요하다. 판례 및 통설은 '주거'는 건물의 부분뿐만 아니라, 위요지(즉, 건물 부분의 바로 주위에 있고, 담 등에 의해 둘러싸인 그 부속지)도 포함된다고 한다 (판례 · 통설). 여기서 甲 행위의 형법적 평가에서 '주거'라는 문언은 그 위요지도 포함한다고 하는 해석(내지 정의)을 분명히 한 후에, '거기에서 타인 집의 위요지인 정원에 함부로 들어간 甲의 행위도 주거침입 행위이며 본죄를 구성한다'는 결론을 끌어낸다면, 훌륭한 법적 논증이 될 것이다.

 사례문제 3

> 甲은 사례문제 2와 동일한 상황에서 도망 중인 A를 찾고 있었는데, B가 A를 숨겨주고 있다는 정보가 있어, A가 정말 B의 집 안에 있는지를 확인하기 위해, 오전 2시경, 인접한 아파트의 외부계단에서 무단으로 B가족이 사는 집 지붕에 올라갔다. 甲의 형사책임을 논하시오.

법적 논증의 **두 번째** 방법으로 **법규정이나 대법원 판례가 없는 케이스에서 일정한 기준에 입각하여 공평한 취급을 하는 것이다.** 사례문제 3에 나오는 甲의 행위는 주거침입죄가 되는 것일까? 이런 종류의 행위도 위요지에 침입하는 행위와 마찬가지로 함부로 타인의 주거 공간16)으로 들어가, **타인의 사적 영역을 침해**하는 행위라고 말할 수 있을 것이다. 이러한 기준에 따라, 함부로 타인의 지붕에 올라가는 행위도 주거에 침입하는 행위로 볼 수 있고, 이것이 훌륭한 법적 논증이 될 수 있다.17)

> 甲은 사례문제 2와 동일한 상황에서, 도망 중인 A를 찾고 있었는데, B가 A를 숨겨주고 있다는 정보가 있어 A가 정말 B의 집 안에 있는지를 확인하기 위해 오전 2시경, 무인기인 드론에 소형 카메라를 달아 B의 가족이 사는 집 부지 내를 비행시켜, 내부 모습을 촬영했다. 甲의 형사책임을 논하시오.

법적 논증을 하는 **세 번째** 방법으로 **다른 해결을 취하면 부당한 결론**에 이르게 된다는 것을 이유로 하는 논증하는 것이다. 이것은 두 번째 방법과 반대로, 유사하게 보이지만(관계 있는 것처럼 보이지만), 특정 규정의 적용 범위를 넓히는 해석에 대해, 제어장치가 사라져 원래 적용되면 안 되는 케이스까지 적용해 버리는 것을 염두에 두어, 이에 반대할 때 사용된다.

사례문제 4에서, 드론에 카메라를 달아 타인의 주거부지 내를 비행시켜, 내부의 모습을 촬영하고, 타인의 프라이버시를 침해했을 때 주거침입죄는 구성하지 않는다고 볼 수 있다. 주거침입죄에서 말하는 '침입'은 그 장소에 '사람'이 현실적으로 들어가는 것이 필요하다. 이렇게 한정하지 않으면 고양이 목걸이에 소형 카메라를 달아 가옥 내에 들어가 그 모습을 촬영하는 행위도 주거침입죄에 해당하게 될 것이다. 이러한 해석은 조문에 사용된 언어가 갖는 한계를 무시하였으므로 취해서는 안 되는 것이다.

또한 법적 판단에 적용되는 논리 법칙에 반하는 것도 법률문장으로서 실격이다. 이러한 관점에서 '논리적이지 않은' 문장은 다음과 같은 경우이다. ① 전제가 결론을 도출할 수 없는 것인데도 그것이 하나의 중요한 근거처럼 제시되는 경우, ② 그 전제로부터 결론을 도출할 수 있지만, 이를 위해서 또 하나의 중요한 부가적 요건이 추가되어야 하는데도 그것을 인식하지 않고, 결론이 도출되는 것처럼 주장하는 경우, ③ 그 결론을 도출하는 데 불필요한 사정인데, 그것이 결론을 도출하기 위해서 그야말로 중요한 사정인 것처럼 제시되는 경우이다.

이하 구체적으로 논리적이지 않은 문장의 예를 소개하려고 한다. 다음 문장은 사형제도의 존폐를 주제로 학생이 쓴 리포트의 일부분이다.

학생 A의 리포트

나는 사형제도가 존재하는 것이 절대적으로 옳다고 생각한다. 그 근본적 이유는 살인범은 타인의 생명을 부정했기 때문에, 그 범인의 생명을 법이 보호하려는 것은 모순이기 때문이다. 또한 형벌의 본질에 대해서 통설은 응보형 이론이다. 그리고 현행법의 입장이기도 하다. 응보형론에 입각하기 때문에, 사람의 생명을 빼앗은 범인은 그 죄에 응당한 벌로써 사형을 받는 것이 당연하고, 사형을 형벌로부터 제외할 수 없다. 게다가 사형폐지론은 피해자 유족의 피해 감정을 무시하고 있다. 사형 폐지를 주장하는 사람은 자신의 가족이 죽임을 당해도 좋다고 생각하는 것일까? 가족이 죽임을 당해도 아무렇지도 않은 사람만이 사형폐지론을 주장할 수 있는 것이다.

학생 A의 이 문장은 사형제도를 긍정하는 입장(사형존치론의 입장)에서 써진 것으로, 별로 위화감 없이 읽을 수 있을지도 모른다. 그러나 사형 존폐에 관해 취하는 입장과 무관하게 대체적으로 볼 때, 논리적인 문장이 아니고 법률문장으로서는 합격점수를 줄 수 없다.

먼저, 처음에 '사형제도가 존재하는 것이 절대적으로 옳다'라고 하였다. '절대적으로'는 불필요한 것이다. '절대적으로'라는 강조를 붙여도 문장의 설득력이 강해지는 것이 아니다. 오히려 크게 마이너스가 될 것이다. 정답이 없는 문제에 관해 논할 때, 다른 사고방식을 처음부터 차단하는 완고함이 느껴진다. 다음으로 '살인범은 타인의 생명을 부정하기 때문에, 그 범인의 생명을 법이 보호하려는 것은 모순'이라는 부분은 사형제도 긍정의 근본적 이유라고 하지만, 논리가 잘 이해되지는 않는다. 범인이 피해자의 생명을 부정하는 것과 법이 범인의 생명을 보호하는 것은 다른 차원이므로, 조금도 모순적이지 않다.[18] 어쩌면 A는 '국민은 타인의 생명을 존중하는 한 국가법의 보호를 받을 수 있다'라고 하는 기본적 입장에 입각하고 있는 것일지도 모르지만, 그것은 자명한 사실이 아니므로 근거제시가 필요한 명제이다. 이 부분은 논리성을 결여하고 있거나, 적어도 설명이 부족한 부분이다. 그러므로 위의 ①과 ②는 논리 법칙에 의해 논리적이지 않다고 평가할 수 있다.

또한 A의 사형존치론은 응보형 이론을 근거로 하고 있다. 확실히 일본에서는 응보형 이론이 현재의 통설이라 할 수 있다. 그리고 응보형 이론의 중핵인 죄형균형 사상이 사형 긍정의 논거가 된다. 단, '인간의 생명을 빼앗은 범인은 그 흉악범죄에 응당한 벌로써 사형선고를 받는 것이 당연'하다는 것은 상당히 수준 낮은 논의이다. 범인이 똑같이 피해자를 사망시킨 사건이라도 현행법은 고의범인지 과실범에 불과한 것인지에 따라 형의 중대함을 크게 구별하고 있으며, 정신장애가 있어서 책임을 물을 수 없는 자라면, 형벌을 과할 수 없다. 이처럼 인간의 생명을 빼앗은 범인은 그 흉악범죄에 응당한 벌로써 사형선고를 받는 것이 당연하다고 할 수 없다. 사형폐지론은 응보형의 입장과도 양립할 수 있다. 이 부분도 논리성이 결여되어 있고 설명이 부족하여, 위의 ① 또는 ②의 논리 법칙에 의해 논리적이지 않다고 평가할 수 있다.

마지막으로 피해자 유족의 감정 문제도 사형제도 존폐와 관련해 종종 언급되는 사안이기는 하다. 그렇다고는 해도 '자신의 가족이 죽임을 당해도 좋냐'는 식의 사고방식은 개인감정 문제와 공익 문제의 수준 차이를 크게 간과한 것이다. 이렇게 다른 차원의 문제를 직접 연결해 버리면 논리적인 비약이 생긴다. '가족이 죽임을 당해도 아무렇지도 않은 사람만이 사형폐지론을 주장할 수 있는 것이다'라는 주장은 뒤집어 보면 '가족이 죽임을 당해도 태연치 않은 사람은 사형존치론을 주장해야 한다'라는 주장이 된다. 반드시 그렇다고 단언할 수 없다면, 개인의 감정 문제와 사형제도의 시비 문제를 직접적으로 연결할 수 없다고 보아야 한다. 이 부분은 위 ③의 논리법칙에 의해 논리성이 결여되었다고 생각한다.

8 정 리

법률문장의 기본조건은 필자가 전달하고 싶은 것을 정확하게, 평이하게, 논리적으로 전달하는 것이다. 이른바 형식적인 조건을 충족하는 것만으로도 본서와 같은 글쓰기 지침서가 필요 없을 정도로, 법학도의 문장의 '격'이 현저히 달라질 것이다. 반대로 이런 점을 소홀히 한다면 아무리 법학 공부를 열심히 해도 좋은 법률문장 작성에 어려움을 겪게 된다.

법을 배우는 사람은 법학 분야뿐만 아니라 그 외 분야에서도 훌륭한 문장, 잘 쓴 글을 많이 읽는 것이 중요하다. 그리고 자신의 이상적인 필자를 발견하여, 이해가 잘 되고 설득력이 있는 부분이 어디에 기초하고 있는지를 찾아내고, 그것을 흉내 내보는 방법도 좋다. 바로 '독자로서의 의식을 단련'하는 것이다.

4장에서는 지금까지 서술한 좋은 법률문장의 형식적 조건을 기초로 하여, 법률문장에 포함된 법적 판단이 합리성·정당성을 갖추려면 어떤 점을 유의하면 좋을지에 대해 논하고자 한다.

04

법적 판단의 합리성 · 정당성

― 훌륭한 법률문장의 실질적 조건 ―

1 법적 평가 · 가치판단이 설득력을 가지는 근거

법률문장은 단순히 사실관계를 언급하거나 일정한 객관적 사태를 확인하는 것만이 아니라, 중요 부분에서 법적 평가에 관한 규범적 명제 및 가치판단을 내용으로 하는 주장을 포함하고 있다. 예를 들면, 사례문제 1의 바탕이 된 판례의 케이스에서 법원은 다음과 같이 서술하고 있다.[19]

  … 상기 인정 사실에 따르면, 피고인은 사고를 가장하여 피해자를 자살시켜 거액의 보험금을 취득할 목적으로, 자살 방법으로 그에 사용될 차량 등을 준비한 후에, 극도로 겁을 먹은 피해자에게 범행 전날, 항구에서 폭행과 협박을 하여, 즉시 차량과 함께 바다에 뛰어들어 자살하도록 집요하게 요구하고, 자살 결의를 꺼리는 피해자에게 다음 날 실행할 것을 확약받는 등 본건 범행 당시, 피해자로 하여금 피고인의 명령에 따라 차를 타고 바닷속으로 떨어지는 이외의 행위를 할 수밖에 없는 정신상태에 빠지게 하였던 것이라고 볼 수 있다.
  피고인은 이상과 같은 정신상태에 빠진 피해자에 대해 사건 당일 항구 절벽에서 차와 함께 바닷속으로 떨어질 것을 명하고, 피해자가 스스로 사망하도록 현실적으로 위험성 높은 행위를 하게 하였기 때문에, 피해자에게 명령하여 차와 함께 바다에 빠지게 한 피고인의 행위는 살인죄의 실행행위에 해당한다고 할 수 있다. 또한 … 피해자에게는 피고인이 명령한 대로 자살할 마음은 없었기 때문에, 이 점은 피고인의 예상에 반하지만, 피해자를 사망시키려고 현실적으로 위험성 높은 행위를 강요한 것 자체에 대해서는 피고인에게 어떤 인식이 부족했다고 할 수 없어서 상기의 점에서 피고인에게 살인죄의 고의를 부정해야 할 사정은 없다고 봐야 한다. 따라서 본건이 살인미수죄에 해당한다는 원심 판결의 결론은 정당하다.

여기서 법원은 법적으로 중요하다고 생각되는 사실을 추출하여, 법적용의 전제가 되는 사실관계를 확정하고, 거기에 일정한 형법적 평가를 하고 법적 가치판단을 하고 있다. 더욱 엄밀히 보면, 원판결[20]에서 판시한 살인미수죄의 판단이 최종적으로 정당하다고 보면서, 그 결론에 이르기 위해 ① 해당 정신상태에 빠진 피해자에게 명령하여 스스로 사망하도록 현실적으로 위험성 높은 행위를 시켰기 때문에, 자살교사 미수죄나 강요죄가 아니라, 살인미수죄의 실행행위에 해당한다고 본 것이다. ② 범인은 피해자에 대해 사망의 현실적 위험성이 높은 행위를 강요한 것 자체에 관한 인식이 부족했던 것은 아니기 때문에, 범인이 피해자에게 자살 의사가 있다고 오신하고 있던 것은 살인죄의 고의를 부정해야 할 사정이 되지 않는다는 2개의 규범적 명제를 제시하였다.

이처럼 법률문장의 중핵은 법적 평가 내지 법적 가치판단이다. 여기서 평가나 가치판단이 주관적·상대적임에도 불구하고 받아들이는 자를 설득하기 위해서는 어떠한 조건을 갖춰야 하는지가 중요하다.

교본이 되는 판결문

법률문장에도 여러 종류가 있지만, 법원에 의한 판결문은 훈련을 많이 한 법관이 쓴 것으로, 법률문장의 정점에 있다고 해도 과언이 아니다. 법률문장은 일정한 목적과 기능을 가진 것으로, 판결문은 대립하는 원고와 피고(이를 당사자라 함) 사이에 법적 분쟁의 결론을 내리고자 하는 것이며, 어떠한 입장이라도 납득할 수 있는 내용이어야 한다. 그것은 사건 사실관계를 바르게 인정하고, 쟁점을 적확하게 파악한 후, 현행법에 따른 타당한 판단을 내리는 것이어야 한다. 형사재판의 제1심 판결문에는 ① 결론의 정당성을 그 자체로 나타낼 것, ② 소송행위를 한 양 당사자(피고인 · 변호인, 검사)에게 법원의 판단을 제시할 것, ③ 항소심 심판대상을 제공할 것, ④ 피해자나 그 유족을 포함한 사건 관계자, 넓게는 국민 · 일반인에 대해, 그 판단 내용을 설명하고, 판단에 대한 신뢰 또는 판단의 근거를 제시할 것이라는 4가지 기능이 있다.[21]

이처럼 법을 공부하는 자에게 판결문은 최고의 모범사례가 될 수 있을 것이다. 특히 대법원[22]이 재판(판결과 결정)의 이유로 설시하는 것을 자세히 살펴보면서, 문장의 흐름이나 리듬, 문단을 바꾸는 방법이나 구두점을 찍는 방법 등을 포함하여 따라 해 보는 것은 독자 여러분의 법률문장 작성법을 한 단계 향상시킬 것이다.

실제로 법적 판단이 고도의 설득력이 있는 합리성과 정당성을 지니기 위한 조건은 반드시 일정한 원칙이 있는 것이 아니고, 해당 분야의 법률가 사이에서 긴 역사를 거쳐 지금까지 서서히 형성되어 온 것이다. 그것은 법률 전문가 사이에 '문화'와 같은 형태로 존재하며, 지켜야 할 약속은 '작성법'과 같은 것으로서 공유되고 있다. 법을 배우는 사람은 시간을 들여 그 전문영역의 문화를 배우고, 작성법을 몸에 익히는 것이 바람직하다.

이러한 종류의 '문화'와 '작성법'은 어딘가에 정리되고 문장화되어 전수된 것이 아니다. 그런 매뉴얼이 있으면 얼마나 편하겠는가. 그런 이유로 본서에서는 법을 배우고자 하는 사람들을 위해, 그것을 정리하여 언어로 객관화하려고 노력했지만, 이것은 하나의 작은 시도에 불과하다.

또한 만약 반대로 문장화된 것을 읽고 이해했다는 것이 곧 문화를 공유하고, 작성법을 몸에 익혔다고는 볼 수 없다.

자전거를 탈 수 없는 사람이나 수영할 수 없는 사람이 글로 설명을 읽었어도 바로 자전거를 탈 수 있게 되거나 수영을 할 수 있게 되거나 하지는 않을 것이다. 이하에서 서술하는 것도 같은 맥락이다. **스스로 반복해서 계속 시도하고, 실천을 통해 습득하여 몸으로 기억할 필요가 있다.**

2 출발점으로서 현행법규

현행법규정은 공통의 기반이며, 당연한 전제다. 사례문제에서 묻고 있는 케이스가 현행법 규정의 핵심적 부분을 묻고 있다면, 그것을 간단하게 서술하고, 규정을 적용하여 결론을 이끌어 내면 되기 때문에 각 단계에서 실질적 근거를 제시할 필요도 없다. 물론 그 규정의 헌법 적합성을 묻는 경우라든가, 입법론적 타당성을 논하는 것을 요구하고 있는 경우 등은 별론으로 한다.

한편, 해석론과 입법론을 혼동하지 않는 것은 법률가의 기본적인 '소양'에 속하는 것이다. 법률가의 기본적 임무는 현행 법규를 전제로 하여 이것을 해석·적용하는 것이다. 입법을 통하여 새로운 룰을 정립하는 것은 입법자인 국회 등의 역할이다. 현행법에 따른 구속을 거부하고, 스스로 올바르다고 생각하는 룰에 따라 사건을 해결하려는 것은 입법자의 권한을 빼앗는 것이며, 법해석의 틀을 벗어나는 것이다.

단지 시험이나 리포트 등의 케이스 문제에서 현행법인 법령을 적용할 수 있을지 없을지에 대해 말할 수 없는 경우도 많을 것이다. 도식적이기는 하지만, 세계적으로 저명한 법 이론가의 다음과 같은 말이 있다. '법적 룰에는 논의의 여지가 없는 의미의 핵심이 있을지도 모른다. 그리고 어떤 룰의 의미에 대해서 논쟁이 일어나는 것 자체가 상상하기 어려운 것도 있을 것이다. … 그러나 어떤 룰에는 불확정적이며 애매한 반영(Penumbra)이 있고, 법관은 가능한 복수의 의미 중에서 선택해야 한다.'[23] 어떤 법규에 대해서도 복수의 해석이 이루어질 가능성이 있고, 그 의미가 하나로 명확히 되기까지는 적용 가능한지 결론이 나지 않는다. 그리고 시험이나 리포트에서는 복수의 해석 가능성을 주고 하나의 선택을 요구하는 경우가 많다.

일반적으로 말하자면, 규정된 문언상에서 그것이 해당 사례에 적용될 수 있을지 잘 모를 때는 실질적인 근거를 찾아야 한다. 법철학자인 나가오 류이치(長尾龍一)는 '후지산 이론'을 주장했다. '법은 후지산과 같은 형태를 하고 있다. 정상이 법 언어의 중심적 의미이고, 경사진 부분으로 가면 말의 중심적 의미로부터 멀어져 간다. 그리고 그 거리에 비례하여 실질적 정당화가 요구된다.'[24] 이것이 일반적 가이드라인 그 자체라 할 수 있다.

법적 논증을 위해 실질적 논거로 도출되는 결론이 구체적으로 타당한지 중요하다. 결론의 구체적 타당성은 더욱 ① 그 결론이 해당 영역 법규제의 목적에 적합한지(바꾸어 말하면, 해당 법률이 마치 그러한 사태를 목적으로 제정된 것처럼 보이는지) ② 유사한 사례에서 법이 그것과 같은 취지로 해결하고 있음을 보여주는지 (또한 다른 유사한 사례의 해결 사이에 정합적인지) ③ 다른 해석을 취한다면, 부당한 결론이 나는 등 보강적 논거에 따라 보다 구체적으로 논증되는지를 생각해 볼 수 있다.

3 판례의 중요성

해당 사례에서 현행법규 적용 가능 여부가 확실하지 않으면, 실질적 근거를 들기 전에 확인·검토해야 할 것이 있다. 바로 법원이 해당 규정을 어떤 식으로 해석하고 있는가 하는 점이다.

과거 사례의 해결에 관한 법원의 판단이 사후 케이스 해결에 있어서 법적 구속력을 가질 때, 이것을 판례라고 부른다. 판례는 법규정이 남겨놓은 해석의 여지 내에서 법 내용을 구체화하는 것으로, 일종의 '법'으로서 기능하고 있다. 현행 법령에 이은 제2의 열쇠이다.

판례가 '법원(法源)'으로서 기능하는 이유는 그것이 재판상 선례로서, 현재 및 장래의 법원 판단을 일정 정도에서 '구속'하기 때문이다. 개별 케이스에 대해서 법원(法院)(특히 대법원)의 법해석이 있으면, 앞으로 있을 것 같은 유사한 케이스에서도 동등한 처리가 요구되어 비슷하거나 유사하게 해결되어야 한다는 기대감이 사회 속에 생긴다. 그리고 이와 같은 기대는 법적 보호의 대상이 된다. 법원은 법의 통일성과 안정성, 법적 판단의 평등성에 대한 사회적 신뢰를 저버리지 않기 위해, 그 나름대로의 이유가 없는 한, 과거에 내렸던 재판상 선례를 존중한다. 반대로 말하자면, 사실상 꽤 강하게 선례에 구속된다. 판례의 구속력은 '법적 안정성 및 법에 있어서 평등'이라는 법 그 자체의 근본적 요청에 기인한다.[25]

COLUMN 6. 판례란 무엇인가?

'판례'라는 용어는 과거에 내린 법원의 판단, 나아가서 그것을 포함한 판결이나 결정을 폭넓게 지칭하는 말로 사용되는 것이다. 따라서 다소 애매한 형태로 사용되기도 한다. 그러나 판례를 생각할 때 본질적인 것은 선례로서, 동종 유형의 사건을 해결할 때, 구속력을 가지는 것이며, 선례로서 구속력이 인정되는 것은 원칙적으로 대법원 판례만 해당한다.

　대법원의 선례가 판례로서 구속력이 인정되는 것은 제도상 상고심인 대법원이 최종적으로 유권해석을 함에 따라 법령 해석을 통일한다는 기능이 주어져 있음에 기인한다. 이는 국내에서 법원에 의한 법령 해석이 제각각으로 이루어지면 곤란하기 때문이다. 그러므로 판례가 반복되어, 확립된 판례라고 불린다면, 강한 구속력을 갖는다. 한편, 최종적·통일적 법해석을 임무로 하는 대법원에 의한 것이라면 반복되지 않고 단 한 번의 판례만 있어도 구속력이 발휘된다.26) 다만, 확립된 판례가 있을 때도 판례는 법령과 같은 정도의 법적 구속력을 바로 가지는 것은 아니기 때문에, 그것을 서술하는 것만으로는 법적 논증이 충분하다고 말할 수 없다. 특히 학설 중에 유력한 반대 학설이 있다면 더욱 그러하다. 이럴 때는 무언가 실질적 논거를 들어 그 결론에 이유를 댈 필요가 있다. 반대로, 확립된 판례가 있을 때, 학설 중에 유력한 반대 학설이 있어도, 판례에 반하는 해석을 한다면, 충분한 논거를 제시하여 실질적 정당화를 상세히 할 필요가 있다. 이는 상당한 각오를 요하는 것이다. 만일 그 논점이 전체로 볼 때 부수적인 논점에 지나지 않는 것이라면, 판례에 따르는 편이 현명하다고 생각하는 쪽이 많을 것이다.

　일반적으로 그 판례의 '강·약'에 따라 실질적 논거를 대어 논증할 필요성의 정도를 정한다. 넓게 승인된 판례('확립된 판례')라면, 이에 따르지 않는 이유에 대해 상당한 논거를 제시하지 않으면 불충분함이 느껴질 것이다. 한편 오래되었다는 이유로 구속력에 의문이 생기고, 반대 취지의 하급심 판례라도 발견된다면, 판례를 따르지 않는 실질적 정당화도 용이하며, '가벼운' 논증이라도 충분하다고 생각될 것이다.

　한편, 판례라고 하더라도 구체적 내용을 분명히 하는 것은 결코 간단치 않다. 판례란, 법원(특히 대법원)이 개개의 재판 이유 중에 나타난 구체적 사건 해결에 관한 법적 판단 중, 장래를 향해 구속력을 가진 것이다. 재판 이유 중에 나타난 법적 판단 가운데, 선례로서 구속력을 가진 '판결 이유(Ratio decidendi)' 부분과 그 외의 '부수적 의견(Obiter dictum)'이 있다. 왜 '판결 이유'라는 일정한 부분만 구속력이 인정되는 것이냐면 법원은 어디까지나 사법기관으로, 구체적 사건의 적정한 해결을 임무로 하기 때문에 사건 해결을 벗어나 법적 룰을 정립하는 권한은 가지고 있지 않기 때문이다. 사건의 쟁점을 해결하기 위해 논증을 할 때, 설득력을 높이기 위해 부수적으로 언급되는 부분이나 가정(假定)의 사실에 관해 서술한 부분은 부수적이며, 쟁점의 해결과 무관계한 것은 아니지만 제도의 취지에 대한 설명이나 일반적·추상적으로 전개되는 법률 논쟁이 즉시 판례라는 자격을 갖는 것은 아니다.

법률가에 있어 판례라는 것은, 현행 법령과 같이 중요한 법원(法源)이며, 큰 관심사이다. 판례에 대한 불충분한 이해와 어설픈 지식은 그 문장을 읽는 자에게 나쁜 인상을 주기 때문에 주의할 필요가 있다.

4 학설과 친해지는 법

법학 공부의 기본은 육법전을 펴서 조문을 참조하고 판례에도 주의를 기울이면서, 정평 있는 교과서를 읽어 나가는 것이다. 법을 공부하려는 사람은 학설부터 접하고 학설을 배우는 과정을 통해 법을 배운다. 이것을 일정한 의미에서 틀렸다고는 볼 수 없다. 단지 그런 방식으로 공부를 하면, 아무래도 교과서가 '기독교인들이 말하는 성서'와 같은 존재가 되고, 저자의 견해를 그대로 정답인 것 마냥 받아들이게 되는 오류를 범할 수 있다. 그러나 엄밀히 따져 교과서의 저자는 아무리 권위 있는 학자라고 해도 사인(私人)에 불과하고 그 견해는 결국 하나의 개인적 견해에 지나지 않는다. 학설에서 통설 내지 다수설이라고 해도, 전문가 집단의 다수가 의견을 같이하는 것이고, 그 나름의 가치를 가진다고 할 수 있지만, 그래도 사인적 견해의 집합이나 축적에 지나지 않는다. 따라서 그것은 현행 법령이나 사법기관의 해석을 나타내는 판례와 같은 공적 존재와는 차원이 다른 것이다. 학설을 현행법이나 판례와 동급으로 다루는 것은 근본적으로 잘못된 것이다.

판례와 학설을 같은 레벨에 놓아서는 안 되는 또 다른 이유는 다음에도 있다. 법원의 법 판단은 학설과 달리, 추상적인 이론을 내용으로 삼지 않는다. 무엇보다 구체적 사례의 해결을 의도하는 것이고, 그런 의미에서 사실과의 관련성이 중요하다. 판례의 취지는 사건해결의 전제가 되는 사실과의 관계에서만 올바르게 이해할 수 있고, 그것을 사실관계에서 떨어뜨려 추상적인 이론으로서 받아들이는 것은 판례의 본질을 잘못 본 것이다. 어떠한 해석상 쟁점에 있어, 학설상 A설, B설, C설이라는 대립이 있을 때, 판례는 어떠한 설을 취하는가 하는 태도로 판례를 접하고, 학설과 판례를 동일 레벨에 두는 것은 옳지 못하다.

여기서 과제나 리포트에서 사례문제가 나오고, 그 사례의 사실관계가 선례로서 구속력을 가진 사실관계라고 생각한다면, 판례와 다른 학설의 입장을 취하려고 한 사람은 왜 판례의 견해를 따르지 않는지에 대한 이유를 특히 설득력 있게 서술해야 한다. 한편, 이러한 경우 판례의 입장을 존중하는 해결을 하는 것이 '무난'하다고 생각하지만, 학설에 유력한 다른 이론이 있는 때는 그 다른 이론을 언급한 후에, 그래도 판례에 따르는 이유를 정확히 기술할 필요가 있다.

COLUMN 7. 학설을 얕보아서는 안 된다

학설이 존재하는 이유가 있다. 주로 생각나는 관련 사례를 상정한 후, 각각의 사례 해결에 대해 논리적·가치적 정합성을 검토하여, 법규정 및 승인된 법원칙 또는 기초이론과 모순되는 곳에 학설이 존재한다. 학설에서 사례 해결을 지지하는 논리를 어디까지 일반화·추상화하여 파악할 것인가라는 관점에서 한계는 존재하지 않는다. 또한 사례 해결을 위한 법해석만이 아니고, 학설은 종종 개념을 가지고 이론 체계를 구축하고, 개개의 인식이나 지식을 그 안에서 정립시켜 상호연결과 결합을 확실히 하는 임무를 지고 있다. 법학 교과서를 '체계서'라고 부르는 것도 이 때문이다. 따라서 학설은 실무와의 관계에서 보조적 기능을 함과 동시에, 법률에 어떠한 결함이 있는지를 지적하고(입법론), 판례의 해석이 실질적으로 정당한지를 분명히 하는 비판적 기능을 수행한다. 이런 작업이 지니는 중요성은 아무리 강조해도 지나치지 않는다. 그러므로 판례에 아첨하는 듯한 자세는 비굴하고, 학설을 깔보는 듯한 태도는 우스꽝스럽다.

5 결론의 구체적 타당성과 일반화 가능성

법적 논증을 위해 실질적 논거로서 결론의 구체적 타당성이 중요하다. ① 그 결론이 해당 영역의 법 규제의 목적에 적합한지, ② 법이 유사한 사례에 대해서 그것과 같은 취지의 해결을 보이는지, ③ 다른 해석을 취하면 부당한 결론이 도출되는지에 관해 검토해 볼 필요가 있다. 그러나 사례의 해결책은 구체적 타당성을 갖추어야 함은 물론이고, 즉흥적이거나 임기응변적이어서는 안 된다. 또한 그 사례에만 적용되어서는 안 되고 일반화 가능성이 있어야 한다.

사례 해결에서 그 해결을 지지하는 논리가 해당 케이스 외에 어떠한 케이스까지 유사한 해결을 할 것인지, 그리고 그것이 타당할지에 대한 검토가 필요하다. 해결의 논리(해결을 지지하는 실질적 논거)가 일반화될 가능성은 법학에서 본질적으로 요구되는 사항이다. 해당 사건의 해결이 다른 사건의 해결과 정합적인지, 승인된 법 원칙이나 헌법 조항 등과 모순되지 않는지도 깊이 생각해 볼 필요가 있다.

또한 사례 해결에서 사용된 논리가 일반화되어야 하므로, 사안에 담긴 사실 중 어떠한 사실이 중요한 사실인지를 선별(법적으로 중요한 사실을 추출)하는 것이 중요한 의미를 가진다. 독일의 어떤 법학 입문 교과서에는 다음과 같은 글이 있다.

> 법적 사고의 특징 중 하나는 개별 사건에 존재하는 구체적 사정을 고려하여, 최선의 해결을 추구하는 것이 아니라, 일반화 가능한 해결 중에 최선을 추구하는 것이다. 그렇기 때문에 더욱더 무엇이 중요한 사실인지에 대한 판단이 법적 사고에서 큰 의미를 가진다. 수많은 세세한 사정은 '본질적인 것이 아니라'는 이유로 도외시된다. … 법률가에게 있어 일회성(단 하나의) 사례의 특수성을 이유로 한 보편성이 인정되지 않는 해결방식은 정말 의심스러운 것이다.[27]

6 마무리

법적 평가 내지 법적 가치판단을 중핵으로 하는 법률문장에 있어서, 그것이 내용상으로도 좋은 문장이 되기 위해서는 결론이 도출된 논거 내지 이유가 그 문장을 읽는 자에게 설득력을 가져야 한다. 논거 내지 이유가 좋고 나쁨을 평가하기 위한 기준은 현행 법령 및 법학 속에 어느 정도 객관화되어 있어, 설득력을 가지기 위해 지켜야 할 약속은 법률가 사이의 문화와 법률문장 쓰기란 형태로 계승되어 왔다. 설득력 있는 문장을 쓰고자 할 때는 이러한 문화를 이해하고, 또한 글쓰기 방법을 몸에 익힐 필요가 있다.

05

답안 및 리포트 작성 시 유의점

— 보다 실천적인 조언 —

1 범용성 있는 지식과 사고력을 몸에 익힌다

여기에서는 위 내용을 근거로, 독자 여러분이 시험 답안이나 과제 리포트를 쓸 때 특히 주의해야 할 몇 가지를 지적하고 싶다.

법학부나 법학전문대학원 수업에서 필기시험을 치고, 리포트를 내는 것은 기초적인 지식과 법적 사고력이 몸에 배어 있는지를 확인하기 위한 것이라고 할 수 있다. 기초적인 지식과 법적 사고력은 문자 그대로 기본적인 내용이라는 점에서 넓은 응용 가능성이 있다. '범용성'이라는 말이 자주 사용되지만, 지식과 사고력이 범용적인 것은 매우 중요한 것이다. 법학에 한정하지 않아도, 대개의 학문을 습득할 때는 기본을 확실히 다지는 것, 즉 범용성이 있는 지식과 사고력을 몸에 익히는 것이 필수 불가결하다. 인간 머리의 용량은 정해져 있어서 정해진 지식으로 여러 가지 문제에 대응하려면, 확실하게 기본을 체득하고 있는지가 중요하다.

시험이나 리포트에서 출제자의 목적은 그러한 기초적인 지식과 법적 사고력이 제대로 몸에 배어 있는지를 확인하는 데 있다. 이때 특히 출제자가 사례문제를 선호하는 것은, 법률 전문가가 실제로 직면하게 되는 상황에 비교적 가까운 구체적 케이스를 소재로 하는 것이 기초적 법적 지식과 법적 사고력을 판정하는 데 적합하다고 생각하기 때문이다. 그렇다고는 해도, 기본적인 대법원 판례 케이스 그 자체라든지, 웬만한 교과서에나 접할 수 있는 사례를 출제한다면, 표면적으로 암기하여 이해가 안 된 답안도 합격이 될 수 있다. 따라서 출제자는 그러한 경우를 피하고자 사례를 조금 변화시키기도 하고, 복수의 사례를 조합시키면서 문제를 '꼰다'. 이를 통해 제대로 대처할 수 있는지, 배운 것이 제대로 몸에 배어 있는지, 실제로 사용할 수 있는 지식이 갖추어져 있는지를 시험할 수 있는 것이다.

답안이나 리포트를 쓰는 입장에서 본다면, 이 '변형문제'에 대응하기 위해서는 평소 달달 외울 것이 아니라, 이해하여 체득할 필요가 있다. 벼락치기 공부는 '변형문제' 앞에 곧 그 진상이 드러나고 만다. 잘 쓴 답안이나 리포트는 일필휘지로 쓴 문장으로, 사정의 변화에 대응할 수 있는 유연함과 부드러우면서도 강한 면이 있다. 이에 반해 잘못 쓴 답안이나 리포트는 단어 선택이나 논리 진행이 경직되어 있음을 느낀다. 기억에 의존한 사람은 변형문제에 대응하지 못하고, 꽉 막혀 버린다. 이것은 이미 글쓰기 문제가 아니다. 평소에 소극적인 수용 태도로 기억하는 공부법을 택하지 말고, 무언가를 읽거나 들을 때, '그렇다면, 만일 사실관계를 변화시킨다면 어떤 결론이 나올 것인가?' 항상 자문자답을 하면서 공부해야 대처할 수 있다. 또한 그것은 '문장을 쓰는 기초체력'과도 크게 연관되어 있다. 어릴 적부터 프리 라이팅(Free writing) 훈련을 한다면, 그러한 글쓰기 기초체력을 키울 수 있을 것이다.

2 논점의 중요성

사례문제나 서술문제인 '형법상 인과관계에 대해서 논하시오'라는 문제에서도 마찬가지인데 몇 가지 문제점으로 논해야 할 포인트, 즉 논점의 존재가 예정되어 있다. 여기서 먼저 논점을 잘 추출해야 하고, 그것만된다면, 상당한 점수를 얻을 수 있을 것이다. 논점 추출은 법률가에게도 중요한 기초 능력 중 하나이다. 법조문이나 이론은 모두 어떤 문제를 해결하기 위한 것으로, 문제를 간파하는 것이 중요하다. 논점을 간파하지 못한다는 것은 법률가의 기본적 자질에 흠결이 있다는 것을 의미한다. 예를 들면, 일반 시민이 법률상담을 하러 변호사 사무실에 가서, '이 케이스는 무슨 죄에 해당합니까?'라고 물을 때 변호사가 주거침입죄라고, 판례와 학설을 완벽히 설명했다고 하자. 그러나 나중에 강도도 성립한다는 것을 알고, '아, 논점을 놓쳤네'라고 하면 변호사로서 실격이다.

답안이나 리포트를 작성하려는 사람은 문제를 접할 때, '설문'이 제시되지 않아도, 숨겨진 설문에 답하겠다는 마음가짐을 가져야 한다. 사례문제라는 것은 명시되지 않는 설문형식의 시험문제가 있을 수 있다. 숨겨진 설문(즉, 논점)에 개별적인 답을 하도록 요구한다. 만일 5개의 논점 중 3개밖에 눈치채지 못했다면, 완벽한 3개의 답을 적었다고 해도 60점 이상의 점수는 얻기 힘들다.

3 논점의 비중   -출제자와의 대화

논점을 모두 간파했다고 해서 좋은 것만은 아니다. 해답을 쓸 때, 논점에 배분되는 비중에 대응하여 서술의 비중을 배분하는 일이 중요하다. 별반 중요하지 않은 논점에 대해 너무 상세하게 기술하거나, 보다 중요한 논점에 대해 알맹이가 빠진 답안이나 리포트는 낮은 평가를 받을 수밖에 없다. 기본이 몸에 밴 사람은 그 과제에 대해 논점을 모두 추출할 뿐만 아니라, 중요한 논점은 깊숙이 때로는 정열적으로 논하고, 별로 중요하지 않은 논점에는 적당한 분량으로 쓴다. 단지 결론만 보여주면 되는 '작은' 논점은 가볍게 결론만 쓴다. 답안을 평가할 시에는 쓴 내용도 중요하지만, 논점의 비중을 알고 있는지에 따라 그 사람의 법학에 대한 이해도·숙련도가 나타난다.

다루어야 할 논점과 그 중요도를 결정하는 사람은 1차적으로 출제자(=채점자)이다. 좋은 평가를 얻기 위해서는 출제자가 읽고 싶은 문장을 쓰는 것이 좋고, 출제자가 예정한 논점과 그 가중치(중요함)에 답하는 답안이나 리포트를 써야 한다. 그런 의미에서 답안이나 리포트를 작성하는 것은 '출제자와 대화'를 하는 것이다. 언어화되지 않은 (숨겨진) 출제자가 궁금해 할 물음에 대해 답하는 것이다. '이 점은 어떻게 생각해', '왜', '오히려 이렇게는 안 될까?', '그렇다면, 이렇다면 어떻게 될까?'라는 식으로 출제자의 물음을 정확히 받아들이고, 여기에 대답하는 것이다.

종종 학생들로부터 X교수는 시험에서 X교수의 학설을 쓰지 않으면 합격점을 주지 않는다는 이야기를 들을 때가 있다. 설령 그것이 진실이라면 그 교수는 교육자로서 실격이다. 물론, X교수가 기말시험에서 교과서를 열심히 읽었는지, 수업에 성실히 출석한 것을 확인하기 위해 그런 것일지도 모른다. 그러나 그런 출제는 기말시험의 부차적 목적일 수밖에 없는 것이다. 제대로 된 교육자의 출제 논점은 그 분야의 법률전문가가 포인트로 삼는 논점과 일치해야 한다. 일반적으로는 ① 해당 법 영역의 전형적인 논점이면서, 학생의 능력을 평가하기에 적당한 것, ② 최근에 중요한 대법원 판례가 나오는 것, ③ 학계·실무에서 특히 논의가 되는 것 등이 중심이 되는 경우가 많을 것이다. 이처럼 논점의 중요성 정도는 법률전문가 사이(학계나 실무)에서 논의되는 상황이나 관심의 방향에 따라 좌우된다. 법을 배우는 사람이 그 분야에서 최근 논의되고 있는 상황에 관심을 기울여야 하기도 하겠지만, 이는 교과서를 정독하거나 수업을 주의 깊게 열심히 들으면 저절로 머릿속에 들어올 것이다.

논점의 비중을 간파하기 위해, 완전히 다른 접근도 생각해 볼 수 있다. 사례문제의 경우, 같은 사실관계라는 가정하에 사고 방법의 차이(판례와 통설 간 또는 판례·통설과 학설의 반대 유력설과의 대립)에 따라 결론이 크게 달라지는 논점일수록, 논점의 비중이 높으며, 어떠한 견해를 취하더라도 결론이 변하지 않는 것은 그 비중이 가볍다고 할 수 있을 것이다.

4 왜 논점이 중시되는가

법학 분야에서, 논점을 중시하는 경향에 대한 강한 비판도 있다. 출제자가 학설이나 실무에서 빈번히 문제가 될 것 같은 주지의 논점에 관해 물어보지 않고, 수험생(대답하는 사람)이 미리 준비하지 않을 것 같은 (준비할 수 없을 것 같은) 문제를 출제하여, 기본적인 사고 방법이 체화되었는지를 시험해야 한다는 것이다. 법은 '자유의 편'이라고도 한다. 자유를 지키기 위해, 어느 정도 정치적 권력을 가진 사람에 대해서나 어느 정도 사회적 권위를 가진 사람에 대해서도, 법률가는 그 지적인 능력을 무기로 맞설 수 있는 것이다. 그런데, 만일 법을 배우기 위한 교육 과정이 기성의 논점에 대해 기존의 해결을 따르는 훈련을 하기 위한 과정이 된다면, 이런 모순이 또 어디 있겠는가. 권력자의 안색을 살피면서, 발언을 하는 훈련은 법률가와는 어울리지 않는다.

그러나 논점이 중시되는 경우는 논점을 통해 수험생의 이해도·숙련도가 잘 나타날 뿐만 아니라, 공평한 채점을 위해, 채점하는 사람에 따라 생기는 유의미한 점수 변동을 방지하기 위한 것이다. 형법 시험에서 수업 중에도 언급하지 않은 응용문제, 예를 들어 '국제적인 테러의 대응에서 형법은 어떠한 기능을 할 수 있는가? 또 어떻게 기능해야 하는가?'라는 문제를 냈다면, 어떻게 써야 할지 감이 오지 않을 것이다. 어떻게 쓰는 것이 좋을지 감을 잡을 수 없는 것은 어떻게 채점하면 좋을지 감을 잡을 수 없는 것과 표리관계이다. 대부분 시험에서 본질적으로 요구되는 것은 채점의 공평성·공정성일 것이다. 여기서 전문가 사이에서도 어떻게 답을 해야 좋을지, 결론의 끝이 보이지 않을 것 같은 문제를 내는 것은 주저되는 일이다. 채점이 공정하고, 공평하여 채점자의 주관적 의견이나 개인적 선호에 따라 평가되는 것이 차단된다면, 결국 해당 법학 분야에서 일반적으로 논점이 되는 포인트를 조합하여 문제를 만드는 것이 바람직하다.

5 사실관계 파악과 법해석의 상호관계

사실문제와 법률문제를 구별해야 하는 이유에 관해 3장 3. 사실문제와 법률문제에서 서술하였다. 사례문제 해결에서 사실관계의 정확한 파악이야말로 법해석과 적용의 전제가 된다. 그러나 실제 사례문제를 접하게 되면, 사실관계의 파악과 적용되어야 할 법규범의 해석이 매우 밀접한 상호관계를 가지는 것을 알게 될 것이다. 사실 확인(사실인정)과 법해석은 전자가 1단계, 후자가 2단계라는 형태로, 각각 아무 상관없이 이루어지는 것이 아니라, 적용이 예정된 법규가 요구함에 따라, 해당 사실을 추출하여 확정하고, 다른 한편으로 법규의 추상적 표현을 사실로써 구체화하는 작업을 하는 것이다. 이것을 '법과 사실 간의 시선 교환'이라고 표현한다.28) 특히 장래 법률 전문가가 될 사람은 다양한 사실 중에서 법규 적용에 중요한 사실만을 추출하고, 특히 구체적인 사실관계 중 어디부터 어디까지 법률상 요건에 해당하는 사실인가를 정확히 구분해야 한다.

5장 1. '범용성 있는 지식과 사고력을 몸에 익힌다'에서 출제자가 학생에게 정말로 법학 지식과 사고력이 체화되어 있는지를 시험하기 위해, 다소 '변형'을 가하는 일이 있다고 서술하였다. 이러한 '변형'은 사례문제의 사실관계 설정에서 가미하는 경우가 많다. 즉, 판례의 사안이나 흔한 케이스와 다른 사실관계를 제시하고 거기에 적절히 대응할 수 있는지를 시험하려는 것이다. 시험에서 답안을 쓸 때, 가장 무서운 것은 지금까지 본 바가 없는 응용사례가 나와, 거기에 대해 완전히 빗나간 답을 적고 나오는 것이다. 분명 채점 포인트는 논점을 잘 주워 담았는지와 함께 그 '변형' 부분에 어떤 대응을 하였는지 여부로 점수 차가 벌어지는 일이 많다. 출제자의 입장에서는 '변형' 부분에 대해 어떻게 대응하는지 보는 것이 답안 채점의 즐거움이기도 하다.

답안을 쓸 때, '변형' 부분에 대응하는 최악의 경우는 사실관계를 마음대로 바꾸어 버리는 것이다. 두 번째로 좋지 않은 대응은 문제를 의식하지 않고 그냥 지나쳐 버리는 것이다. 특히, 얼마 전까지 형법 답안에서 '사회적 상당성'이라는 개념이 잘 사용되었다. '사회적 상당성이 결여되어 있어서 구성요건 해당성이 긍정된다'든지, '사회적 상당성이 없어서 위법성 조각이 인정되지 않는다'라는 등의 논증이 빈번하게 사용되었다. 그것은 답안을 작성하는 입장에서 본다면, 단어 하나로 논증을 해결할 수 있어 무척 편리했을 것이다. 그러나 아무 실체가 없는 것이고, 아무런 논증도 없는 것이다. 민법 시험에서 '권리남용'이나 '신의칙'이라는 일반 조항에 안이하게 의존하는 답안도 동일한 경우에 해당된다. 또한 민사소송법 분야에서 '소송법상 신의칙'에 대해서도 마찬가지이다. 이외에도 눈에 띄는 것은 불법행위 시 손해배상과의 관계에서 '손해의 공평한 분담이라는 견지에 비추어'라는 문구를 마구 쓰는 것이다. 그것은 판례가 사용하는 표현으로 그 자체는 이상하지 않다. 하지만 사안의 면밀한 분석과 검토를 생략하고, 이 문구만으로 논증하고 끝내려고 할 때, 채점자로서는 합격점을 주기 곤란할 것이다.

일반적으로 가장 좋게 평가되는 답안은 통상 논의되는 사례와의 차이를 확실히 인식하고, 왜 이 사례가 해석상 곤란한 문제를 야기하는지를 정면에서 논하고, 어떻게 해서든 어려움을 해결하려고 하는 '싸우고 있는' 답안이다. 이러한 답안에 대해서 채점자는 아낌없이 좋은 점수를 줄 수 있다.

6 검토의 순서에 유의할 것

답안이나 리포트를 쓸 때, 논점을 검토하는 순서가 문제될 수 있다. 검토 순서가 틀리면, 전체적으로 논리 없는 문장이 되고, 읽기 어렵고, 몇 번을 다시 읽어도 머릿속에 들어오지 않는 문장이 될 우려가 있다.

예를 들어, 민법 시험에서 고령의 여성이 고액의 금융상품에 가입한다는 계약서가 있고, 대금을 청구하는 사례를 검토한다고 해 보자. 여기에서 갑자기 그 여성은 의사무능력이었기 때문에, 그 계약은 무효가 아니냐는 논점에 달려들어서는 안 된다. 그 전에 그 계약서는 정말로 그 여성이 읽고 작성한 것인지를 문제삼아야 할 것이다. 만일 그렇게 하지 않았다면, 원래 계약은 성립하지 않았을 것이기 때문이다. 검토를 위한 순서는 '① 계약의 성립·불성립 → 성립이 인정된다 → ② 계약 유효·무효' 판단이어야만 한다. 확실히 그 여성이 읽고 서명한 것이기 때문에 계약은 성립했지만, 이때 그 여성에게 치매가 있었다면 계약이 무효일 가능성을 검토해야 한다.

한편 형법 사례문제에서는 복수의 행위자가 등장하는 일이 있다. 전형적으로는 역할을 분담하거나 동일 범죄 실현에 각각 기여하는 '공범'이다. 일반적으로는 결과에 가장 가까운 행위자(실행행위자)의 형사책임을 먼저 검토하여, 확실히 한 후 실행 전 단계에 관여한 관여자(예를 들어 공모공동정범이나 교사자·방조자)의 형사책임을 검토하는 순서가 되어야 한다. 그렇게 해야 하는 배경에는 현행 형법이 '실행'의 개념을 키워드로 하여, 실행행위자를 처벌 대상의 중심에 놓고 있기 때문이다. 보다 실천적으로는 실행자의 행위가 어떻게 형법적으로 평가될지, 그 이외 관여자의 형사책임 검토의 경우에도 전제 문제가 될 것인지, 또는 거기에 상당한 영향을 줄 가능성이 있기 때문에, 실행행위자의 형사책임 검토를 우선해야만 하는 것이다.

교사범, 방조범의 형사책임을 묻는 전형적인 예에 대해서 생각해 보자. 공범의 실행 종속성 원칙이 있기 때문에, 교사범·방조범이 성립하기 위해서는 정범의 행위가 실제로 실행될 필요가 있다. 미수가 처벌되는 범죄라면, 적어도 정범의 실행의 착수가 인정되어야 한다. 예를 들면, 甲이 乙을 교사하여 살인을 실행하려고 한 케이스에서, 甲의 형사책임을 검토하기에 앞서서, 乙이 살인의 실행행위에 나아갔는지, 기수에 도달했는지, 예비단계에 머물렀는지, 거기까지 가지 않았는지를 확정할 필요가 있다. 乙의 형사책임을 묻지 않고, 갑자기 甲의 형사책임 검토부터 시작할 수 없다.

단지 그 이상의 것은 어디까지나 하나의 원칙에 지나지 않는다. 어떠한 순서로 검토하면 좋을지는 사안의 성질에도 크게 좌우된다. 시계열에 따라, 등장인물 행위의 법적 평가를 등장 순으로 검토해 가는 것이 좋다. 또한 생각의 효율성, 즉 필요 없는 중복과 반복이 생기지 않도록 검토의 순서를 구성하는 것이 바람직하다.

7 PART I을 끝내면서

이상으로, 법률 세계에서의 언어와 문장에 대한 총론적 설명을 끝내려고 한다. 법을 공부하는 사람에게는 법학 글쓰기에 대해 이것만은 반드시 배웠으면 하는 생각에서 '글쓰기'라는 틀을 넘어, 법학개론이나 법학입문에 속하는 내용도 언급했다. 추상적인 설명이 많고, 구체적인 이미지를 잡기 힘든 경우가 있었을지도 모른다. PART Ⅱ와 PART Ⅲ의 각론적 검토에서도 중요한 것은 다른 각도에서 여러 번 반복해서 언급될 것이다. PART Ⅱ와 PART Ⅲ을 다시 읽고 난 후, 주저 없이 PART Ⅰ로 다시 돌아오기를 바란다.

이론편

– 명확한 글을 쓴다

PART Ⅱ에서는 답안이나 리포트를 쓸 때, 보다 명확한 문장을 쓰기 위한 포인트를 확인할 것이다. 1장에서는 평소 가져야 하는 준비 자세에 관해 생각해 본다. 2장에서는 글을 쓸 때 의식하면 좋은 기술을 배워 본다. 3장에서는 글 작성 과정을 생각해 보고, 자기만의 글 쓰는 스타일을 갖추기 위한 방법을 검토한다.

01

기초체력을 기른다

— 평상시 준비과정 —

1 종이와 펜으로 쓰는 기초체력

통상적으로 답안은 종이와 펜을 사용해서 쓴다. 컴퓨터 작업에 익숙해져 있는 사람들은 종이에 펜으로 무언가를 쓰는 것만으로도 '힘들다'. 평소와 다른 도구를 사용하여 제약된 양식으로 문장을 써 내려가야 하기 때문이다. 예를 들어 맞춤법, 특히 띄어쓰기나 애매한 철자법은 컴퓨터 맞춤법 체크가 아니면 쓰기 힘들어졌다. 문장을 나중에 따로 삽입할 수도 없다. 문단을 통째로 교체할 수도 없는 등의 제약이 따른다. 이런 제약 속에서 겪는 손글씨의 애로에 승복하여 답안을 쓰면서 '포기'하고 싶다는 생각이 든 적은 없었는지 … 쓰고 싶은 내용은 있는데 도중에 이미 지쳐서 생각해 둔 내용을 다 써 내려갈 수 없었던 적은 없었는지 … 생각해 보자.

종이와 펜을 사용하여 쓰는 '고단함'을 극복하기 위해서는 평소 종이와 펜을 사용하여 쓰는 훈련을 하면 좋다. 쓰기 위한 기초체력을 평소에 길러 두는 것이다. 답안지와 비슷한 종이를 준비해서 연필이나 볼펜 등 답안을 쓸 때 사용하는 필기도구로 쓴다. 쓰고 쓰고 또 쓴다. 생각해 둔 내용을 글로 써 내려간다.

프리 라이팅(Free writing)이라는 것이 있다. 미국에서 사용되는 브레인 스토밍법 중 하나이다. 아이디어를 끄집어내기 위한 브레인스토밍을 하기 위해서는 맵, 리스트 같은 것을 작성하는 방식이 있는데 프리 라이팅도 그중 하나이다. 단 맵이나 리스트가 개인이나 팀 둘 다 적용 가능한 방식이라면 프리 라이팅은 혼자서 브레인스토밍을 할 때 유용한 방식이다.

프리 라이팅은 생각해 둔 내용을 연필을 놓지 않고 끊임없이 계속 쓰는 것이다. 글 구성이나 오자 같은 것은 신경쓰지 말고 쭉쭉 써 내려가는 것이다. 생각나는 내용을 그대로 써 둔다는 행위에 의의가 있다. 쓰다가 연필을 놓고 골똘히 생각해서는 안 된다. 머릿속에 떠오르는 것들을 바로 글로 바꾸어서 계속해서 쓰는 것이다. 자신이 생각하고 있는 내용을 솔직하게 종이로 옮기는 작업을 거치면서 자기가 어떤 생각을, 어떻게 하고 있는지 명확해진다.

테스트해 보면 확실히 자기가 무엇을, 어떻게 생각하고 있는지 글로 표현되어 가는 과정을 경험하면서 흥미로운 부분을 발견한다. 어떤 사물에 대해 글로 써 봄으로써 점점 더 사물에 관한 생각이 깊어져 가는 과정을 느끼게 되거나 특정 사항에 맴돌아 이야기가 멈춰 있다는 것을 깨닫게 된다. 역으로 갑자기 화제가 바뀌어서 논리의 비약이 있다는 것도 알게 된다.

아래는 라이팅 수업에서 학생이 쓴 프리 라이팅 문장이다.

학생 1 프리 라이팅의 예

사형은 폐지해야 하는가. 사형은 폐지해야 한다. 가장 큰 이유는 사형을 확정시키는 것은 인간이며 그 판단에는 미스가 따를 가능성이 높기 때문이다. 누명을 쓴 사람이 가령 사형당한 경우에는 되돌릴 수 없다. 그런 가능성이 1%라도 있는 한 사형제도는 제도로서 성립되지 않는 것 같다. 만약 인간이 완전히 선인과 악인으로 구별되어 살인을 저지른 사람이 어떤 마음으로 저질렀는지까지 확실하게 알 수 있다면 사형제도는 있을 수 있을지도 모르지만 그렇지 않다면 역시 사형제도는 성립할 수 없다. 본디 살인을 저지른 사람 중에서도 사형이 되는 경우와 사형이 될 수 없는 경우가 있다. 저지른 죄가 같고 동기나 그 후의 …

프리 라이팅을 체험한 학생들에게 소감을 물어보니 다음과 같이 답했다.

- ✓ 손에 피로가 느껴진다.
- ✓ 손가락과 손만 피곤한 게 아니라 팔목도 아파서 깜짝 놀랐다.
- ✓ 종종 연필이 멈춰 버린다.
- ✓ 키워드 열거로 끝날 줄 알았는데 실제로 써 보니 의외로 제대로 된 문장을 쓸 수 있었다.
- ✓ 문장으로 쓰기 때문에 주어나 술어를 써야 해서 마인드맵보다 좀 더 생각하게 된다.
- ✓ 생각하는 속도에 맞춰 쓸 수 있을지 의구심이 들었는데 해 보니까 쓰는 속도에 맞춰서 생각하는 느낌이 들어서 의외로 사고를 정리하는 데 도움이 되는 것 같다.

'손에 피로가 느껴진다, 팔목도 아파서 놀랐다'는 소감은 실제로 쓰기 위해 필요한 근력이 약해져 있다는 증거일 것이다. 펜과 종이를 사용하여 답안을 작성하기 위해서는 손 근력, 손목 근력이 필요한 것이다. 평소 답안을 작성하는 데에 필요한 근력을 단련시켜 두면 적어도 손이 피곤하다는 이유로 뜻하지 않은 답안을 제출할 일은 없을 것이다.

'의외로 잘 써졌다', '글로 쓰니까 주어와 술어를 써야 해서 매핑(Mapping)보다 생각이 정리되었다'고 느끼는 것은 프리 라이팅이 사고를 치밀하게 전개하는 데 도움이 된다는 것을 의미한다. 문장을 쓰는 데 있어 매핑이나 리스트 작성은 문장으로 써서 완성될 수도 있지만, 키워드만으로도 작성이 가능하다. 그러면 단순 어구나 수식어가 붙은 어구들이 종이에 기술되어, 어구 간의 관계만 생각하게 된다. 그러나 글로 쓰는 프리 라이팅은 주어와 술어 관계까지 특정된다. 또한 문장과 문장 간의 관계도 의식하게 된다. 앞 문장에 관한 결과인지 예시인지 전제인지 등의 관계를 따지게 되는 것이다. 따라서 더욱 치밀한 사고가 글에 반영된다.

'쓰는 속도에 맞춰서 생각하게 되는 것 같다'는 것은 답안을 쓰고 있는 상황과 흡사하다. 마침 많은 사항이 떠올라도 쓰는 속도가 쫓아가지 못하면 답안은 생각의 일부분을 나타내다가 끝나 버린다. 생각하는 속도와 쓰는 속도가 일치하는 감각을 가질 수 있도록 쓰는 속도를 평소에 단련할 필요가 있다는 것이다.

프리 라이팅을 체험한 학생들이 느끼는 소감은 프리 라이팅을 하면서 쓰는 작업이 얼마나 기초체력을 요하는 작업인지를 깨달았다는 것이다. 본래 아이디어를 내는 것이 주된 목적으로 시작된 프리 라이팅 기법이지만 이 방법을 통하여 쓰는 작업을 위한 기초체력을 단련해 두자. 쓰고 싶은 내용이 많아도 답안을 맞닥뜨리면 쓰다가 지쳐 버리는 사태를 피해야 할 것이다.

종이와 펜만 있으면 언제든지 훈련 가능하다. 과거 기출문제에서 문제를 골라서 시간을 스스로 정해 놓고 써 보면 좋다. 점점 시간을 늘려가면서 체력도 키우는 식으로 플랜을 짤 수 있을 것이다. 더불어 미국 작문 평가조사에서 밝혀진 바로는, 글자를 바르고 예쁘게 쓰는 것이 평가에 영향을 준다는 결과가 나왔다. 평소 종이와 펜으로 쓰는 단련을 통해 글자도 더 예쁘고 바르게 쓸 수 있을 것이다.

 연습 1

프리 라이팅하시오.

설문 ❶: 도쿄올림픽을 앞두고 일본은 어떤 준비를 해야 하는가?

설문 ❷: 일본에서 합계 특수 출산율(1인 여성이 평생 낳는 아이 평균수)을 높여야 한다고 주장하면서 여성의 사회진출을 장려하는 움직임도 있다. 양자는 모순되지 않는가.

설문 ❸: 얼떨결에 친구 보증을 서서 빚쟁이가 되어 가계가 파산에 이르고 자살하는 사람이 늘고 있다. 이에 개인보증 제도는 좋지 않다는 의견이 있다. 그러나 보증이 없으면 돈을 못 빌리는 경우도 있다. 개인보증 제도의 존폐에 대해 어떻게 생각하는가.

2 읽는 이를 배려하는 기술

답안이나 리포트는 읽는 이가 평가를 하기 위해 써진 문장이다. 따라서 당연히 읽는 이가 알기 쉽고 납득할 수 있는 글을 쓰는 것이 중요하다. 그러나 답안이나 리포트, 특히 답안지를 써 내려갈 때는 지식을 총동원해서 적확한 답을 찾으려 하므로 자칫 그것을 문자로 옮기는 것에만 신경이 집중되기 쉽다. 읽는 이가 어떻게 읽을지까지 신경을 쓰기가 쉽지 않다. 글쓰기 능력과 읽는 이를 의식하는 관련성에 관한 연구를 보면 글쓰기 능력이 높은 사람일수록 읽는 이에 대한 의식도 높다는 상관관계가 밝혀졌다. 즉, 쓰고 있는 중에도 얼마나 독자의 눈높이로 글을 작성할 수 있느냐가 좋은 글인지 여부를 판단한다.

글쓴이가 읽는 이를 의식한다고 함은 무슨 의미일까. 자기 자신 안에 글쓴이와 읽는 이가 공존하고 있다는 것이다. 글을 쓰면서 읽는 이가 되어 읽고, 읽으면서 다시 써 내려가는 것이다. 항상 자신의 글이 '읽는 이의 눈높이에서 어떻게 읽힐 것인지를 의식하는 것'이 읽는 이를 배려하는 기술이다.

읽는 이를 의식하는 힘은 남이 쓴 글을 읽으면서 길러지고 다듬어진다. 남이 쓴 글을 읽을 때 내용만 보는 것이 아니라 어떤 방식으로 기술되어 있는지 살펴보는 것이다. '아 이 키워드가 있으니까 이 글은 쉽게 읽히는구나', '이 사람이 쓰는 글의 구성은 이런 전략이 있어서 수월하게 이해되는구나' 등등 문장 구성도 의식하면서 타인의 글을 읽는 것이다. 물론 난해한 글은 지적해 가면서 읽어도 좋다.

펜을 한 손에 들고 읽는 습관은 독자를 의식하는 힘을 갈고닦는 데 도움이 될 것이다. 예를 들면 페이지 오른쪽에는 내용에 관해 메모하고 페이지 왼쪽에는 문장 구성에 관해 메모하는 것이다.

똑똑한 독자라면 항상 내용을 염두에 둠과 동시에 글의 구성도 좇고 있다는 조사결과도 있다. 즉, 내용이해와 구성이해라는 서로 다른 성질의 읽기방식을 동시에 취하고 있는 것이다. 예를 들어 내용과 함께 구성을 간파하면서 어구 등의 표현방식도 주의를 기울일 줄 아는 사람은 똑똑한 독자가 된다. 이렇게 글에 대한 독해법은 손을 움직이면서 어떠한 형태로든 메모하면서 읽는 것이다.

글 구성을 의식하여 빈 공간에 메모한 예를 한번 살펴보자.

재판원재판*을 통한 사형판결을 다시 생각해 보자.

인트로

무작위로 선발된 국민들이 내린 선택에 따라 삶과 죽음이 좌우된다. 사형을 둘러싼 상황은 새로운 국면을 맞이했다.

○○시에서 3명을 살해한 A씨, 사형이 집행되었다. 재판원재판 제도하에 사형이 확정된 7명 중 첫 케이스이다.

재판원의 부담

관련된 재판원들의 고뇌는 이루 말할 수 없다.

평의는 6일간 걸쳐 이루어졌다. 형벌의 의미, 유족들의 심경, 본인의 갱생 가능성 등 무거운 문제를 끌어안고 고민한 결과 내린 결론일 것이다. 4년 전 판결 후 있은 회견에서 재판원들은 '사람을 죽음으로 몰아세운다, 정신적으로 힘들다'고 토로했다는 목소리가 사형판결과 관련된 각지의 재판원들로부터 들려온다. 심리상담을 더욱더 세심히 해야 하는 것은 필수불가결하다.

의견

한편으로 재판원이 사형 구형 사건에서 판결을 내리는 경우도 있다는 점에서 우리 국민들은 누구나 겪을 수 있다는 점을 간과해서는 안 된다.

이유

본래 국가권력이 사람을 재판하고 벌줄 수 있는 것은 주권자인 국민에게서 받은 권리이기 때문이다. 형벌의 의미를 결정하는 것은 국민이며 극단이 사형이다.

하지만 지금까지 많은 절차를 집행하는 교도관들에게 그 짐을 지우면서, 사형은 대다수 국민들의 인식에서 멀어져 갔다.

내각부의 앙케이트에 따르면 사형을 어쩔 수 없이 해야 한다는 응답은 약 80%에 달한다.

재판원들이 괴로운 것은 '사람의 목숨을 빼앗아 간다'는 사형의 본질에 당사자로서 직면하기 때문이다.

사람을 재판하는 경험을 통하여 사형을 접하며 옳고 그름을 생각하게 된다. 재판원 재판제도를 그런 계기로 삼는 것이 중요하다.

그러기 위해서라도 재판원의 경험을 시민들이 가능한 한 많이 공유할 수 있게 하는 시스템이 필요하다. 아울러 국가가 정보공개도 성실히 해야 한다.

선진국 중에서 사형을 유지하고 있는 나라는 미국과 일본뿐인데 미국에서는 유족이나 매스컴에 집행을 공개하고 있다. 일본에서 입회자는 교도관들과 검사뿐인데 경험이 많은 재판원들이라도 실태를 알지 못한다.

비교를 통해 문제점 제시

사형수는 어떤 나날을 보내는지, 집행 순서는 어떻게 정해지는지, 법원 평의실에 모인 사람들은 이런 것들을 잘 모르는 채로 사형 선고 여부에 대한 논의를 하고 있다. '이런 상태가 괜찮은 것인가?'라는 문제의식하에 재판원 경험자들의 사형에 관한 정보공개를 법무성(우리나라 법무부에 해당)에 요구하였다. 이것이 재판원 재판제도의 '시민 감각'인 것이다.

이런 요구에 법무성은 답하지 않은 채 집행을 강행했다. '재판원은 알라고 한 것만 알면 되는 것인가?'라고 부르짖는 경험자들의 문제의식과 분노를 방치해서는 안 된다.

의견 제시

* 역자주: 우리나라 국민참여재판에 해당한다.

평소 글의 구성도 의식하면서 글을 읽는 습관이 생기면 그런 의식이 글을 쓸 때도 적용된다. 사담이지만, 필자가 운영하는 대학 라이팅 프로그램에서는 글쓰기 지도 레벨이 초급인 다양한 대학원생을 모아서 튜터가 되기 위한 라이팅 연수를 하고 있다. 연수를 거치는 동안 대학원생들은 이런 말들을 한다. 점점 읽는 이 입장에서 쓸 수 있게 된다는 것이다. 많이 쓰는 훈련도 그러하지만 대학원생들끼리 서로가 쓴 글을 품평하는 활동을 반복하면서 독자를 의식하는 힘이 길러지는 것 같다. 쓰는 것만으로 벅찼던 단계에서 다 쓰고 나서 읽는 이의 입장에서 수정할 수 있는 단계를 거치면서, 처음부터 독자의 눈높이에서 쓸 수 있게 된다는 것이다.

여러분들도 평소에 남이 쓴 글을 읽으면서 비판적 검토를 반복하다 보면 답안이나 리포트를 쓸 때 자연스럽게 읽는 이를 의식하는 힘을 기를 수 있을 것이다. 읽는 이를 배려하는 힘은 펜과 종이로 쓰는 체력과 함께 글쓰기를 할 때 아주 중요한 기초체력이다.

 연습 2

펜을 들고 신문 사설을 읽으면서 글의 구성에 관하여 이해한 부분에 표시하시오.

02

글쓰기 기술을 몸에 익힌다

— 문장 · 어구 · 문단 · 전체 —

본 절에서는 우선 언어와 사고의 관계에 대해서 생각해 본다. 그리고 언어와 사고의 관계를 바탕으로 답안이나 리포트 작성 시에 알아 두면 좋은 글쓰기 기술을 소개한다. 어떤 점에 유의하면 명확한 글이 되는지를 생각한다. 문장 · 어구 · 문단 · 전체 순으로 살펴본다.

언어와 사고 ●●●

여러분들은 언어와 사고가 어떤 관계에 있다고 생각하시는지? 우선 '생각을 하고 나서 그것을 말로 하면 글이 된다'고 생각하는 사람이 많을지도 모른다. '사고는 복잡하므로 좀처럼 말로 할 수 없다'고 느끼는 사람도 있을 것이다. '어떤 말에서 급히 이미지가 형성되어 그때까지 알지 못했던 것이 보였다'는 경험을 한 사람이 있을지도 모른다. 필자는 학창 시절에 단순히 사고를 말로 나타내면 글이 되는 것으로 생각했다.

여러 언어학자들이 20세기에 들어서면서부터 사고는 언어에 의해 규정된다는 학설을 주장했다. 이는 종래의 인식을 뒤집어엎는 것이기 때문에 '언어론적 회전'이라 불리고 있다. 이에 대해, 사피어[29]는 다음과 같이 설명했다.

>인간은 객관적 세계에만 사는 것이 아니고 지극히 평범한 사회활동 세계에만 살고 있는 것도 아니다. 오히려 인간이야말로 자기가 속한 사회의 표현수단이 되는 언어에 크게 좌우되고 있다고 할 수 있다. 인간이 언어를 사용하지 않아도 본질적으로 현실에 적응하기 때문에 언어라는 것은 의사전달이나 자기검열 같은 특정 문제를 해결하기 위한 단순하고 우연적인 수단에 지나지 않는다고 보는 것은 큰 오해이다. 즉, 현실세계는 특정 집단의 언어습관 속에 상당 정도까지 무의식적으로 구축되어 있는 것이다.[30]

사피어는 '현실세계는 특정 집단의 언어습관 속에 상당 정도까지 무의식적으로 구축되어 있다'고 한다. 현실세계는 사용하는 언어에 규정되어 있는 것이다. 또한 비트겐슈타인[31]은 다음과 같이 말했다. '사고는 본질적으로 기호를 조작하는 활동이다'. 언어는 숫자와 마찬가지로 기호이다. 즉, 비트겐슈타인은 우리는 언어를 조작함으로써 사고하는 것이라고 했다.[32]

그림 ❶_ 언어가 사고를 규정한다 「언어론적 회전」

언어론적 회전론에 따르면 우리는 언어로써 사고하고 있는 것이며 우리들의 세계는 언어습관, 즉 말이나 언어의 사용법에 지배받고 있다.

본 절의 내용은 이런 언어론적 회전을 전제로 한다. 다시 말해서 언어의 사용법 단련을 통하여 사고를 단련하자는 것이다. '어떻게 쓰지?', 즉 비트겐슈타인이 말하는 '어떻게 기호를 조작하지?'를 검토해서 '어떻게 생각하지?'를 단련하려는 것이다.

답안이나 리포트를 쓸 때도 사고가 좋으면 저절로 글이 좋아진다고 생각하지 말고 좋은 글을 쓰면 좋은 답이 나온다는 발상의 전환이 필요하다. 명쾌한 언어 사용법을 가져야 명쾌한 답이 나오는 것이다.

글 산출 •••

여기에서 글이 어떻게 결정되는지에 대해 생각해 보자.

미국의 수사(修辭)학자인 키니비(James Kinneavy)는 '텍스트(Signal)'를 낳는 요소는 '발신자(Encoder)'와 '수신자(Decoder)', '현실(Reality)'이라 하여, 이들 3요소의 본질이 텍스트(글)를 결정한다고 했다.[33] 아래 그림이 세 요소로 이루어진 텍스트가 산출되어 결정되는 도식이다.

같은 발신자(글쓴이)가 같은 수신자(읽는 이)를 상대로 글을 쓸 때, 현실이 다르면 당연히 텍스트(글)는 달라진다. 마찬가지로 같은 글쓴이가

그림 ❷_ 키니비의 텍스트를 결정하는 3요소

같은 현실에 대해 쓸 때 읽는 이에 따라 텍스트는 달라지는 것이다. 예를 들어 어느 대학원생이 법 제도의 특징에 관해 설명할 때, 법학 전문가에게 발표하는 글과 일반 사람에게 발표하는 글은 사용하는 어구나 문장 구조가 상당히 다를 것이라는 말이다. 글들은 현실적 사건, 즉 화제나 독자에 따라 글이 규정되는 경우가 많다.

그리고 특히 법률에 관한 대부분 글은 현실적 사건, 즉 화제에 따라 글이 규정되는 경우가 많다. 법학 답안이나 리포트 출제는 물론이고 그렇지 않은 경우라도 법령 내용을 전제로 논해야 하거나 법률해석 방법으로 수용되는 사고 방법에 따라야 한다.

우리가 텍스트를 산출할 때, 즉 글을 쓸 때는 읽는 이가 누구인지, 화제가 무엇인지, 자기 입장은 어떤지를 고려하여 글을 엮는다는 것이다. 대상을 어떻게 설명하는지에 대한 내용이나 어구 선정, 문장이나 문단구조 등 전체적인 글은 이러한 요소에 의해 규정이 되는 것이다.

COLUMN 8. 법률가에게 적용되는 키니비의 삼각형

삼각형의 세 정점인 발신자, 수신자, 현실 중 우선 법률가 또는 법조인이 되고자 하는 사람을 발신자인 곳에 두어서 생각해 보자. 여기에서 생각해야 할 것은 법조인이 되고자 하는 사람들이 아니고서라도 법률을 공부하는 사람이라면 대부분의 경우에 적용되는 내용이다. 자신이 발신자가 되면서 직면하는 현실은 실제 사건이나 시험문제이다. 상대적으로 시험문제는 사실관계가 정리되어 무엇을 논해야 할지도 어느 정도 방향이 제시된다. 실제 사건은 제로에서 정리해서 시작해야 한다. 현실에 해당하는 것 중에서 약간의 변종으로 볼 수 있는 것이 〈입법론〉이다. 대부분의 경우 실제 사건이나 시험문제도 현행 법률을 적용하면 어떻게 되는지를 따지게 된다. 법률은 이렇지만 자기는 찬성할 수 없다는 식의 논의는 허용되지 않는다. 이에 반해 입법론은 법률을 고칠지 말지를 생각하는 것이다. 그런 면에서 큰 차이가 있다.

　수신자가 법률 전문가인 경우에는 전문용어를 사용하고 자세히 설명할 필
요가 있다. 수신자가 일반인이면 당연히 알기 쉽게 설명해야 한다.

　삼각형에서 한 가지 더 생각해 보자. 실은 법을 공부하는 우리들이 수신자
가 될 수도 있다. 발신자는 입법자(엄밀히 말하면 법조문 기안자)이다. 법제업무
에는 법조문 작문법에 관한 접속사 사용법이나 표기에 관해 통용되는 약속들이
있다. 법제처에서 일하는 발신자 입장이 되지 않는 한, 이들을 완벽하게 구사할
필요는 없다. 그러나 이러한 약속으로 이루어진 것을 이해하고 있으면, 좀 더
편하게 법조문을 읽을 수 있다.

1 문장(文)을 정리한다

하나의 사항을 하나의 문장으로 기술한다 ● ● ●

　○○는 XX이다. 이런 형식을 논리학에서는 명제라 한다. 세계의 언
어들은 모두 주부와 술부로 이루어진 문장으로 구성되어 있다. 주부와
술부를 가장 단순한 형태로 나타낸 것이 명제이다.

　인간은 명제로 생각하기 때문에 사고의 기본단위는 문장이다. 어구나
문단이 아니다. 우사미 히로시(宇佐美寬)교수는 글쓰기를 할 때 문장을
단위로 한다고 다음과 같이 주장했다.

　　글에 있어 필수불가결한 단위는 문장(Sentence)이다. 논리적 글에서
　　문장은 판단내용을 나타내는 명제를 표현한 것이다. 글은 문장의 조직체
　　이다. 이에 반해 문단(≒Paragraph)은 글을 읽고 쓰기 위한 기술적 편의

에 지나지 않는다. 굳이 필요한 존재는 아니다.34)

우사미 교수는 '글은 문장의 조직체'라고 한다. 즉, 문장이 축적되어 글이 된다. 때문에 명확한 문장이 쓰여 있지 않으면, 다시 말해 글을 구성하는 단위 자체가 불명확하면, 글 전체는 제구실을 할 수 없다는 것이다.

그런데 학생들이 쓰는 리포트를 보면 긴 문장들이 장황하게 이어지는 경우가 많다. 필자 자신도 부끄러운 이야기지만 학창시절에는 많은 내용을 계속해서 늘어놓은 문장들이 좋은 글이라 믿고 있었다(세 줄, 네 줄 연결된 문장을 쓰고 흡족해 했으니까). 문장이 글의 단위체라고 알고, 쓰는 행위가 사고하는 행위와 일체가 되는 것임을 배운 지 얼마 되지 않았다.

하나의 사항을 하나의 문장으로 말하는 것을 '일문일의(一文一義)'라 한다. 복수 사항을 하나의 문장으로 말하면 '일문다의(一文多義)'가 된다. 다만 어디까지를 '일의(一義)'로 할지는 글쓴이가 판단한다. 설명하고 있는 대상이나 글의 흐름, 논점의 수 등 상황을 고려한 판단이 필요하다. 글쓴이의 의도가 읽는 이에게 잘 전달되도록 '하나의 사항'의 범위를 결정하는 것이다.

COLUMN 9. 법을 배우는 사람은 이중 언어 구사자가 되어라

통상적인 글에서 요구되는 평이함, 그것을 우선 여러분들이 몸에 익혔으면 좋겠다. 다음으로 법률에서 필요한 표현, 약속도 알아 두었으면 좋겠다. 이 두 가지 언어는 전혀 괴리적인 것들이 아니며 전혀 다른 것이라는 생각을 해서도 안 된다. 그러나 법률은 사회를 통제하는 기술(技術)이며 룰이나 해결책을 적확하게 전달하기 위해 특별히 고안된 것들도 있다. 따라서 법률가와 이야기도 할 줄 알아야 하며, 한편으로는 일반인들과 의사소통도 자연스럽게 해야 한다. 이런 안배를 할 줄 알아야 한다.

예를 들어 보자. '유치원생들은 보호자가 동반될 때를 제외하고는 운동시설을 이용할 수 없다'는 문장이 제1조라고 하자. 통상의 쉬운 언어라면 '유치원생은 원칙적으로 이 운동시설을 이용할 수 없다. 예외적으로 보호자가 동반된 경우에는 이용 가능하다.'라고 하는 것이 바람직할 것이다. 그러나 법률표현은 하나의 룰을 완결되게 제시해야 하므로 하나의 문장으로만 허용되거나, 하나의 문장으로 나타내도록 요구되는 경우가 있다. 이것 또한 법률표현에서 볼 수 있는 특수한 방식의 일문일의라 할 수 있다.

물론 억지로 어려운 문장으로 나타내는 것을 지양해야 하는 것은 법률표현에서도 별반 다르지 않다. 하나의 조문에 '유치원생은 이 운동시설을 이용할 수 없다. 단, 보호자가 동반되는 경우에는 그러하지 아니하다'라고 해도 된다. 이런 경우 첫째 문장을 '본문'으로, 둘째 문장을 '단서'라 한다. 둘째 문장은 역접이 아닌 예외제시이기 때문에 접속사는 '그러나'가 아닌 '단'을 쓴다. 주어가 본문과 동일한 것이 전제되어야 하며, 그러기에 주어가 생략된다. 또한 술어도 '그러하지 아니하다' 등으로 하여, '이 운동시설을 이용할 수 있다'고 쓰지 않는다. 주어와 술어 모두 약간 불친절하게 보일 수 있으나 오히려 쓸데없이 장황해지는 것을 피하고 간결하게 나타내는 효과가 있으며, 더 할 말이 있으면 가능한 한 과묵함을 유지하여 전함으로써 본문의 예외를 오해 없이 전달하려는 것이다.

또한 원칙과 예외를 구별하는 것은 민사재판 규범 표현 중, 주장 입증책임 소재에 관한 원칙적인 지침을 제시한다는 의미도 지닌다. 운동시설을 방문한 유치원생 부모가 '내가 옆에 있을 테니 이용하게 해 달라'고 설명해야 하는 의무를 지니며, 카운터 직원이 보호자의 유무를 확인해야 할 필요는 없다.

만약 운동시설 이용 안내서에서 어린이집 유아도 동일하게 취급한다는 경우에는 어떨까. '어린이집 유아도 유치원생과 동일하게 한다'로 표현하면 안 된다. 무엇과 동일하게 한다는지를 알 수 없다. 요금이 동일하다거나 같은 깊이의 수영장을 사용한다거나 등 다양한 오해를 불러일으킨다. 이럴 때는 '제1조의 규정은, 어린이집 유아에 준용한다'로 해야 한다. '준용'이란 성질에 반하지 않는 한 같은 룰을 적용한다는 의미이며 이에 따라 '어린이집 유아도 보호자가 동반될 시를 제외하고 이 운동시설을 이용할 수 없다'는 룰이 도출된다. 법률을 배운지 얼마 안 된 사람들은 때로 준용규정은 번거롭기도 하고 좀처럼 익숙해지지 않는다는 불평을 토로하지만 이도 명료하게 룰을 전달하기 위한 방식이니 익숙해져야 한다.

1) 주어를 명확하게 제시한다

하나의 문장으로 하나의 사항을 쓰면 어떤 이점이 있을까?
다음 예문을 살펴보자.

甲은 A에게 강도행위를 한 후 일단 A의 집을 나와 얼마 있은 후 다시 A의 집으로 돌아가 다시 폭행을 가했다. 먼저 있은 강도 시 이루어진 폭행으로 인해 상해 결과가 발생하였다고는 말할 수 없는 것이 문제가 된다. 그러나 甲은 A의 집을 나오기 전에 A를 포박하여 A는 몸을 움직일 수 없는 상황이었고 그 상황을 이용하였기 때문에 먼저 저지른 강도 상황이 계속 지속되고 있었다고 볼 수 있다. 따라서 폭행으로 인해, A는 중상을 입어 강도의 기회에 상대방에게 상해를 입혀서, 이 폭행으로 인해 강도치상죄가 성립된다.

이 글은 세 개의 문장으로 구성되어 있다. 난해한 부분은 두 번째 문장과 세 번째 문장이다. 두 번째와 세 번째를 하나의 사항별로 구별하여 다시 쓰면 이렇게 된다. 주어가 없는 부분은 【 】로 보완했다.

그러나 甲은 … A를 포박하여,
A는 움직일 수 없는 상황이었고,
【甲은】 그것을 이용하였기 때문에

먼저 저지른 강도 상황이 계속되고 있었다고 볼 수 있다.
그래서 甲의 폭행으로 인해,
【A는】 중상을 입어
【甲은】 강도의 기회에 상대방에게 상해를 입혀서
이 폭행으로 인해 【본건은】 강도치상죄가 성립된다.

이 글이 어려운 이유 중 하나는 주어가 생략되어 있기 때문이다. 생략된 주어를 괄호로 보완해 보면 【甲은】, 【A는】, 【甲은】, 【본건은】과 많은 부분에서 주어가 생략되어 있음을 알 수 있다. 읽는 이는 이들 주어를 추측하면서 읽어야 해서 부담을 느끼게 된다

다른 주체가 하나의 문장 속에 혼재해 있는 것도 이 문장이 난해한 이유 중 하나이다. '甲은 … A를 포박하여, A가 움직일 수 없는 상황에서 甲은 이를 이용하였기 때문에 먼저 저지른 강도 상황이 아직까지 계속되고 있었다'라는 식으로 주체가 문장의 중간에서 바뀌어 있다. 위에서 언급하지 않은 첫째 문장에서도 주체가 '甲'과 '본건' 등으로 혼재되어 있다.

우리나라 말은 주어가 생략 가능한 편리한 언어이다. 그러나 이렇게 한 문장 속에서 다른 주체를 혼재시키면서 그 주체를 나타내는 주어를 생략시켜 쓰면 오해를 불러일으키는 원인이 된다.

주어를 명확하게 제시하여 위 예문을 두 번째 문장부터 새로 써 보자. 여러 가지 새로 쓰는 방식이 있겠으나 일단 다음과 같은 경우를 들 수 있다.

… 甲은 A의 집을 나오기 전에 A를 포박하여 A가 몸을 움직이지 못하는 상황을 이용하여 폭행을 가했다. 그 상황에서는 먼저 행한 강도 상황이 계속 지속되고 있었다고 볼 수 있다. 甲은 폭행으로 A에게 중상을

입혔다. 甲은 '강도의 기회'에 폭행으로 상대방에게 상해 결과를 가져왔다. 이로 인해 甲에게는 강도치상죄가 성립된다.

이 글은 甲에게 강도치상죄가 성립되는지가 문제이기 때문에 주체는 甲이다. 따라서 'A는 몸을 움직일 수 없는 상황이며'와 같은 A에 대한 기술을 甲이 주체가 되도록 'A가 몸을 움직일 수 없는 상황을 이용하여'로 고쳤다. '폭행으로 인해 A는 중상을 입고'도 '甲은'으로 주어를 명시하여 전문과 동일하게 A에 대한 기술을 甲이 주체가 되도록 고쳤다. '甲은 폭행으로 A에게 중상을 입혔다'고 했다. 이리하여 '甲은'이라는 주어를 명시하고 세 문장을 다섯 문장으로 고쳤다.

이렇게 문장을 사항별로 나누어 주체를 찾으면, 주술(主述)구조가 꼬인 문장을 방지할 수 있다. 그리고 명확한 주어를 나타낼 수 있게 된다. '○○는 XX이다'라는 문장 기본구조를 파악할 수 있게 되기 때문이다.

다음은 주술구조가 꼬인 문장의 예이다.

마취에서 깨어났는지에 관한 확인 여부는 다른 부국에서 급히 호출받은 간호사였기 때문에 봉합 후 바로 복귀해 버렸다.

이 한 문장에는 주체가 둘로 되어 있다. '확인'과 '간호사'이다. '바로 복귀했다'는 술어에 대한 주어는 '간호사'이며 '확인'하는 주어에 호응하는 술부는 없다. 주체마다 문장을 나누어 주어를 명확히 하면 다음과 같이 된다.

> 봉합 후, 다른 부국에서 급히 호출받은 간호사는 바로 복귀해 버렸다. 마취에서 깨어났는지에 대한 확인이 행해졌는지 알 수 없다.

주술 관계가 꼬인 것은 문장이 길고 복잡해질수록 자주 발생한다. 그 때문에 우선 주체를 인지하여, 주어를 명확히 제시하자.

연습 3

주어를 자각하여 일문일의(一文一義)로 수정해 보자.

이 비밀번호는 재물이라 할 수 없으나 은행 카드와 비밀번호를 이용하면 상당히 높은 확률로 예금을 인출할 수 있기 때문에, 현금 점유가 있었다고 할 수 있고, A의 의사에 반하여 그 점유를 자기 권한으로 옮겨두었다고 볼 수 있다.

2) 긴 수식어를 독립시킨다

다음 문장은 어디가 이해하기 어려운 것인가?

甲은 8월 30일 심야에 금품절취를 목적으로 출입 시 거주자의 허가 없는 A의 집으로 침입하여 자기 지배영역인 자택에 언제, 누구의 출입을 허락하는지 결정하는 A의 자유를 침해했다고 할 수 있다. 따라서 甲에게 주거침입죄가 성립된다.

이 문장에는 긴 수식 부분이 두 군데 있다.

[금품절취를 목적으로 한 출입 시 거주자의 허가 없는] A의 집

[자기 지배영역인 자택에 언제, 누구의 출입을 허락하는지 결정하는]
A의 자유

수식 부분은 일단 읽는 이의 사고를 멈추게 하고 특정 부분에 대한 설명을 한다. 일단 끊어서 삽입된 부분을 이해하는 것이 읽는 이로서는 부담스럽다. 따라서 수식 부분이 긴 경우에는 수식 부분을 독립시키는 게 좋다. 문장의 취지를 먼저 말하고, 문장을 맺은 후에 수식 부분을 보충하는 것이다.

> 甲은 8월 30일 심야, A의 집으로 들어갔다. 이 출입은 금품절취를 목적으로 하는 거주자에게 허가받지 않은 행위였다. 거주자는 자기 지배영역인 자택에 언제, 누구의 출입을 허락할지에 대한 결정의 자유를 지닌다. 甲은 A의 이 자유를 침해하였고, 이는 주거침입죄에 해당한다.

 연습 4

수식 부분을 독립시켜 문장을 나누어 보자.

설문 ❶: 글을 쓸 때, 다양한 사항이 복잡하게 얽혀 있는 사상의 전체에서 개개 사상을 정리하는 사고와 동시에 무엇에 착안하여 누구를 주체로 하여 어떤 순서로 쓰면 좋을지 같은 문장 계획적 사고를 해야 한다.

설문 ❷: 본고가 식품안전성에 관한 법률상담 내역과 그 추이에 착안하는 것은, 각지에서 소비자 단체 결성이나 소비자 센터로 신청건수가 증가하는 등 눈에 띄는 형태로 식품안전성에 관한 법적 수요가 증가세를 보여주고 있기 때문이다.

3) 인용구를 독립시킨다

　문장 내 수식부와 마찬가지로 문장 내 인용부도 독립시키면 독자에게는 부담이 적어진다. 예를 들어 다음 문장은 어떻게 수정할 수 있을까.

> 　저작권자 허락을 받지 않고 저작물을 복제하는 것은 금지되어 있으나 예외적 경우도 있다. 그 일례로 일본 저작권법 제35조 제1항 본문은 '학교 기타 교육기관(영리를 목적으로 설치된 기관 제외)에서 교육을 맡은 자 및 수업을 받는 자는 그 수업 과정에서 이용되는 것을 목적으로 하는 경우에는 그 필요가 인정되는 한, 공표된 저작물을 복제하고 또는 공중송신(자동공중송신인 경우에는 송신 가능성을 포함한다)을 하고 또는 공표된 저작물로 공중송신된 것을 수신 장치를 이용하여 공공연하게 전달할 수 있다'고 규정하여 복제권을 제한하고 있다.

　윗글은 8줄에 달한다. 중간에 조문을 인용하고 있기 때문에 조문이 지문 속에 삽입된 형태이다. 즉, 두 문장이 액자 형식으로 되어 있다. 인용된 문장이 일단 종결되더라도 읽는 이는 지문의 시작과 끝을 의식하여 연결시키면서 읽어야 한다. 이 작업이 부담된다. 인용된 문장이 두 문장, 세 문장으로 길어지면 지문의 주부와 술부가 멀어지고 더욱더 부담이 커진다.

　지문을 우선 잘라 보자. 그리고 인용부를 쓰면 된다. 그때 도움이 되는 것은 '다음' 같은 문구이다.

> 　저작권자 허락을 받지 않고 저작물을 복제하는 것은 금지되어 있으나 예외적 경우도 있다. 그 일례로 저작권법 제35조 제1항 본문은 다음과 같이 규정하여 복제권을 제한하고 있다.

'학교 기타 교육기관(영리를 목적으로 설치된 기관 제외)에서 교육을 맡은 자 및 수업을 받는 자는 그 수업 과정에서 이용되는 것을 목적으로 하는 경우에는 그 필요가 인정되는 한, 공표된 저작물을 복제하고 또는 공중송신(자동공중송신인 경우에는 송신 가능성을 포함한다. 이하 이 조에서 동일)을 하고 또는 공표된 저작물로 공중송신된 것을 수신 장치를 이용하여 공공연하게 전달할 수 있다.'

'다음과 같이 규정하여 복제권을 제한하고 있다'로 하여 지문을 잘라서 그 다음에 인용을 하고 있다. 전체는 세 문장이 되어 액자구조가 떨어져 나왔기 때문에 잘 읽혀진다. 이때 인용부 뒤에 마침표(.)를 찍을 수 있다. 인용부 자체가 독립된 하나의 문장임을 나타낸다. 다음의 문말에서 한 번 더 인용부가 무엇을 가리키는지를 설명하면 훨씬 수월하게 연결된다.

'복제할 수 있다'라는 규정이다.

출판물에 따라서는 표기상 규칙으로 괄호 내에 인용한 문장 말미에만 마침표를 찍지 않는 방식도 있다. 그럴 때는 글 전체를 통일시킨다.

연습 5

인용 부분을 독립시켜 문장을 나누어 보자.

키타가와(北川)는 긴 조문을 어떻게 하면 쉽게 읽을 수 있는지에 관한 질문에 '① 우선 괄호를 빼고 읽는다', '② 그 다음 주어와 술부를 찾는다', '③ 조건을 정리한다' 3가지 요소를 답으로 제시했다.[35]

4) 문장 단위로 수정한다

하나의 문장으로 하나의 사항을 쓰면 또 다른 이점은 없을까? 다음 예문을 살펴보자.

> 강도죄가 성립되기 위해서는 상대방의 반항을 억압할 정도의 폭행 또는 협박으로 타인의 재물을 강취할 것 및 폭행·협박과 피해자의 반항 억압과 점유이전 사이에 각각의 인과관계가 있을 것, 그리고 주관적 구성요건 요소로 일련의 행위와 결과에 대한 고의, 마지막으로 초과 주관적 구성요건요소로서 불법영득의사가 필요하다.

이 글은 하나의 문장이 5줄에 달한다. 주부(主部)인 '강도죄가 성립되기 위해서는'을 기억하면서 5줄을 계속 읽어야 한다. 즉, 읽는 이에게 부담이 되는 문장이다. 읽는 이에게만 부담을 주는 게 아니라 글쓴이 자신도 몇 가지 사항을 이야기했는지도 모를 정도로 복잡하다.

이 글을 쓴 사람은 강도죄가 성립하기 위해서 필요한 요건을 4가지로 들었다. 번호를 달면 다음과 같다. (1) 상대방의 반항을 억압할 정도의 폭행 또는 협박을 이용하여 타인의 재물을 강취할 것, (2) 폭행·협박과 피해자가 행한 반항의 정도와 점유이전 사이 각각의 인과관계가 있을 것, (3) 주관적 구성요건요소로 일련의 행위와 결과에 대한 고의, (4) 초과 주관적 구성요건요소로 불법영득의사, 이렇게 4가지이다. (1)과 (2) 끝부분에 각각 '것'이라는 문구가 있고 그사이에 '및'이 들어가 있기 때문에 구분되어 있음을 알 수 있다. (2)와 (3) 사이에도 '그리고'라는 접속사가 있어서 구분되는 것 같다. (4)는 '마지막으로'로 시작되니까 새로운 요건일 것이라는 예측이 된다. 4개 요건이 쓰였다고 보이는 문장이다(단,

이 문장에서는 불법영득의사도 주관적 구성요건요소라는 점이 애매하게 취급되고 있다).

이 문장을 조금 수정하면 독자에게 부담이 덜한 방식으로 나타낼 수 있다.

> 강도죄가 성립되기 위해서는 이하 4가지 요건이 필요하다 (1) 상대방의 반항을 억압할 정도의 폭행 또는 협박을 이용하여 타인의 재물을 강취할 것, (2) 폭행·협박, 피해자의 반항 억압과 점유이전 사이에 각각의 인과관계가 있을 것, (3) 일련의 행위와 결과에 대한 고의가 있을 것, (4) 초과 주관적 구성요건으로 불법영득의사가 있을 것. 이중 (1)과 (2)는 객관적 구성요건요소, (3)과 (4)는 주관적 구성요건요소이다.

'이하 4가지 요건이 필요하다'로 제시되어 있던 주부에 호응된 술부를 마지막에 두어 맨 처음 문장을 맺었다. 그리고 4가지 요건을 각각 독립시킨 문장으로 제시했다. 강도죄 구성요건해당성이 4가지 요소가 충족될 때에 긍정되는 것을 제시한 후, 각각의 성격도 명확히 했다.

하나의 요건을 하나의 문장으로 나타냄으로써 읽는 이의 부담을 덜어줄 뿐 아니라, 자신의 사고도 명확해진다. 덧붙여 이 4가지 요건 중 하나의 요건을 나중에 다시 수정하고 싶어졌을 때도 수정이 용이하다. 문장 단위로 수정할 수 있다.

문장을 단위로 하여 수정하고 그 후에 부적절하다고 판단되는 부분을 수정해보자.

가해자 관점에서의 집단 괴롭힘을 보면 가해자 자신의 내부적인 문제, 예를 들어 성격이나 행동 패턴, 반에서의 평판 같은 문제가 있다. 그러나 가족의 경제 상태, 부모의 교육관 등 가해자가 처한 환경 같은 외부적인 문제도 있어 분리하여 생각할 필요가 있다. 내부적 문제는 본인을 교육하는 방식으로 대처를 해야 하며, 외부적인 문제는 본인을 둘러싼 사람들과 연계하여 문제해결을 해야 한다.

5) 수식 호응에 유의한다

수식 호응이란 문장 내에서 어느 말이 어느 말을 수식하는지에 대한 관계를 말한다.

> 한층 더 강화된 현장검증이나 청취가 필요했다.

위 문장에서 '한층 더 강화된'이 '현장검증'에만 걸리는지 '현장검증이나 청취' 모두 걸리는지 알 수 없다. 어떻게 쓰면 의도한 대로 나타낼 수 있을까. 다음과 같이 써 볼 수 있다.

> 한층 더 강화된, 현장검증이나 청취가 필요했다.
> 한층 더 강화된 현장검증이나, 청취가 필요했다.
> 한층 더 강화된 현장검증이나, 새로운 청취를 시작할 필요가 있었다.

위 문장은 쉼표를 활용한 예이다. 괄호를 이용하는 방법도 있다.

> 한층 더 강화된 [현장검증이나 청취]가 필요했다.
> [한층 더 강화된 현장검증]이나 [청취]가 필요했다.

수식 호응으로 인한 혼란스러움은 문장 내에서 수식하는 어구가 포함되면서 발생되기 때문에 수식부를 독립시키면 해결된다.

 연습 7

다음 문장은 어떤 의미로 읽힐 가능성이 있는가? 수식 호응에 유의하여 [ ]에서 읽힐 수 있는 의미의 가짓수를 표시해 보자.

설문 ❶: 방한복과 배낭으로 채비를 한 K군과 L군이 주차장에서 기다리고 있었다.
설문 ❷: 모든 근거제시와 기장 의무에 관해 변경사항이 전달되었다.

6) '하여/해서', '에/에게', '을/를', '은/는'을 적확하게 사용한다

급하게 글을 쓰다 보면 '하여/해서', '에/에게', '을/를', '은/는' 쓰임새가 복잡해지기 때문에 주의해야 한다. '하여/해서', '에/에게', '을/를', '은/는'이 부적절하게 사용되면 읽는 이가 혼란스러울 뿐 아니라 비논리적인 글로 보일 수 있다.

> 이러한 행위는 강도죄가 성립한다.

이 문장의 주어는 무엇일까. '강도죄'이다. 술어는 '성립한다'이다. 이 문장을 가장 간단하게 말하자면 '강도죄가 성립한다'이다. '이런 행위에 대하여 강도죄가 성립한다'라고 말하고자 하므로 '행위' 뒤에 오는 조사는 '에 대해'로 해야 한다. 그러나 '행위'와 '는'을 붙여서 '행위'를 문장 앞에 두었기 때문에 '행위는'이 주어로 보여서 '행위가 성립한다'로 읽혀 버리는 것이다.

> 이러한 행위에 대해 강도죄가 성립한다.

이렇게 쓰는 것이 적절하다.

 연습 8

**'하여/해서', '에/에게', '을/를', '은/는'이 부적절하게 사용된 부분은 어디인가?
수정해 보자.**

설문 ❶: 의료비 반환 신청을 잊지 않도록 환자의 주의 환기를 강화했다.
설문 ❷: 국제정세를 감안하여 낙관은 허용되지 않는다.
설문 ❸: 개찰구에 들어가기 전에, 상사에게 인사를 하는 것이 좋다.
설문 ❹: 최저생활비를 보장받을 수 있도록 검토해야 한다.

7) 접속표현으로 문장을 연결시킨다

문장 하나하나가 명확하게 작성되었다고 치자. 다음으로 신경써야 할
부분은 문장과 문장 사이의 관계이다.

앞서 우사미 히로시 교수는 역접 접속사 이외의 접속사는 없는 것이
좋다고 했다. 역접 접속사의 '그러나', '하지만'은 부득이하게 사용하는 것
을 허용하지만, 그 이외의 접속사들은 없어도 되는 글을 쓰는 것이 중요
하다는 것이다.

이에 대하여 야노 시게키 교수[36]는 저서 중 '접속표현에 주의한다'를
제1장에 두어 그 이유를 다음과 같이 말하고 있다.

말과 말의 관계에서 논리의 실체가 드러난다. 문장과 문장 사이의 관계, 패러그래프(논점의 한 단위)와 패러그래프 간의 관계에서 논리 전개가 나타나고 정합성이 거론되기도 한다. 그리고 말과 말 사이의 연결을 명시하는 것이 접속표현이다. 그런 이유로 논리는 접속표현을 통해 나타난다.

야노 교수는 논리 전개가 '문장과 문장 사이의 관계, 패러그래프(논점의 한 단위)와 패러그래프 간의 관계'에서 드러난다고 한다. '정합성'도 거기에서 나타난다고 한다. 분명히 문장 사이에 접속표현을 삽입해 보면 저절로 문장과 문장 간의 관계를 생각하게 되어 패러그래프의 정합성을 의식하게 될 것이다.

그래서 이하에서는 문장과 문장의 접속 관계를 자각하는 것을 목표로 하여 접속표현 사용을 복습해 보고자 한다. 접속표현을 쓸지 말지는 차치하고 문장과 문장 간의 연결법을 자각하는 연습이다. 그런 작업을 통하여 더욱 적확한 논리 전개로 문장을 작성할 수 있도록 하는 것이다.

야노 교수가 정리한 접속표현에는 7종류가 있다. 이 7종류의 접속표현으로 논리 전개를 모두 망라할 수 있다고 한다. 각 종류에 해당하는 접속표현은 다음과 같다.

① **부가**: 논리가 동일한 방향으로 흘러갈 때 사용한다.
   '그리고', '또는', '더욱이', '게다가' 등이다.
② **이유**: 이유를 나타낼 때 사용한다.
   '왜냐하면', '그런 것은' 등이다.
③ **예시**: 예를 들 때 사용한다.
   '예를 들어', '예컨대' 등이다.
④ **전환**: 논리가 반대 방향으로 흘러갈 때에 사용한다.

'그러나', '그렇지만', '하지만' 등이다.

⑤ **해설**: 바꿔 말할 때 사용한다. 동등한 관계이다.

'즉', '결국', '다시 말하면' 등이다.

⑥ **귀결**: 정리, 결론을 말할 때 사용한다.

'요컨대', '따라서', '그래서' ('결국'도 해당) 등이다.

⑦ **보충**: 보충할 때 사용한다.

'또한', '단' 등이다.

이상 일곱 가지 접속을 머릿속에 잘 기억해 두어 글을 쓸 때마다 어떤 관계에서 다음 문장이 이어지는지를 생각해 보자. 다음은 하나의 예이다.

카카오톡 단톡방 활동에 관하여 생각해 본다

카카오톡이 없는 생활은 이미 생각할 수도 없다.(→ 이유) 동호회 친구와 연락할 때나 반 친구들과 연락을 하거나 상의를 할 때 편리하기 때문이다. (→ 예시) 5월 연휴 때 반 친구들에게 '놀러 가자'라고 단체톡방에서 톡을 보냈다.(→ 부가) 보냈더니 바로 4~5명 친구가 모이는 장소나 이벤트 정보 같은 톡들을 보냈다.(→ 전환) 톡을 안주는 친구가 있으면 주최자로서는 힘들다.(→ 해설) 읽음이라고 표시되어 있지만 톡에서 보기만 하는 친구들을 보면 이 톡방에서 활동하려는 것인지 아닌지 알 수 없다.(→ 귀결) 단체톡에 들어와 있다면 착실히 답을 하는 것이 암묵적인 룰이다.(→ 보충) 구직 활동 중이라서 바로바로 답을 줄 수 없는 상황이라면, 미리 답을 바로 할 수 없다는 양해를 구하는 것이 멤버들의 이해를 구할 수 있는 방법이다.

접속표현 중에는 문말과 연동되는 것이 있기 때문에 주의할 필요가 있다. 다음 글에는 부적절한 부분이 있다.

> 이러한 甲의 행위에 대해 사기죄가 성립한다. 왜냐하면 甲은, 재물을 처분할 수 있는 B사의 담당자에게, 자기를 乙이라고 속여, 재물인 현금카드를 교부하게 하였고, 기망하는 행위로 인해 상대방을 착오에 빠트려 재물을 교부하게 했다고 할 수 있다.

'왜냐하면'은 '이기 때문이다'와 연동되어야 하는 접속표현이다. 그러나 문말은 '할 수 있다'로 끝난다. 문장이 '왜냐하면 ~ 할 수 있다'로 되어 있다. 이 부분은 '왜냐하면 재물교부를 하게 했다고 할 수 있기 때문이다'로 해야 한다. 부적절한 문장은 비논리적인 인상을 주기 때문에 피해야 한다. 글쓴이 자신의 사고가 애매하다는 것을 드러내고 있다고 할 수 있다. 이 예문에서는 문장 앞부분에 '왜냐하면'이라고 이유를 거론하려 했는데, 끝에는 '할 수 있다'는 표현을 하고 있다. 사고가 빗나가 있다는 것을 알 수 있다.

> 이러한 甲의 행위에 대해 사기죄가 성립된다. 왜냐하면 기망으로 상대방을 착오에 빠트려 재물을 교부하게 한 행위는 사기죄에 해당하며, 甲은 재물을 처분할 수 있는 B사의 담당자를 자기가 乙이라고 하여 착오에 빠트려 재물인 현금카드를 교부하게 했기 때문이다.

더욱이 첫 번째 예문에서는 긴 문장 때문에 생긴 부적절함이 눈에 띈다. 사기죄가 성립하는 이유를 '왜냐하면'의 한 문장으로 설명하고 있는데 둘로 나누어 설명할 수도 있다.

> 이러한 甲의 행위에 대해 사기죄가 성립한다. 사기죄는 기망으로 상대방을 착오에 빠트려 재물을 교부하게 하는 죄이다. 甲에게 사기죄가 성립하

는 것은 甲이 재물을 처분할 수 있는 B사의 담당자에게 자기가 乙이라고 하여 착오에 빠지게 하여, 재물인 현금카드를 교부하게 하였기 때문이다.

문장의 연결을 의식하여 적절한 접속표현을 고른 후에는 접속표현으로 연결된 뒷 문장에 유의해야 한다. 접속 관계가 들어맞도록 문장을 작성해야 한다.

심야까지 영업하고 있던 가게 주인에게서 다음과 같은 설명을 들었다. 즉, 늦게까지 일하기를 원하는 노동자들과 같은 편이라는 설명을 들으면 납득이 되었다.

'즉'이라는 접속표현은 동등한 관계를 나타내기 때문에 후문은 전문과 동등한 내용으로 작성될 필요가 있다. '설명을 들었다'와 동등한 예시를 든다면 '납득이 되었다'라는 부분은 삐져나오게 되어 동일 문장에 들어가 있지 않다. 다음과 같이 후문을 수정해야 할 것이다.

심야까지 영업하고 있던 가게 주인에게 다음과 같은 설명을 들었다. 즉, 늦게까지 일하기를 원하는 노동자들과 같은 편이라는 설명을 들었다. 그 설명은 납득이 되었다.

예시로 든 접속사에 대해서도 마찬가지이다.

본인이 무엇을 실행했는지에 따라 연휴의 가치는 달라진다. 예를 들어 집에 있으면서 대청소를 하는 것도 연휴를 보내는 한 방식이다.

'예를 들어' 후문 내용이 전문 내용과 비교해 부족한 예이다. 다음과 같이 써야 한다.

> 본인이 무엇을 실행했는지에 따라 연휴의 가치는 달라진다. 예를 들어 집에 있으면서 대청소를 하는 연휴 즐기기는 평소 못했던 것들을 하고자 하는 사람들에게는 가치가 있다.

문단 앞에 접속표현을 사용하는 경우에는 주의할 필요가 있다.

　　장기연휴는 다음과 같은 이유에서 집에서 조용히 보내는 것이 최고이다. 우선 밖으로 나온 사람들이 많다. 어딜 가도 줄을 서야 한다. 그다음으로 집에서 평소 못했던 일들을 할 수 있는 좋은 기회이다. 직장에서 오는 연락도 없지 친구들도 다들 일정이 있기 때문에 나만의 페이스로 여유 있게 지낼 수 있다.
　　그러나 연휴는 평소 못 만났던 사람들과 만날 기회로 생각할 수도 있다.

　　위 예들은 '그러나'가 전(前) 문단 전체를 전환하고 있는 것인지 마지막 문장을 전환하고 있는 것인지 모르겠다. 둘 다 가능하다. 문단 전체를 전환할 의도라면 두 번째 문단에서 하는 주장은 '집에서 조용히 보내는 것이 최고라고는 할 수 없다'가 된다. 그러나 전문(前文)만 전환할 의도라면, '집에서 평소 못했던 일들을 할 수 있는 좋은 기회다' 부분만을 부정하게 되어 전체적인 주장은 바뀌지 않는다. 문단 앞에 접속표현을 두었기 때문에 전체 주장까지 불명확해져 버리는 것이다.

연습 9

접속표현에 호응하도록 문말을 수정해 보자.

북유럽에서는 에너지 절약, 재생에너지 양방향으로 열효율을 연구해 온 역사가 있다. 왜냐하면 북유럽에서는 일조시간이 짧고 적설량이 많아서 보다 많은 에너지가 난방을 위해서 소비되는 것이다.

 연습 10

[ ] 안에 적절한 접속표현을 넣어 보자.

설문 ❶: 도시에서 통근·통학하는 것은 힘들다. 혼잡한 차내에서 선 채로 자료를 읽거나 시험공부를 하면서 왔다 갔다 해야 한다. [ ] 전철이 연착이 잘 되기 때문에 학교나 회사에 갈 때는 지각할 우려가 있다.

설문 ❷: 인간은 1분에 약 30자를 쓸 수 있고 300자를 말할 수 있으며, 1,000자를 읽을 수 있다고 한다. [ ] 쓰는 것은 다른 활동에 비해 에너지가 많이 든다는 것이다.

설문 ❸: 할머니는 흔해 빠진 물건에 감사하면서 살아온 사람이었다. 서랍에는 언제나 손으로 펴 놓은 포장지나 끈이 들어 있었다. 자연에 대해서도 감사하는 마음을 행동으로 표현했다. [ ] 아침에 수도꼭지를 틀기 전과 가스레인지에 불을 붙이기 전에 꼭 합장했다.

설문 ❹: 우리나라의 '공휴일'은 어떻게 선정하는 것일까. 〈특정 달의 특정일〉로 지정되어 있다. [ ] 구정과 추석만 '음력'을 토대로 정해지므로, 해마다 달라진다.

---

8) 간명하게 쓴다

여기에서 간명하게 쓴다는 것에 대해 생각해 보자. 답안을 작성할 경우 쓰고자 하는 사항을 최소한의 글자로 적을 수 있으면 그것만큼 좋은 게 없다. 재미삼아 한번 훑어보시라.

다음 문장을 내용을 바꾸지 말고 더 적은 글자 수로 나타낼 수 있는가?

> 다음으로 검토해야 할 문제는 A가 손해배상을 해야 하는지 아닌지에 관한 문제이다.
> A에게 과실은 없다고 생각된다.
> 이상의 검토에서 도출된 결론으로서는, A에게 손해배상 책임이 없다는 것이다.

가장 적은 글자 수로 같은 내용을 적어 본다면, 다음과 같이 쓸 수 있을 것이다.

> A는 손해배상을 해야 하는가.
> A에게 과실은 없다.
> A는 손해배상 책임을 지지 않는다.

주어를 바꿔치기해 보았다. 수정하기 전 문장에서는 주어가 '문제는', '결론이(생략되었음)', '결론으로서는' 였다. 모두 글쓴이가 생각하고 있는 과정을 나타내는 용어들이다. 생각하는 과정을 나타내는 용어를 주어로 하면 저절로 술어도 생각하는 과정을 나타내는 단어가 되어 버리고, 전체적으로 장황해진다. 생각의 요지, 즉 논하고 있는 대상을 주어로 해 보

자. '~문제는, A가~'를 'A는~'으로 바꾸는 것이다. 논하고 있는 대상을 주어로 하면 생각 중인 과정은 모두 제외되고 결과적으로 문장은 짧고 간명하게 되는 것이다.

 연습 11

같은 내용을 간명하게 다시 써 보자.

설문 ❶: 중징계처분까지는 할 필요가 없다고 판단한 것은 상술한 세 가지 이유가 있기 때문이다.

설문 ❷: 왜, 일단 역으로 돌아왔는지에 대한 이유는 아직 밝혀지지 않았다.

2 어구를 정리한다

어휘의 의미 범위를 파악한다 ●●●

법학을 전공하는 여러분들은 어휘에 강하겠지만, 어떤 어구를 사용할지 고민할 때 유의해야 할 점을 두 가지 살펴보자.

첫째, 의미의 범위이다. 어휘에는 각각 의미 범위가 있다. 머릿속에 그려지는 대상의 범위라 해도 좋을 것이다. 예를 들어 '가축'이라 하면 여러분들은 어떤 것을 떠올리는가? 소, 말, 돼지를 떠올리는 사람도 있을 것이고, 소, 말, 돼지에 더해 개, 고양이도 떠올리는 사람이 있을 것이다. 혹은 토끼나 카멜레온도 사람이 기르고 있는 것은 전부 가축이라고 생각하는 사람이 있을지도 모른다. 다시 말해, '가축'이 가리키는 대상으로 이미지화되는 범위는 사람에 따라 다른 것이다.

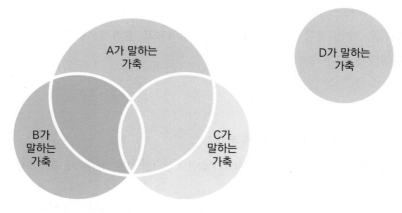

그림 ❸_ 사람에 따라 달라지는 어휘의 의미 범위

　　그래서 만약 여러분들 집에 구관조가 날아 들어왔을 때 어떻게 해야 하는지를 생각해 보자. '가축'에 해당하는 동물은 일단 경찰에 신고해야 한다. 이에 반해 누군가가 키우고 있을 거라는 생각을 못 하고 사육주가 있는 것을 모른 채 주운 '가축이 아닌 동물'은 그 동물이 사육주를 떠난 시점으로부터 1개월 이내에 사육주가 반환 요청을 하지 않았을 때는 주운 사람이 그 동물을 습득하는 것을 인정할 수 있다.[37] 그럼 과연 구관조는 가축일까?

　　사실 '가축'이란 정의는 법령에 마련되어 있지 않다. 판례가 구관조를 가축이라고 하는 것[38]은 '가축'이라는 어휘 의미 범위를 정할 때, 일반의식을 참고하여 정한 결과로 보인다.

　　이렇듯 평소 사용하는 어휘는 떠오르는 의미 범위가 사람에 따라 달라진다. 그 어휘에 얽힌 과거 개인적인 경험이 의미에 반영되기 때문이다. 사람이 사용하는 어휘는 개인 경험에 따라(읽고 쓰는 행위 포함), 의미가 생성된 것이다. 평이하고 일상적인 말일수록 오해의 소지가 많다는 것이다. 법의 세계에서 키워드가 정의된 이유는 어휘의 의미 범위를 정

하여 어휘를 사용하는 사람들이 공통적인 의미 범위로 그 어휘를 사용할
수 있도록 하기 위한 것이다.

어휘를 선택할 시에 글쓴이가 의도한 의미 범위와 읽는 이가 상상할
의미 범위가 가능한 한 가까워지도록 유의할 필요가 있다. 쌍방에 큰 차
이가 있을 때는 오해와 혼란이 일어난다.

어휘 카테고리를 파악한다

어떤 어구를 사용할지 생각할 때, 두 번째 유의점은 어휘의 카테고
리, 즉 의미의 종류이다.

학생이나 대학원생들의 리포트를 읽으면서 느낀 점 중 하나는 소목
차의 제목을 붙이는 방식에 관한 문제점이다. 다음과 같이 제목이 붙은
경우가 있다.

리포트 제목: 인터넷 사회에 있어서 아이들의 안전

제1장: 조사목적과 아이들이 처한 사회적 배경

제2장: 조사방법

제3장: 아이들이 피해를 입은 상황

제4장: 가족 · 학교 · 지역에서 실시하는 대책

제5장: 고찰과 결론

여러분들은 어떤 부분이 이상하게 보이는가? 제1장 전반부, 제2장,
제5장은 각각 '조사목적', '조사방법', '고찰과 결론'이란 식으로 <조사요
소에 관한 어구>로 제목이 붙여졌다. 한편 제1장 후반부, 제3장, 제4
장은 '~와 아이들이 처한 사회적 배경', '아이들이 피해를 입은 상황', '가

족·학교·지역에서 실시하는 대책'이라는 식으로 <조사내용에 관한 어구>로 제목이 붙여졌다. <조사요소에 관한 어구>와 <조사내용에 관한 어구>는 카테고리가 다른 어구들이다.

같은 리포트 속에서 이들 두 카테고리에 속한 어휘들을 혼재시켜 장의 제목을 다는 것은 좋지 않다. <조사요소에 관한 어구>로 제목을 달려면 일관되게 이 카테고리에 속하는 어구들을 사용해야 한다. '조사목적과 배경', '조사방법', '조사결과', '고찰과 결론' 등과 같이 말이다. <조사내용에 관한 어구>로 제목을 달려면 그 카테고리에 속하는 어구들로 통일해야 한다.

답안을 쓸 때는 특히 실제로 일어난 사항을 묘사하는 어구와 법적용을 검토해야 하는 어구가 다른 카테고리라는 것을 인지할 필요가 있다. 법적용을 검토해야 하는 어구란 예를 들어 '형사책임', '~죄의 성립 여부', '~죄의 성립', '~의 검토', '~의 정의' 등이다. 이런 법적용을 검토해야 하는 어구들을 최대한 적확하게 사용할 수 있으면 글쓰기 속도가 빨라지고 무엇보다 사고 과정이 원활해진다.

어휘의 추상도를 파악한다 •••

우리들은 동일 대상이라도 다양한 추상도의 어휘를 이용하여 그 대상을 가리킨다. 예를 들어 눈 앞에 있는 '펜'을 추상적으로 나타내 본다면 '문구류'이며, 더욱 추상적으로 말하면 '도구'라는 말로 나타낼 수 있다.

하야카와(Samuel I. Hayakawa)는 '추상의 사다리'라는 비유로 어휘의 추상도와 의미 범위 간의 관계를 설명했다. '배시(Bessie)'라는 이름이 붙은 암소를 가리키는 말로 '배시', '암소', '가축', '농장자산', '자산', '부'가 있다.

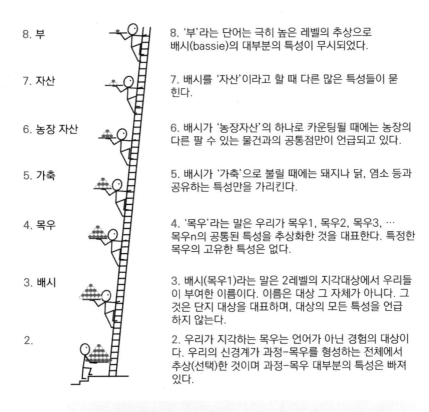

8. 부   8. '부'라는 단어는 극히 높은 레벨의 추상으로 배시(bassie)의 대부분의 특성이 무시되었다.

7. 자산   7. 배시를 '자산'이라고 할 때 다른 많은 특성들이 묻힌다.

6. 농장 자산   6. 배시가 '농장자산'의 하나로 카운팅될 때에는 농장의 다른 팔 수 있는 물건과의 공통점만이 언급되고 있다.

5. 가축   5. 배시가 '가축'으로 불릴 때에는 돼지나 닭, 염소 등과 공유하는 특성만을 가리킨다.

4. 목우   4. '목우'라는 말은 우리가 목우1, 목우2, 목우3, … 목우n의 공통된 특성을 추상화한 것을 대표한다. 특정한 목우의 고유한 특성은 없다.

3. 배시   3. 배시(목우1)라는 말은 2레벨의 지각대상에서 우리들이 부여한 이름이다. 이름은 대상 그 자체가 아니다. 그것은 단지 대상을 대표하며, 대상의 모든 특성을 언급하지 않는다.

2.   2. 우리가 지각하는 목우는 언어가 아닌 경험의 대상이다. 우리의 신경계가 과정-목우를 형성하는 전체에서 추상(선택)한 것이며 과정-목우 대부분의 특성은 빠져 있다.

1. 과학적으로 알려진 목우(牧牛)는 (오늘날 과학이 추정하기로) 궁극적으로 원자, 전자 등으로 구성된다. 모든 특성은 (○, △, □로 표시되었음) 이 레벨에서 무한하며 항상 변화하고 있다. 이것이 '과정레벨'이다.

(역주) 1~8은 각각 레벨(단계). 1은 원자적 과정레벨(목우(牧牛)), 2는 지각레벨, 3 이상이 언어레벨

그림 ❹_ 하야카와의 '추상의 사다리'[39]

그리고 이 어휘들은 순서대로 추상도가 올라갔는데 추상도가 올라갈수록 어휘가 가리키는 배시의 특질은 옅어져 갔다. '예를 들면, 배시가

"가축"이라 불릴 때는 그것이 돼지, 닭, 염소 등과 공유하는 특성만을 가리키는' 셈이다. '가축'으로 배시가 표현되었을 때는 '새끼를 낳는다', '젖을 짤 수 있다' 등과 같이 암소가 갖는 성질은 사라진 셈이다. 특정 사항을 표현하는 어휘의 추상도가 올라갈수록 가리키는 그 사항의 특질은 옅어지는 것이다.

한편, 이 '추상의 사다리'에서 벗어나 어휘의 성질을 따져 보면 역으로 어휘는 추상도가 올라감에 따라 많은 사항을 포괄할 수 있게 된다. '가축'이라면 배시 이외에도 돼지, 닭, 염소도 가리키는 것이다.

어느 정도의 추상도로 설명하는 것이 좋을지 망설여지는 경우가 있다면 하야카와 교수의 '추상의 사다리'를 떠올려 보자. 실제로 일어난 사항을 묘사하는 장면에서는 구체적인 어구를 이용하여 설명한다. 추상도를 높여서, 다른 장면이나 사례를 포괄하는 설명을 할 때는 추상도가 더 높은 어구를 사용하는 것이다. 의식하면서 어구의 추상도를 고르고 장면에 맞게 구별해서 사용해 보자.

1) 개념을 일관되게 사용한다

그럼 어구에 착안한 글쓰기 기술을 몇 가지 살펴보자.

우선 당연한 이야기지만 개념을 마음대로 바꿔서는 안 된다. 어휘에는 각각의 의미 범위가 있기 때문에 다른 어휘를 사용하면 다른 의미 범위를 가리키게 된다. 반대로 다른 어휘를 사용하는 경우에는 왜 다른 어휘를 사용하는지, 즉 구별해서 사용하고 있다는 것을 의식할 필요가 있다. 읽는 이가 질리지 않도록 어휘를 바꾸어서 사용하는 것은, 읽는 이를 즐겁게 하려는 목적을 가진 문학작품에서나 유효하다.

이하 무의식적으로 개념을 바꾸어 버린 예를 보자.

도핑 방지는 국제적인 과제이다. 우선 스포츠 경기에 참여하는 각국 국민들의 인식을 교육을 통해 높여야 할 필요가 있다. 또한 각국은 국제규약에 따라 방지 활동을 실시하도록 해야 할 책무가 있다. 각국 기관들은 정부와 연계하면서 구체적인 활동을 전개해야 한다. 이렇게 도핑 방지는 국민, 정부, 국내기관에서 실시되어야 하는 이념이다.

'국제적인 과제이다'라고 해 놓고, 구체적인 내용을 검토하고 마지막으로 '이념이다'로 끝맺고 있다. 도핑 방지가 '과제'인지 '이념'인지 글쓴이 자신이 흔들리고 있다. 어떤 의도였는지 일관되게 쓴다면 명확한 글이 된다.

'첫 번째 과제는', '두 번째 과제는'과 같은 표시를 하면 개념이 흔들리는 것을 방지할 수 있다. 검토내용이 페이지를 넘어갈 때는 특히 주의해야 한다.

 연습 12

유사하게 사용된 어휘의 개념을 통일시켜 보자.

우리나라의 영어 자격시험에는 여러 가지가 있다. TOEFL이나 TOEIC 같은 미국에서 개발된 세계적으로 널리 검증된 시험이 있는가 하면 우리나라에서 개발된 영어검정시험도 있다. IELTS는 영국에서 만들어졌다. 우리는 다양한 영어 인정시험을 치기 위해 많은 준비를 한다.

2) 지시대명사를 치환한다

지시대명사란 소위 말하는 '이, 그, 저'이다. '이', '그', '저', '어느', '이것', '그것', '저것', '어느 것'도 지시대명사이다.

지시대명사는 트럼프의 조커 같은 것이라서 다른 어구와 바꿔서 쓸 수 있다. 뭐든지 바꿔 쓸 수 있다는 편리함 때문에 남용될 수도 있다. 게다가 시간 제약이 따르는 답안을 쓸 때, 긴 어구나 문장을 지시대명사와 바꿔서 쓰면 시간 절약이 되기 때문에 자꾸 쓰고 싶어진다.

그러나 지시대명사는 치환 가능한 성질 때문에, 읽는 이가 오해할 여지도 갖고 있다. 지시하는 대상이 다수일 경우에는 특히 주의해야 한다.

PART Ⅲ의 4장 '문단 활용법'에서 든 예문을 사용하여, 지시대명사가 얼마나 독자를 혼란스럽게 하는지 확인해 보자.

A. 지자체에서 역이나 음식점 등 공공장소에서 흡연하는 것을 금지하는 조례를 검토하고 있다. 흡연하고 싶은 개인 욕구를 권력으로 억제하려는 것으로 상당히 신중해야 한다는 점에서 문제가 된다.
B. **이 점**, 인간에게는 어떠한 자유라도 허용되는 것이 아니며, 자체적인 한계가 있다.
C. 예를 들어 자살할 자유가 인정되지 않는 것에서 **이 사항**은 명백하다.
D. 흡연도 본인의 건강을 해칠 수 있다는 점에서 **이것**을 규제하는 것은 합리적이다.

B.의 '이 점'은 무엇을 가리키는 것인가. '역이나 음식점 등 공공장소에서 흡연하는' 점일까, '흡연하고 싶은 개인의 욕구'라는 점일까. 양쪽 다 해석이 다 가능하다. 혹은 '어느 지자체에서 조례 문제를 생각하면서' 같은 시작 부분이라는 의미에서 '이 점'이라 말하고 있는 것처럼 읽히기도 한다. 시작 부분에서는 불필요한 어구이다.

C.의 '이 사항'은 무엇을 가리키고 있는 것일까. 2번 문장 전체를 가리키는 것처럼 읽힌다. 혹은 '아무 자유나 허용되는 것이 아니라'이거나

앞 문장 일부 또는 '자유에는 자체적으로 한계가 있다'의 일부를 가리키는 것으로도 읽힐 수 있다.

D.의 '이것'은 흡연을 가리키는 것일 텐데 글쓴이의 의도를 살펴본다면 정확하게는 '공공장소에서의 흡연'을 가리키는 것일 것이다.

지시대명사는 예문에서 살펴보았듯이 읽는 이가 많은 추측을 하게 한다. 독자가 글쓴이의 의도에 잘 따라가고 있는지 모른 채 긴가민가하면서 계속 읽어야 한다. 결국 지시대명사는 문장을 애매하게 만들 수 있다. 지시대명사는 의도한 대로 읽히는 때에만 사용되어야 할 것이다. 복수의 의미로 읽히는 경우에는 지시한 어구를 반복해서 사용하면 된다.

예문에 있는 지시대명사를 다음과 같이 구체적인 어휘로 치환해 보았다.

A. 지자체에서 역이나 음식점 등 공공장소에서 흡연하는 것을 금지하는 조례를 검토하고 있다. 흡연하고 싶은 개인 욕구를 권력으로 억제하려는 것으로 상당히 신중해야 한다는 점에서 문제가 된다.
B. 인간에게는 어떠한 자유라도 허용되는 것이 아니며, 자체적인 한계가 있다.
C. 예를 들어 자살할 자유가 인정되지 않는 것에서 자유에는 한계가 있다는 것이 명백하다.
D. 흡연도 본인 건강을 해칠 수 있다는 점에서 공공장소에서의 흡연을 규제하는 것은 합리적이다.

연습 13

지시대명사 및 대명사를 구체적인 어구로 바꿔 보자.

청년층의 투표율이 낮은 것은 학교 교육에서 교원이 정치적인 것을 피해 왔기 때문일 것이다. <u>그</u> 중립성을 유지하기 위해서 <u>그</u>들 개인의 정치적 성향을 학생들에게 언급하는 것은 터부시되어 왔던 것이다. 한 표 한 표가 평등하다는 것을 가르치기 위해서는 교원과 학생이라는 것을 넘어, 대등한 유권자로서 논의하는 것이 이상적이다. 하지만 교원의 한마디가 <u>그</u>들에게 끼칠 영향은 크다. 대등한 논의와 중립성이 양립하는 <u>그런</u> 교육을 실천하는 것이 교원에게 요구되는 것이다.

3) '것(행위 또는 사물)'을 특정한다

지시대명사와 마찬가지로 '것(행위 또는 사물)'도 치환이 가능하다. 다시 수정된 예문을 살펴보자. '것(행위)(사물)'이 많이 사용되고 있다.

A. 지자체에서 역이나 음식점 등 공공장소에서 흡연하는 것을 금지하는 조례를 검토하고 있다. 흡연하고 싶은 개인 욕구를 권력으로 억제하려는 **것**으로 상당히 신중해야 한다는 점에서 문제가 된다.

B. 인간에게는 어떠한 자유라도 허용되는 **것**이 아니며, 자체적인 한계가 있다.

C. 예를 들어 자살할 자유가 인정되지 않는 **것**에서 자유에는 한계가 있다는 것이 명백하다.

D. 흡연도 본인의 건강을 해칠 수 있다는 점에서 공공장소에서의 흡연을 규제하는 **것**은 합리적이다.

위의 '것(행위 또는 사물)'을 구체적인 어휘로 바꿀 수 있을까.

A. 흡연하고 싶은 개인의 욕구를 권력으로 구제하려는 **조례**로,

B. 인간에게 어떠한 자유라도 허용될 **리** 없고, 자체적인 한계가 있다.

C. 예를 들어 자살할 수 있는 자유가 인정되지 않는 **사회통념**을 보아도 자유에는 한계가 있다는 것이 명백하다.

D. 흡연도 본인 건강을 해칠 수 있다는 점에서 공공장소에서의 흡연을 규제하는 **조례 시행**은 합리적이다.

이 외에도 치환 가능한 어휘가 있을 것이다. 이렇게 '것(행위 또는 사물)'을 구체어로 치환함으로써 글쓴이의 의도가 명확해진다. 즉, '것(행위 또는 사물)'을 구체적인 어구로 치환하는 작업은 무엇보다도 글쓴이의 사고를 명확하게 표현하는 데 도움이 된다.

 연습 14

'것(행위 또는 사물)'을 구체적인 어구로 바꿔 보자.

청년층의 투표율이 낮은 **것**은 학교 교육에서 교원이 정치적인 **것**을 피해 왔기 때문일 것이다. 정치적 중립성을 유지하기 위해서 교원 개인의 정치적 성향을 학생들에게 언급하는 **것**은 터부시되어 왔던 것이다. 한 표 한 표가 평등하다는 것을 가르치기 위해서는 교원과 학생이라는 **것**을 넘어, 대등한 유권자로서 논의하는 **것**이 이상적이다. 하지만 교원의 한마디가 학생들에게 끼칠 영향은 크다. 대등한 논의와 중립성이 양립하는 유권자 교육을 실천하는 **것**이 교원에게 요구되고 있는 것이다.

4) '의(또는 공백)'를 특정한다

문장 중에 가장 많이 등장하는 조사가 '의'라고 한다. 그래서인지 엄마

가 읽고 있는 책을 옆에서 보고 아이가 맨 처음에 배우는 글씨가 '의'[40] 라는 소리도 있다.

'의'는 지시대명사나 '것(행위 또는 사물)'과 마찬가지로 트럼프 조커와 같다. 다음 문장의 '의'는 어떤 의미를 나타내는 것일까.

> 영희 책 / 영희'의' 책

영희가 소유하고 있는 책
영희가 쓴 책
영희가 편집한 책
영희가 게재된 책
영희가 주운 책

이것보다 더 있을 수 있다. '의'는 다양한 의미로 바꿔서 나타낼 수 있는 조사이다. '의'를 특정하여 구체적인 이야기로 제시를 하면 명확한 문장을 작성할 수 있다. '의'를 가능한 한 사용하지 않도록 도전해 보자.

 연습 15

'의(또는 공백)'를 바꿔 써 보자.

설문 ❶: 분명 버블경제붕괴는 완화적 위기<u>의</u> 일면이 있었다.
설문 ❷: 희박한 인간관계<u>의</u> 타파를 위한 한 가지 대책

5) '을/를', '에/에게', '은/는' 그리고 '~에 대해(대하여)'를 구별한다

'~에 대해'를 자주 쓰는 사람이 많다. 아래 예문에서 사용되고 있는

'~에 대해'는 적절하게 사용된 것인가?

> A가 건물이 세워질 예정은 없다고 말한 점과 B가 건물을 세워 버린 것은 법률적인 관련이 없다. B는 단순히 토지를 증여받은 자로, A가 D에게 설명한 내용에 대해 구속되지 않는다.

　이 문장은 'B는 단순히 토지를 증여받은 자로 A가 D에게 설명한 내용에 구속되지 않는다'고 하는 것이 적절하다. '대해'는 불필요하다. '그 사람이 걸친 물건을 말하시오'라고 하면 어떻게 답할 것인가. '가로줄 무늬 티셔츠입니다', '가는 벨트가 달린 원피스입니다'와 같이 답할 것이다. 그러면 '그 사람이 걸치고 있는 것에 대해 말하시오'라고 하면 어떻게 답할 것인가. '여름 복장입니다', '잘 어울려요' 같은 식의 답이 가능하다. 요컨대 '~을 말하시오'는 대상 그 자체를 문제삼고 있으며 '~에 대해 말하시오'는 대상에 대한 감상이나 평가, 해석을 문제로 하는 것이다. 대상 그 자체와 대상에 대한 감상, 평가, 해석은 전혀 다른 차원의 세계이다. 감상이나 평가, 해석은 대상을 메타적으로 파악한 세계이다. '대해(서)'를 사용할 필요가 있을 때는 대상을 메타 레벨로 간주하는 경우이다. 메타 레벨로 간주하는 경우에 한정하여 사용해야 하는 것이다.

　무의식적으로 '대해'를 많이 쓰는 버릇이 있는 사람은 주의해야 한다. 지금까지 쓴 글을 다시 읽고 '대해' 문구에 동그라미를 쳐 가면서 한 번 더 점검하는 편이 좋다. 불필요한 '대해'는 없는지. 그 자체를 문제시 삼는 경우에서 '대해'를 쓰고 있다면, '을/를', '에/에게', '은/는'과 대상 그 자체를 나타내는 조사로 바꿔 보자.

연습 16

불필요한 '에 대해(관해)'를 삭제하여 수정해 보자.

설문 ❶: 이 원인은 도대체 무엇 때문일까. 세 가지를 들겠다.

첫째 ~이다.(중략)

둘째 ~이다.(중략)

셋째 ~이다.(중략)

이상, 원인에 대해 세 가지를 들어 보았다.

설문 ❷: 응모서류 작성요령

주: 직종에 관해 현재 기술부문에 종사하고 있는 자는 기획서 외 재직

증명서도 제출할 것

주: 추천서에 관해서는 반드시 '○○ 귀하'로 할 것

주: 영어 모국어 화자는 영어능력증명서에 관해서는 제출하지 않아도 됨.

---

3 문단을 정리한다

여기에서는 문장이나 어구가 아닌 조금 더 큰 덩어리인 문단을 점검하겠다. 다음 글을 보자.

일본인은 유머가 없다는 소리를 듣는다. 그러나 실제 생활을 들여다보면 일본인은 유머가 넘친다. 학교나 직장에서 긴장을 풀기 위해 가벼운 농담이나 말장난을 하는 경우가 종종 있다. 또한 텔레비전 광고 같은 상업용 선전 문구에도 유머가 많이 포함되어 있다. 더욱이 에도시대에는 가부키나 쿄겐[41] 작품에 유머가 많이 들어 있었다. 이렇게 일본인은 역사적으로 유머를

중시해 온 것이다. 그러나 영미인들에게는 일본인들이 유머가 없다는 평을 듣고 있는 것이다.

이 글의 주장은 무엇일까? 첫 번째 문장 '일본인은 유머가 없다는 소리를 듣는다'인가? 아니면 두 번째 문장 '일본인은 유머가 넘친다'인가? 일본인에게 유머가 없다고 평가되는지 아닌지와 유머가 실제로 있는지 없는지는 다른 이야기이다. 중간쯤에 있는 '학교나 직장~', '텔레비전 광고~', '가부키나 쿄겐~' 같은 세 번째 문장은 유머가 실제로 있는지 그 실태를 나타내고 있기 때문에 이 문장은 유머가 실제로 있다는 점을 주장하고 있다고 볼 수 있다. 그러나 두 화제를 거론하고 있기 때문에 주장이 모호해진다.

다음으로 '일본인은 유머가 넘친다'를 주장하고 있다고 보고 근거가 적절히 제시되어 있는지를 살펴보자. 근거는 4가지 문장으로 제시되어 있다.

① 학교나 직장에서 긴장을 풀기 위해 가벼운 농담이나 말장난을 사용하는 경우가 종종 있다.

② 또한 텔레비전 광고 같은 상업용 선전 문구에도 유머가 많이 포함되어 있다.

③ 더욱이 에도시대에는 가부키나 쿄겐 작품에 유머가 들어 있었다.

④ 이렇게 일본인은 역사적으로 유머를 중시해 왔다.

①은 '학교나 직장'이라는 장면을, ②는 '텔레비전 광고'라는 보도 장면을, ③은 '에도시대'라는 과거 시대를 검토한 것이다. ④는 '이렇게'로 시작하고 있지만 ③을 해설하고 있는지 ①에서 ③을 종합해서 해설하고

있는지 명확하지 않다. 근거를 나열하는 방식에 문제가 있는 것 같다.

이 예문을 좀 더 알기 쉽게 정리할 수 없을까. 주장을 하나만 포함하고 근거를 적절하게 제시하여 불필요한 기술을 삭제하면 다음과 같이 될 것이다.

> 일본인에게는 유머가 있는 것일까. 실제 생활을 들여다보면 일본인은 유머가 넘친다. 학교나 직장에서 긴장을 풀기 위해 농담이나 말장난을 사용하는 경우가 종종 있다. 또한 텔레비전 광고 같은 상업용 선전 문구에도 유머가 많이 포함되어 있다. 더욱이 현재에도 친숙한 고전 예능 중 가부키나 쿄겐 작품에는 유머가 들어 있다. 이렇게 많은 상황에서 일본인은 유머가 넘친다.

첫 문장과 마지막 문장, 즉 평가를 화제로 삼고 있는 문장들은 삭제되고 모든 문장이 실태를 논하고 있다. 또한 '에도시대에는'을 '현재에도 친숙한 고전 예능 중'으로 바꿔서 세 가지 근거를 모두 '장면'에 관한 것들로 통일시켰다. 그리고 '이렇게 일본인은 역사적으로 유머를 중시해 왔다' 같은 해설을 삭제했다. 맨 처음에 '일본인은 유머가 있는 것일까'로 화제를 제시하고 '이렇게 많은 장면에서 일본인은 유머가 넘친다'고 글을 맺었다.

수정 전과 수정 후 문장을 비교해 보자. 수정 후 문장은 더 명확해졌다. 명확해졌기 때문에 설득력이 더욱 강해졌다고 볼 수 있다.

앞서 다룬 내용과 마찬가지로 더욱 명확한 글을 쓰기 위해, 문단 혹은 패러그래프를 쓰는 방식을 살펴본다. 문단이나 패러그래프를 정리하는 글쓰기는 문장을 의식 중심에 두는 글쓰기와 모순되는 것이 아니다. 문장을 명확히 작성할 수 있어야 문단이나 패러그래프도 명확해지는 것이다.

1) 패러그래프 라이팅(Paragraph writing)

패러그래프 라이팅은 미국에서 일반적으로 활용되고 있는 글쓰기 법이다. 하나의 주장과 그것을 지지하는 근거로서 일련의 문장으로 나타낸 것을 패러그래프라 부른다. 이 패러그래프를 글의 단위로 간주하여 패러그래프를 늘려 글을 쓰는 방식이 패러그래프 라이팅이다. 따라서 어떤 주장에 관해 쓸 때는 패러그래프 라이팅이 유용하다. 답안이나 리포트도 사태를 분석하면서 결론이나 주장을 쓰고, 이 결론에 이른 근거를 나타낸다는 점에서 패러그래프 라이팅 방식으로 쓸 수 있다. 여기에서 말하는 패러그래프는 주장과 근거를 하나로 묶는 것을 그다지 문제삼지 않는 문단과는 다른 성질의 것이다.

(1) 패러그래프의 기본구조

패러그래프의 기본구조는 다음 중 하나이다.

즉, 주장의 위치는 맨 처음, 맨 마지막 둘 중 하나다. 더 자세하게 패러그래프의 구조를 들여다보면 다음과 같다.

```
주장
  근거
    구체적 데이터
  근거
    구체적 데이터
  근거
    구체적 데이터
주장 재제시
```

구체적 데이터란 ① 개인의 행동을 묘사한 것, ② 일련의 사건을 구체적으로 표현한 것, ③ 남이 한 말을 인용, ④ 문헌에서 인용, ⑤ 통계 결과에서 인용, ⑥ 조문 인용 등이다.

(2) 패러그래프에서의 주장

주장을 제시한 문장, 즉 주제문은 명제(또는 의문문)로 나타난다. 주제문은 패러그래프 전체를 통괄한 내용이다. 따라서 주제문은 근거를 제시하는 문장보다 추상적이다. 주제문을 토픽 센텐스(Topic sentence)라 한다.

하나의 패러그래프에서는 하나의 주장을 제시한다. 따라서 주장 다음으로 제시되는 근거는 일관되게 그 주장에 관한 내용이 된다. 주제문과 관련 없는 내용은 삽입하지 않도록 한다.

주장을 재차 제시할 때는 다음 세 방식 중 하나를 택하여 사용한다.

① 주장 그 자체를 한 번 더 반복한다.
② 패러그래프를 요약한다.
③ 주장에 관한 최종 코멘트를 한다. 다른 주장을 하는 것이 아니라 해당 주장에 관한 코멘트를 한다.

(3) 패러그래프의 근거

일관되게 주장과 관련된 내용으로 구성한다.

근거는 논리적으로 정리되어 제시한다. 예를 들어 다음과 같이 제시한다.

시간 순으로 나열

중요 순으로 나열

공간 순으로 나열

원인 및 결과로 나열

복수의 사항들을 대비시켜 나열

이렇게 패러그래프 라이팅 원칙을 살펴보았다. 이 원칙에 따라 작성하면 알기 쉬운 글을 작성할 수 있다. 자신의 사고가 정리되고 명확해질 것이다.

아래는 패러그래프 라이팅으로 쓴 답안의 예이다.

甲이 A의 좌측 어깨와 경부를 계속 눌러 A를 사망케 한 행위는 A에 대한 상해치사죄의 구성요건에 해당한다. 甲은 A의 좌측 어깨와 경부를 강하게 계속 눌러 A에 대한 유형력 행사인 '폭행'을 행사하였다. 그리고 이 폭행과 A의 사망 결과 사이에는 인과관계가 있다. 더욱이 甲은 위 폭행에 해당하는 범죄사실을 인식·인용하고 있다는 점에서 A에 대한 폭행죄의 고의가 인정된다. 그리고 상해치사죄에서는 기본행위인 상해에 대한 고의가 있으면 족한 것이고, 중한 결과인 A의 사망과의 관계를 따짐에 있어, 과실도 상관없다고 해석된다. 따라서 甲의 행위는 A에 대한 상해치사죄의 구성요건에 해당한다.[42]

첫째 문장에서는 '~행위는, ~구성요건에 해당한다'로 주장을 서술하고 있다. 또한 마지막 문장에서는 '따라서 甲의 행위는 ~구성요건에 해당하는 것이다'로 주장을 반복하고 있다. 중반부에서는 주장에 대한 근거가 제시되었다. 근거는 4가지 점에서 서술되었다. 폭행을 행사하여 상해를 가하였다는 점, 상해와 사망 사이의 인과관계가 있다는 점, 기본행위인 상해의 고의가 있다는 점, 중한 결과인 살인의 고의가 없다는 점이다.

답안에서는 첫째 문장에서 결론을 말하지 않고, 질문을 던지는 경우도 많다. (논점 제시) 예를 들어 '甲이 A의 좌측 어깨와 경부를 누름으로써 A를 사망케 한 행위는 상해치사죄에 해당하는가'라는 식으로 쓰면, 패러그래프에서 지금부터 다룰 논점을 선언한 문장이 되기 때문에 토픽 센텐스(Topic sentence)로 간주할 수 있다.

여담이지만 필자가 미국에서 유학할 때 영어문장을 미국인 친구에게 보여주면 꼭 듣는 질문이 '어느 것이 토픽 센텐스야'였다. '이거야'라고 하니까, '그럼 그 문장을 패러그래프 맨 처음에 둬야지'라는 지적을 거의 매번 들었다. 미국인들은 토픽 센텐스를 중심으로 글을 쓰고 있다는 인상을 유학 중에 강하게 받았다. 즉, 글로써 국제적으로 활약하기 위해서도 패러그래프 라이팅 능력은 필수적이다.

그렇다고 영어로 쓴 학술논문 전부가 패러그래프 맨 앞에 토픽 센텐스를 둔 것은 아니다. 패러그래프 마지막에 있는 경우도 꽤 많다. 그렇다고 해도 패러그래프 내용에는 일관성이 있고 패러그래프 분량이 대체적으로 비슷비슷한 논문들이 압도적으로 많다.

우리나라에서는 문단 앞에 주제문을 두면 그 뒷부분은 이어서 쓰기가 힘들다는 이야기를 자주 듣는다. 먼저 결론을 말한 다음에 근거를 쓰는 것보다 생각해 가는 순서대로 근거를 제시한 후에 결론을 말하는 것에 익숙해져 있기 때문이다.

답안에서는 먼저 예를 보았듯이, 토픽 센텐스를 명확한 문장으로 제시할 수 있다. 문답 형식이 되도록 일관된 문단을 만들어 보자.

패러그래프 라이팅을 알아 두면 영미권 논문을 보다 효율적으로 읽을 수 있다. 미국에서 대학원생이 되면 책이나 논문을 읽는 과제가 많이 나오는데, 유학생들은 물론이고 미국인 학생들도 과제하는 데 힘들어 했다. 그럴 때 '시간이 없을 때는 토픽 센텐스를 연결해서 읽으면 돼'라고 친구가 소중한 조언을 해 준 적이 있다. 토픽 센텐스를 연결해서 읽었더니 대체적인 내용이 파악되는 것이다. 시간은 꽤 절약되었다. 그러니 책을 파트별로 꼼꼼히 읽을 시간이 없을 때는 각 문단별로 맨 첫 문장만 연결해서 읽어 보자.

 연습 17

다음 패러그래프에 토픽 센텐스를 적어 보자.

유럽 대학에서는 수업에 반드시 출석할 필요는 없고 대학 교원들도 어느 학생이 자기 강의를 듣는지 모른다. 반면 미국 대학의 경우, 학생들은 모든 수업에 출석해야 하며 출석하지 않은 경우 벌칙이 적용된다. 더욱이 유럽 시스템에서는 4, 5년간 재학 중 맨 나중에 총괄적 시험이 딱 한 번 있을 뿐이다. 한편, 미국 시스템에서는 통상적으로 수없이 많은 쪽지 시험, 테스트, 과제, 게다가 각 학기 말에 치러지는 기말시험이 있다.

 연습 18

토픽 센텐스와 관련이 없는 문장을 삭제해 보자.

암과의 싸움에서 인류는 진보를 거듭해 왔다. 1900년대 초에는 극히 낮은 확률의 사람들만 암을 극복하여 살아남을 수 있었다. 그러나 의료기술이 진보하면서 현재 암에 걸린 10명 중 4명이 삶을 유지하고 있다. 폐암의 직접적인 원인은 흡연임이 증명되었다. 최근의 경우로 따지자면 올해 암에 걸린 10명 중 4명이 5년 후에도 삶을 유지하고 있을 것이다.

 연습 19

문단을 나누는 방식이 적절한지 검토해 보자.

회화의 가치는 시장 권력과 떼어놓고 생각할 수 없다. 예를 들어 미술 업계에는 상당히 큰 영향력을 가진 아트 리뷰지가 있다. 또한 세계적 경매에서는 작품의 최고낙찰액이 해마다 갱신되며 세계적으로 새로운 기준을 만들어 간다. 회화의 가치는 그 조형적 아름다움만으로 정해지는 것이 아니다. 단 회화의 미적 가치를 상업적 가치와 결부시킬 수 없는 부분도 있다.

교육 현장에서 회화는 미에 대한 안목을 기르는 교재로 사용된다. 그 회화가 탄생하게 된 역사적 배경을 학습 내용으로 하는 과목도 있다. 심리치료에서는 회화의 아름다움이 인간의 심리에 좋은 영향을 준다. 이런 경우들은 회화의 미적 가치가 상업적 가치와 결부되어 있지 않기 때문에 오히려 회화의 진정한 가치가 발견되는 예이다.

2) 파워 라이팅(Power writing)

패러그래프 라이팅에 이어, 미국에서 시작된 파워 라이팅 방법을 더 소개해 보겠다.

파워 라이팅은 말의 추상도에 착안하여 글을 쓰는 방식이다. 추상도를 '파워'라는 말로 표현하여 수치로 표시한다. '파워1'이 추상도가 가장 높은 단계이고, '파워2' '파워3'일수록 추상도가 낮아진다.

예가 되는 어구들은 다음과 같다.

파워1 법률
    파워2 형법
    파워2 민법

문장으로 표시해 보면 다음과 같다.

파워1 일본은 네 개의 큰 섬으로 구성되어 있다.
    파워2 가장 북쪽에 있는 섬은 홋카이도이다.
    파워2 가장 큰 섬은 혼슈이다.
    파워2 혼슈 남쪽에 위치한 섬이 시코쿠이다.
    파워2 전체적으로 서쪽에 위치한 섬이 규슈이다.

어구나 문장을 쓰는 위치도 추상도가 내려갈수록 오른쪽으로 들여쓰기가 되어 있다. 같은 파워 어구나 문장은 같은 위치에 배치시킨다.

미국, 일리노이주에서 중학교 1학년 국어 수업을 참관한 적이 있다. 작문 수업이라기에 궁금해서 참관을 한 것이다. 처음에 선생님이 칠판에 'ㅇㅇ에 대해'라고 크게 쓰셨다. 그리고 그 아래 숫자로 예를 적었다. 그러니 아이들이 일제히 펜을 들고 쓰기 시작하는 것이다. 선생님이 내린 지시는 그것뿐이고 학생들은 종이에 펜으로 쭉 써 내려갔다. 필자는 마법에 걸린 듯이 이루어지는 작문 수업이 어떤 시스템으로 돌아가는지를 여쭤보고 나서야 파워 라이팅이라는 것을 알게 되었다.

이 작문 수업에서는 선생님이 문단의 파워를 칠판에 제시했다. 위와 같이 어구나 문장의 파워로 아이들은 연습하고 서서히 쓰는 단위를 문단으로 넓혀 가는 것이었다. 그 결과 칠판에 써진 두 줄짜리 제시어를 보기만 해도 긴 작문을 일정한 구성으로 쓸 수 있게 된 것이다.

파워 라이팅에서 '파워'란 '문장의 힘(문장력)'뿐 아니라 '언어의 힘',

나아가서 '글쓴이의 권력'도 함축하고 있는 것으로 보인다. 미국 작문 교육 연구에서 '권력'에 관한 연구가 많이 이루어지고 있다는 사실에 놀란 적이 있다. 예컨대 문장평가에 관한 논문에서 교사들이 한 평가와 친구들이 한 평가 중에서 글쓴이는 무엇을 더 많이 채택하는지를 보는 조사였다. 그리고 이민자가 쓰는 능력을 통해, 사회적 지위를 어떻게 변화시키는지 조사한 연구도 있었다. 파워 라이팅은 힘 있게 글 쓰는 행위를 통해 권력을 얻는 메시지를 담고 있다.

중학생용 파워 라이팅 교재에는 다음과 같은 예가 실려 있었다.[43]

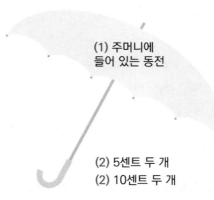

(1) 주머니에
들어 있는 동전

(2) 5센트 두 개
(2) 10센트 두 개

(1) 방과후에 두 가지 놀이가 하고 싶다.
  (2) 친구들과 농구
  (2) 게임하기

그림 ❺_ 파워 라이팅 참고서 설명 그림

파워 라이팅은 특정 사항을 설명하기 위해 쓰는 글이나 상대방을 설득하기 위해 쓰는 글에 활용할 수 있다. 소설 같은 창작성을 지닌 글에는 그다지 유효하지 않다. 추상도에 착안하여 글이 짜여 있기 때문에 글쓴이는 사고를 '추상↔구체' 관점에서 정리하게 된다. 그런 작업을 통해 읽는 이에게도 알기 쉬운 글이 작성된다. 비즈니스 문장에서도 유효하기 때문에 업무용으로 출판된 지침서도 있다.

다음은 저널 논문에 게재된 글에 문장 단위로 파워 번호를 붙인 것이다.

【파워1】 젠더 문제는 여성 수형자 처우와도 큰 관계가 있다. 【파워2】 첫째, 사회에서 여성이 남성과는 다르다는 점과 관련하여 여성 수형자들에게는 남성 수형자와 다른 특성이 있다. 【파워3】 예를 들어 '피해자성'이라 불리는 것으로, 여성 수형자 중 약물 사용자가 많은데 파트너에게 강요당한 형태로 시작한 경우가 많다. (생략)

【파워2】 둘째, 여성 수형자들은 남성 수형자들에 비해 상당히 수가 적기 때문에 남자만큼 처우의 다양성이 없다는 점이다. 【파워3】 예를 들어 교도소에서는 속성 및 범죄 경향을 등급별로 나누어 처우를 달리하고 있는데, 여자는 '여자'라는 속성 하나로 (남자에게는 '남자'라는 단일 속성은 없음) 묶여서 범죄의 경향이나 형기는 여자교도소 선정 시 고려되지 않는다.[44]

논문을 쓸 때 쓰는 대상을 파워에 적용해 분석해 보면, 더욱 명확한 사고가 전개될 것이다. 우선 전체적인 주장 또는 결론을 【파워1】로 한다면 주장이나 결론에 도달하기까지 몇 가지 쟁점이 있는지를 정리하고 그들 쟁점을 【파워2】로 한다. 그다음으로 각각의 쟁점의 결론에 달하는 구체적 근거를 【파워3】으로 한다. 이들 파워마다 글자를 들여쓰기해서 문단을 만들어 가면 논고가 정리된다.

 연습 20

문장 파워를 특정해 보자.

[　] 컴퓨터는 편리한 도구이다. [　] 우선 문서를 작성할 수 있다. [　] 워드로

쓰면 저장도 할 수 있고 수정도 가능하다. [　] 또한 인터넷으로 세계와 연결된다. [　] 구글로 검색해서 해외에 있는 책을 주문할 수 있다. [　] 더욱이 통계처리를 해 준다. [　] SPSS는 다변량해석이 가능하다.

 연습 21

문단 파워 구조 1, 2, 3, 2, 3으로 '1980년대에 태어난 세대들이 전후 70년을 거치면서 현재 생각해야 할 것들'에 대해 작성해 보자.

 연습 22

신문 사설을 한편 골라 문단 파워를 특정해 보자.

3) 문단 만들기

여기에서 글의 문단에 대해 생각해 보자. 미국 글쓰기법인 패러그래프 라이팅이나 파워 라이팅에서 패러그래프가 하나의 통합된 내용을 가리키는 '주장 ↔ 근거'거나 '사례'일 필요가 있었다. 각 패러그래프의 분량도 비슷하게 쓸 필요가 있었다. 그러나 우리나라 글에서 문단의 기능이나 분량은 더 자유롭게 정할 수 있다.

즉, 하나의 문장으로 구성되는 문단도 허용한다. '일문일문단'인 것이다. 예를 들어 앞으로 검토할 사항에 대한 물음을 하나의 문장으로 제시하는 경우가 있다. 주장을 말하면서 앞으로 근거를 두 가지 제시할 것이라는 예고를 일문(一文)으로 나타내는 경우가 있다. 이런 일문은 다음에 올 문단의 내용에 대한 '물음'이나 '예고'이며 단독적으로 기능한다.

하나의 문장으로 독립시킬 수 있는 문단을 만들지 않고 이 한 문장을 다음 문단과 연결해 버리면 다음 예문처럼 문단끼리의 관계가 불평등해진다.

> 　대학에서 이뤄지는 글쓰기 지도는 다음 두 가지 측면에서 개선할 필요가
> 있다. 첫째는 학생별 지도내용이 계통적으로 정리되어 있지 않다. 어학 수업
> 에 요구되는 문장 기술, 리포트 일반에 요구되는 글쓰기 기술, 졸업논문에 요
> 구되는 글쓰기 기술을 나눠서 순서대로 지도하면 보다 효과적일 것이다.
> 　둘째 교양 수업에서 지도 가능한 글쓰기 기술과 전공 수업에서 필요한
> 글쓰기 기술을 나누는 구별이 명확하지 않다. 그래서 학부에서 개별적으로
> 글쓰기 지도를 하는 대학과 교양 수업으로 글쓰기 지도를 하는 대학이 혼재
> 되어 있다.

　위 예문에서는 '예고'를 제시하는 문장이 첫째 논점과 연결되어 있기
때문에 첫 문단이 '예고＋첫째 논점', 두 번째 문단이 '둘째 논점'으로 되
어 버렸다. 이런 불평등함을 수정하기 위해서는 '예고'를 제시하는 문장
을 독립시키면 된다.

> 대학에서 이뤄지는 글쓰기 지도는 다음 두 가지 측면에서 개선할 필요
> 가 있다.
> 　첫째 학생별 지도내용이 계통적으로 정리되어 있지 않다. 어학 수업
> 에 요구되는 문장 기술, 리포트 일반에 요구되는 글쓰기 기술, 졸업논문
> 에 요구되는 글쓰기 기술을 나눠서 순서대로 지도하면 보다 효과적일
> 것이다.
> 　둘째 교양 수업에서 지도 가능한 글쓰기 기술과 전공 수업에서 필요
> 한 글쓰기 기술을 나누는 구별이 명확하지 않다. 그래서 학부에서 개별
> 적으로 글쓰기 지도를 하는 대학과 교양 수업으로 글쓰기 지도를 하는
> 대학이 혼재되어 있다.

수정된 글에는 예고가 일문일단(一文一段)으로 되어 있어 전체적으로는 3문단으로 구성된다. '예고', '첫째 논점', '둘째 논점'식 구성이다. 파워라이팅 방식을 이용하면【파워1】,【파워2】,【파워2】이렇게 3문단이다.

요컨대 어디에서 줄 바꿈을 할지 생각할 필요가 있다. '여기까지 하나의 덩어리로 한다'는 글쓴이의 의사표시이다. 그리고 줄 바꾸어 문단을 만들 때마다 문단의 기능을 개별적으로 설정하게 되는 것이다. 그 기능을 잘 설정하면 독자에게 의도가 잘 전달되는 글이 된다. PART Ⅲ 4장 '문단 활용법'에서 '함부로 줄 바꿈 하지 않기'로 되어 있듯이 의식적으로 문단 기능을 설정할 필요가 있다.

문단의 기능은 문단에 표제를 붙여 가면서 의식적으로 잘 사용할 수 있다. 이런 표제를 실제로 쓸지 말지가 중요한 것이 아니라 신경써서 의식하면서 쓰는 것만으로도 상당히 정리된 문장이 된다.

물론 들여쓰기를 해서 쓰는 형식이나 번호를 붙이거나 하는 방식도 문단끼리의 관계를 정리하는 데에 도움이 된다.

 연습 23

문단 구별을 이렇게 하면 되는지 파워 라이팅 관점에서 검토해 보자.

우리 사회에서는 저출산 고령화에 따라 외국인 노동자가 늘고 있다. 외국인 노동자는 외국에서 생활하는 상황이기 때문에 관광객과는 다른 고충이 있다.
우리나라에 사는 외국인이 겪는 힘든 일에는 어떤 것들이 있을까. 우선 언어적인 고충이 있을 것이다. 은행 계좌를 개설할 때도 창구에서 하는 말이 어렵다고 한다. 집에 필요한 생활용품을 사더라도 취급설명서를 이해할 수 없는 사람도 많다고 한다.
또한 사회생활에서도 고충이 있을 것이다. 갑자기 명절에 선물을 받고서 왜 오는지를 몰랐다고 하는 친구들도 있다. 남의 집에 갈 때에 현관에서 신발을 벗고 들어가야 한다는 것도 학교에서 배워 온 자식들이 이야기를 해 줘서 알았다는 사람도 있다. 이렇게 우리나라에서 지내는 외국인에게는 우리가 모르는 언어사용이나 사회생활에서의 고충이 있다.

COLUMN 10. 조문은 같은 말을 두 번 하지 않는다

법학전문대학원 학생 중에 직장생활을 하다가 입학한 학생들로부터 항의를 받은 적이 있다. '선생님은 한 달 전에 보고서는 ○월 ○일까지 제출해야 한다'고 말씀하셨는데, '이제 제출기한까지 1주일도 안 남았어요. 다시 고지를 안 하셔도 되는 겁니까? 제출해야 하는지 잊어버린 사람들이 있어요. 기업이나 구청에서는 리마인드시키는 것이 통상업무거든요'라는 것이다.

법학 표현적 특색이라기보다는 조문 기초의 실무적 입장에서 리마인드 룰이라는 것은 고려되지 않는다. '보고서는 ○월 ○일까지 제출해야 한다' 같은 안내를 가령 법조문으로 바꿔 생각해 보면, 이 경우 '보고서는 지난번 고지한 룰대로 ○월 ○일까지 제출해야 한다'는 식으로 쓰는 법조인은 없다. 조문 기초에는 논리적으로 의미가 중복되는 규범 제시는 하지 않는다는 약속이 있다. 특히 법제 업무에는 이 사항이 엄수된다. 룰은 오해 없이 간결하게 제시해야 한다는 요구에 따른 것이다. 룰은 읽는 이가 하나의 문장을 읽고 이해하면 되는 효율성이 확보되어야 한다. 만약 그래도 리마인드가 필요하다면 규범의 형식 단계를 달리 하는 것으로, 확인하는 기능밖에 없다. '지난번 룰에서 정한 대로 보고서는 ○월 ○일까지 제출해야 하므로 만일을 위해 주의를 환기한다'라는 형식이 된다.

동일한 시각으로 제시되는 법조문에서도 논리적으로 중복되는 설명문은 필요 없다. 일상적인 대화를 할 때는 '내일 약속 장소는 홍대 입구 2번 출구야. 2호선 말고 경의선으로 갈아타서 바로 나오는 2번 출구야' 얼핏 보기에는 친절하게 설명을 해 주는 것 같다. 하지만 조문에서는 두 번째 문장의 전달내용은 첫째 문장에 포함되어 중복된다는 점에서 첫 번째 문장만 제시되어야 한다. 장황하게 두 번째 문장이 나오면 경의선으로 갈아타고 홍대입구로 간 적이 없는 사람이 괜히 경의선 근처에서 헤맬지도 모른다. 이처럼 말이 많아질수록 오해의 소지도 많아지기 때문에 조문을 쓰는 이는 과묵해야 한다.

　이와는 다른 문제로, 논리적으로 중복되는 것이 아니라 오히려 논리적으로 정리해야 할 경우에는 명료하게 글로써 전할 필요가 있다. 조문 기초에서는 '○○대 학생으로 법학전문대학원에 재학 중인 자' 등으로 한다. ○○대에서 공부하는 학생이 많이 있는데 그중에서 법학전문대학원에 있는 학생으로 한정하려는 것이다. 한정된 마지막 부분에 '자'로 쓴다는 것이 포인트이다. '학생'이라고 하지 않고 '자'로 하는 것은 이미 앞에서 학생으로 밝혀 왔기 때문에 중복을 피하기 위해 개념은 한 번만 전달한다는 뜻이다.

4 전체를 정리한다

　글을 명확히 나타냄으로써, 읽는 이가 내용을 이해하는 데 도움이 되는 글 전체에 관한 기법을 복습하기로 한다. 이들 기법은 이미 대학이나 고등학교에서 배웠을 법한 것으로 특별히 새로운 내용은 아니지만 잘 익혀 두면 한층 쉽게 글을 쓸 수 있는 기법이다.

1) 질문에 대한 답의 호응

　답안이나 리포트에서는 질문과 해답의 적절한 호응이 필요하다. 예전에 썼던 답안 또는 리포트를 한편 꺼내서 '질문'이 쓰인 부분과 마지막 '답'이 쓰인 부분을 연결해 읽어 보자. 일관되어 있을까?

　질문에는 다양한 종류가 있다는 점을 알아 두면 좋다. Yes or No를 따지는 종류가 있고, 혹은 어떻게(How)라는 식의 질문도 있다. 질문의 종류를 파악하여 적확한 답을 이끌어 낸다면 질문과 답이 호응하는 글이 된다. 다음 예를 확인해 보자.

질문   A가 C에 대해 반론(1)을 하는 것은 법률상 의견으로서 성립하는가?

답   A가 C에 대해 반론(1)을 하는 것은 법률상 의견으로 성립한다.

질문   함정수사에 관해 조사대상 변호사는 어떻게 평가하는가?

답   조사대상변호사는 함정수사 자체가 중립성과 공정성을 상실했다는 우려를 강하게 표현하였다.

맨 처음 '질문-답'은 성립되는지 여부를 묻는 소위 Yes or No를 묻는 질문이다. 두 번째 '질문-답'은 어떻게 평가하는지를 묻는 How 질문이다. 이외에도 누가, 언제, 어디에서, 어떤 조건에서 등등의 질문이 있을 것이다.

큰 '질문-답' 속에 여러 개의 작은 '질문-답'이 포함되는 경우도 있다. 바로 액자 형식 구조이다. 답안에서는 검토사항이 액자 형식 구조로 쓰이는 경우가 많지 않을까 싶다. 그럴 경우에 액자 형식 구조를 읽는 이가 알기 쉽게 제시하는 것이 중요하다. 번호나 기호로 나타내거나 들여쓰기를 하여 시각적으로 구별하거나, 담화표지로 안내하는 등의 여러 방식이 있을 것이다.

 연습 24

다음 글의 서론 부분과 결론 부분은 호응하는가? 왜인가? 호응하지 않는다면 수정해 보자.

회사에서 영어를 공통어로 지정할 때 일어나는 문제

본고에서는 회사가 영어를 공통어로 지정할 때 일어나는 문제점을 들어 보겠다.

의사소통에 관한 우려, 비용, 문화에 미치는 영향 같은 문제점을 살펴보겠다. 회사에서 영어를 공통어로 지정할 때 생기는 문제점은 이하 3가지이다. 첫째, 직원 간 의사소통에 불편을 초래한다. 대부분의 직원들은 한국어가 모국어이다. 영어로 대화하는 데 익숙하지 않은 사람이 압도적으로 많을 것이다. 따라서 자기 의견을 적절하게 표현할 수 없고, 직원 간의 의사소통에 지장을 초래할 우려가 있다. 둘째, 한국인 직원의 영어연수에 막대한 비용이 든다. 예를 들어 50명 직원이 영어연수를 6개월간 한다고 치면 약 1억 정도가 들 것이다. 셋째, 한국 문화의 영향이 약화될 수 있다. 한국은 독자적인 기업문화가 있기 때문에 전쟁을 겪은 후 고도 경제 성장이 가능했다. 한국어를 쓰지 않으면, 그 문화가 소실될 것이다. 문화에 관한 악영향은 짐작할 수도 없다.

기업 내에서 영어를 공통어로 하면 직원 간 의사소통도 불편하고 막대한 비용이 든다. 더욱이 기업 문화에 영향을 미친다. 따라서 회사에서는 한국어로 말할 필요가 있다. 지금까지 했던 것처럼 한국어를 공통어로 하는 것이 좋다.

2) 열거

'지금부터 근사한 경치가 보이는 곳으로 안내하겠습니다'라고 하면서 눈을 가리고 이끌려 가는 것과, '지금부터 이 지도를 따라 근사한 경치가 보이는 곳으로 안내하겠습니다. 같이 지도를 보면서 가요'라고 하는 것 중 어느 것이 더 안심됩니까? 열거 기법의 효과를 보여주기 위해 이런 비유를 학생들에게 들었더니, 학부생이라서 그런지, 필자의 질문 스킬이 부족했는지, 대부분의 학생이 '눈을 가리고!'라고 답을 했다. 필자가 교편을 잡은 지 얼마 안 된 후에 겪은 일이다. 눈을 가리고 가는 것이 더 기대된다는 것이다. 추리소설이라면 몰라도 설명을 읽어야 하는 문장에서는 어디를 지나고 있는지 모르는 상황에 부닥치면 짜증스럽다. 지도를 보고 어디로 갈지 파악해 둔 후에 지금 내가 어디에 있는지를 확인하면서 가는 것이 안심된다.

먼저 목적지를 알려주고, 현재 위치를 확인하면서 가는 것이 열거이다. 열거는 법률문서 곳곳에서 나타나기 때문에 상세한 설명은 불필요할 것이다. 포인트는 지금부터 무엇을 열거할지를 선언한 후 실제로 열거하면서 쓰는 것이다.

이하는 하나의 문단 속에 열거가 있는 문장이다.

(1) 대리의 성립요건

첫째 대리인에게 유효한 대리권이 있을 것(대리권 존재), 둘째 대리인이 권한 범위 내에서 의사표시를 할 것(대리행위 존재), 셋째 대리인이 의사표시를 할 때 본인을 위해 할 것(현명(顯名))이 필요하다. 이상 요건을 충족시키면 대리인이 행한 행위의 효과가 본인에게 귀속된다.

이 글에서는 '(1) 대리의 성립요건'이라는 표제가 열거할 대상을 제시하고 있다. 본문에서 다음과 같이 열거될 것이라는 예고가 가능하다.

> 대리의 성립 요건은 아래 3가지이다.
> 대리의 성립 요건은 3가지이다.

상기 예에서 열거 내용도 표현방식이 통일되어 있어 알기 쉽다. 각각의 지문과 괄호로 구성되어 있고 지문에서는 각 요건의 설명, 괄호로 각 요건을 한마디로 표현하여 제시하고 있다. 열거는 문단 속에서 할 수도 있고, 여러 문단을 사용하여 항목을 만들기도 하고, 절마다 항목을 만들 수도 있다.

열거할 때 유의해야 할 점은 열거 대상이 병렬적으로 정리되어 있어야 한다는 점이다. 예를 들어 세 번째가 두 번째에 포함되는 내용이라면,

독자는 당연히 혼란스럽다. 병렬이 되도록 논점을 정리한 후에 번호를 붙여야 한다.

또한 번호를 붙이는 규칙은 일반적으로 사용되는 순서가 있기 때문에, 단계를 뒤집지 않도록 한다. 그리고 순서대로 다음과 같이 내려간다. ⅠⅡⅢ…123…(1)(2)(3)…1)2)3)…①②③ 등이다. 법률문장에서는 번호가 아닌 가나다나 알파벳도 자주 사용된다. 재판실무에서 이용하는 것을 참고로 하여 소개하면, 위에서 아래로 갈수록 순서로 표시하면 ⅠⅡⅢ, 123 아래가 (1)(2)(3) 하위로 가야 하며 그 하위가 가나다, 그 아래가 (가)(나)(다)가 된다.

열거하는 것은 읽는 이에게 안내원을 붙여주는 것과 같다. 마지막 목적지를 먼저 이야기하고 현재 위치도 확인을 시켜 가면서 걷는 것이다. 이렇게 하면 독자는 길을 헤매지 않고 글쓴이가 의도한 목적지로 도착할 수 있다.

 연습 25

열거를 예고하는 문장을 써 보자.

첫째 일본은 치안이 좋기 때문이다. 소지품을 도둑맞을 걱정을 하면서 길을 걸을 필요가 없다. 둘째 일본은 손님을 극진히 대접하는 정신이 전 세계적으로 알려져 있기 때문이다. 조화를 중히 여기는 정신세계가 사람을 섬기는 문화로 표현되고 있다. 셋째 일본인이 무엇이든 성실하게 임하고 노력하기 때문이다. 대중교통이 시간에 맞게 오고 이벤트도 계획대로 이행하려고 한다.

열거하는 방식이 적절한가? 부적절하다면 어디를 수정해야 하는가.

유학생인 필자가 보기에 추석 선물이나 설 선물은 칭찬할 만한 관습이다. 이하 2가지 이유를 들어 본다. 첫째, 손윗사람에 대해 평소 감사하는 마음이나 안부를 전하지 못한 마음을 한 번에 선물로 표현할 수 있기 때문에 '종적사회'인 우리나라에서는 편리한 관습이다. 둘째, 혼자 사시는 어르신들께 계절 선물을 할수 있기 때문에 고령화 사회에 필요한 관습이다. 어느 날 지인에게서 마음이 담긴 선물을 받는 것은 누구라도 기분 좋은 법이다.

3) 서론 · 본론 · 결론 구성

그러면 여기에서 리포트를 더욱 쉽게 쓰기 위한 구성에 대해 생각해 보자.

리포트는 일반적으로 지금부터 자신이 무엇을 할지 제시하여, 그것을 실제로 행하고, 마지막에 그것을 어떻게 이행했는지 보여준다. 지금부터 무엇을 할지에 대해 제시하는 부분을 서론이라 한다. 실제로 논하는 부분은 본론, 무엇을 했는지를 나타내는 부분은 결론이다.

서론 부분과 본론 부분, 결론 부분에서는 동일 내용이 세 번 반복적으로 거론된다. 즉, 본론에서 내용이 한 번 거론되는데 같은 내용이 서론에서는 '예고'되고, 결론에서는 '복습'이 되는 것이다. 세 파트를 이어서 하나의 내용으로 하는 것이 아니라, 내용이 세 번 반복되는 것이다. 그때문에 읽는 이가 요지를 잘 파악할 수 있다. 분량이 많은 리포트에 특히 도움이 되는 기법이다.

내용을 세 번 반복한다는 생각으로 서론을 작성하면 서론 부분에는 무엇을 쓰면 좋을까. 설문을 그대로 옮겨서 서론을 쓰는 경우를 리포트에서 가끔 보는데 그것만으로는 불충분하다는 것을 알 수 있다. 서론은 '본론 전체의 내용'을 '예고'형식으로 쓰는 것이기 때문에, 본론에서 하려는 이야기를 포괄적으로 기술한다. 예를 들어 설문이 '…라는 경우에 건물 명도(점유이전)를 청구할 수 있는가'라고 하자. 이때 서론을 '본 질문의 경우 건물 명도를 청구할 수 있는가'로만 한다면 불충분하다. '본 질문의 경우 건물 명도청구 여부를 검토한 후에 중요한 것은 명도청구 요건으로 …라는 요건과 …라는 요건이 충족되어야 한다는 점이다'는 식으로 본론의 요점을 쓰는 것이다.

마찬가지로 결론도 본론 내용을 '복습' 형식으로 나타내는 것이기 때문에 재차 본론 내용의 요점을 포괄적으로 쓰게 된다. 단, 답안을 쓸 때는 모든 요점을 재차 쓰는 번거로움은 생략해야 할 것이다.

리포트의 서론 부분에 본론 부분의 요점을 쓰는 것은 어떤 이점이 있을까. 우선 글쓴이 자신이 본론 부분을 편안하게 쓸 수 있다. 서론에서 이미 목차를 제시해 두었기 때문에 딴 길로 새지 않고 본론 부분으로 진입할 수 있다. 예정된 논점을 모두 쓰지도 않은 채 결론을 내거나, 도중에 옆길로 새는 것을 방지할 수 있다. 검토 사항이 복잡하게 얽히는 상황을 분석할 때도 목표를 놓치지 않는다. 글쓴이뿐 아니라 읽는 이에게도 '예고'된 대로 본론이 전개되면 일관된 내용을 반복해서 읽게 되고, 머릿속에 잘 들어오는 글이 된다. 결론 부분에서 본론 부분의 요점을 반복하는 것도 같은 이점이 있다.

단, 위 기법들은 리포트에 유효하며, 법률이나 조례 규정에 그대로 적용되는 것은 아니다. COLUMN 10 '조문은 같은 말을 두 번 하지 않는다'에 있듯이 법령 규정에서 '읽는 이가 하나의 문장을 읽고 이해하면 되는 효율성이 기대되기' 때문에 내용을 반복하는 기법은 사용되지 않는다.

연습 27

다음 글의 본론 부분에 맞는 서론 부분과 결론 부분을 첨가해 보자.

외래어 사용에 대하여

영어교육이 시작된 이래, 많은 외래어가 사용되었다. 외래어가 과도하게 사용됨으로써 일어나는 문제는 다음과 같다.

우선 외래어 지식이 영어를 배울 때 방해가 되는 점이다. 외래어로 사용될 때는 원어 본래의 의미와 다른 경우가 있다. 따라서 영어를 배울 때 혼란을 일으킨다. 또한 외래어 표기를 먼저 눈에 익히기 때문에, 원어 발음을 습득하는 데 방해가 되는 경우가 있다.

다음으로 외래어는 일부 사람들에게만 통용된다는 점이다. 현재 과도하게 사용되고 있는 외래어는 영어 교육을 받은 경험이 없는 고령자들이 이해하기는 힘들다.

외래어의 과도한 사용으로 인해 일어나는 문제에 대한 해결책으로는 이하와 같은 것들이 있다. 우선 고유어에 동일한 의미의 말이 있으면 가급적 고유어를 사용하도록 한다. 다음으로 외국어를 도입할 때는 외래어 표기를 하지 않고 의미와 표기(스펠링)도 그대로 받아들인다.

03

글쓰기 스타일을 찾는다

— 계획과 점검 —

본 장에서는 글쓰기 과정에 대해 생각해 본다. 여러분들은 과제가 주어지면 어떻게 답안이나 리포트를 쓰는가? 쓴 후에 어떻게 고치는가? 여기에서는 글쓰기를 할 때 이루어지는 계획과 점검에 대해 구체적으로 살펴보고, 그 스타일을 확립시키는 것을 목표로 한다. 자신의 글쓰기 스타일을 만들면 쓰는 것이 편해지고 자신감으로도 연결된다.

1 글쓰기 전의 계획

사람들에게 '어떻게 글을 쓰고 있나요?'라고 물으면 다양한 대답을 한다. 어떤 사람은 첫 문장부터 순서대로 쓴다. 그렇게 안 하면 생각에 진척이 없다. 어떤 사람은 군데군데 아웃라인을 컴퓨터로 잡고 골자에 살을 붙여 내용을 첨가해 간다고 한다. 어떤 사람은 잘 써지는 부분부터 쓰고 마지막에 구멍을 메운다고 한다. 결론 문단을 마지막에 쓰고, 그 문단 내용에 맞는 내용을 직전에 쓴다는 사람도 있다. 글쓰기 과정은 이렇게 사람마다 천차만별이다.

계획을 세우는 데 필요한 시간도 제각각이다. 계획이란 무엇을 쓸지에 대한 내용이나 어떻게 쓸지에 대한 구성에 관한 계획이다. '글을 쓰기 전에 어느 정도 계획을 세우냐'고 물었는데 글쓰기 능력이 좋은 사람일수록 많은 시간을 들여 계획을 세운다는 연구 결과도 있다. 글쓰기 능력이 좋지 않은 사람은 계획을 세우지 않고 생각나는 대로 쓴다는 것이다. 글쓰기 능력이 높은 사람은 계획하면서 보낸 시간을 아까워하지 않고, 계획을 충분히 다듬어서 한 번에 써 버린다는 것이다. 여러분들은 계획을 세우는 데에 어느 정도의 시간을 할애하고 있는가?

포인트는 생각하는 순서와 쓰는 순서는 반드시 일치하지 않는다는 점이다. 특히 펜과 종이로 쓰는 답안은 컴퓨터와 달리 나중에 문장을 추가하거나 문단을 삽입할 수 없기 때문에 개요를 잡는 계획을 세울 필요가 있다. 즉, 답안 구성을 어떻게 하면 좋을지 정하는 것이 중요하다. 답안지 구성을 생각하면서 나오는 문장을 머릿속에 그리고 그에 맞는 글쓰기를 하는 것이 현명하다. 마지막에 어떠한 문장이 나올지 자기도 모르는 채로 생각나는 순서대로 쓰다 보면 여러 문제가 발생한다. 시간이 부족하거나 중요한 결론 부분을 못 쓰거나 논증할 포인트별 균형이 안 맞거나 하는 등이다.

답안 구성에서 다음과 같은 작업을 하면 좋다.

(1) 논점을 간파하여 쓴다.
(2) 논점 속에 소논점을 정리하여 쓰기 시작한다.
(3) 논하는 순서를 정한다.

(1) 논점을 간파하여 쓰기 시작한다

우선 질문에 내재된 논점을 간파하자. PART Ⅲ 3장 '구성을 생각해서 쓴다'에서는 '사안을 분석해서 문제점을 발견하는' 법에 대해 상세히 기술되어 있다. 또한 '법조문 안에 있는 규범'을 찾아 발견한 규범을 '사안에 적용'하여 결론을 제시한다. 이런 일련의 검토과정을 답안 구성에 써놓고, 큰 아웃라인을 작성하면 된다.

(2) 논점 속의 소논점을 정리하여 쓴다

상술한 '법조문 안에 있는 규범'을 발견할 때에 PART Ⅲ에서는 "'법조를 추려내고', '각 법조를 검토하여', '해석의 대립'에 대해 어떻게 논할지를 생각해 보시오"라고 되어 있다. 즉, '법조를 추려낸' 후에는 소논점에 대한 논의를 계획하게 된다. 또한 '사안에 적용'할 경우에도 '사실 유무'에 대한 검토가 필요한 경우가 있다. 이들은 (1)에서 만든 아웃라인상의 항목에 대해 하위항목에 해당하는 검토 작업이다. 아웃라인에서 대항목 아래에 몇 가지 소항목이 있는지를 보고 목차를 만든다.

(3) 논하는 순서를 결정한다

논점을 어떻게 순서대로 제시하는 것이 좋은지는 질문에 따라 달라진다. 일반적으로 먼저 쓸 것과 나중에 쓸 것을 나누게 되면 적확한 답안이 된다. 무엇부터 쓸지도 검토할 필요가 있다. 당사자와 가까운 자부터 순서대로 검토하는 것이 일반적이지만, 시간적 혹은 공간 순으로 논하는 것이 효과적인 경우도 있다. 상황을 봐서 논하는 순서를 정하여 답안 구성을 하면서 번호를 매긴다.

계획이 다 세워지면 다음은 한 번에 답안을 쓸 수 있을 것이다. 답안 구성에서 작성한 아웃라인의 대항목과 소항목이 그대로 답안 표제가 된다. 대항목과 소항목별로 주의를 기울이고 번호를 매겨서 쓰면 알기 쉬운 답안이 된다.

시간 배분도 계획해야 한다. 신문기자는 데스크에 제출할 기사가 지면 상황에 따라 삭제되는 경우를 대비하여 중요한 정보 순으로 쓰는 습관이 들어 있다. 기사 마지막 후반부가 삭제되더라도 의도한 주제가 전달되도록 써 두는 것이다. 답안에서 계획대로 쓰다가 시간이 부족할 것 같으면 아웃라인이 되는 표제만 먼저 써 두는 것도 하나의 요령이다.

답안 구성에서 계획을 세울 때 자기가 편한 방식으로 쓰면 된다. 아이디어가 더욱 잘 떠오르고, 생각한 사항을 침착하게 쓸 수 있는 메모 작성 스타일을 정해 두는 것이다. 자기 스타일을 갖고 있으면 익숙하지 않은 주제라도, 어떻게 쓸지 전혀 손을 못 대는 경우는 없을 것이다.

 연습 28

답안지라고 생각하고 백지에 질문에 대한 아웃라인을 만들어, 각 논점에 대한 소논점을 제시하고, 논하는 순서에 맞춰 번호를 써 보자.

[질문] 甲은 자동차 사고를 가장하여 A(여성)를 자살시켜 보험금을 취득하려는 계획을 세웠다. 甲은 폭행·협박으로 A에게 절벽 위에서 차를 탄 채, 한겨울 한밤중에 수온 5도인 바다에 스스로 뛰어들어 자살하라고 집요하게 요구하였다. A는 자살 결의에 이르지 않았지만, 甲의 명령에 따라, 자동차에 타고 바다에 뛰어들 수밖에 없는 정신상태에 이르게 되어, 그대로 실행하였다. 그러나 A는 수몰 전에 차에서 탈출하여 죽음에 이르지는 않았다. 甲의 형사책임에 대해 논하시오.

2 글쓰기 후의 점검

답안 혹은 리포트를 작성한 후 약간의 시간이 남았다고 치자. 이 시간을 어떻게 사용하여 문장을 점검할 것인가.

글쓰기 전에 계획했던 것과 마찬가지로, 글을 쓴 후에 점검하는 것도 어느 정도의 스타일을 가지는 것이 좋다. 짧은 시간에 점검하기 위한 효율적인 포인트를 숙지하여, 마지막 순간까지 글을 다듬어 보자.

여기에서는 필자가 운영하는 라이팅 센터에서 글쓰기 튜터들이 사용하는 방법을 몇 가지 소개하고자 한다. 라이팅 센터는 이용자와 튜터가 대화하면서 글 수정하는 방법을 고안하는 개별 지원기관이다. 라이팅 센터에는 학부생, 연구생을 불문하고 다양한 이용자가 방문하기 때문에, 글 내용이 제각각이다. 그리고 제출처, 길이, 기한까지 남은 일수 등이 서로 다르기 때문에 개별 지원이 이루어진다.

이런 상황에서 이용자와 튜터들은 45분간 세션으로 무엇을 검토할지 우선 협의하여, 세션의 목표를 세우는 것이다. 기한까지의 남은 시간이 별로 없을 때는 세션에서 무엇을 논의하면 좋은지 정하게 된다. '리포트 제출이 내일까지요'라면서 들이닥치는 이용자가 많은데 심지어는 '오늘 오후 5시까지 제출이요'라면서 3시에 오는 학생들도 적지 않다. 이런 경우에 글을 어떻게 점검하면 되는지에 대해 튜터들은 공통적인 매뉴얼을 만들어 놓았다.[45]

남은 시간이 짧은 경우에 점검할 항목들은 다음과 같다.

✓ 질문에 답했는지를 점검한다.

질문에 대한 빗나간 해답을 하지는 않는지 확인한다. 출제자의 의도를 생각해, 필요충분한 해답을 제시했는지 확인한다.

✓ 키워드를 확인한다.

키워드가 같은 의미 범주로 사용될 의도였지만 다른 어구로 바뀌어 있지 않은지 확인한다.

✓ 기호나 번호를 확인한다.

당사자의 이름이나 기호(甲, 乙 등)가 바뀌어 있지는 않은지 조문 번호가 바른지, 조문 인용이 바른지를 확인한다.

✓ 표제를 점검한다.

표제가 알기 쉬운지를 확인한다. 논점이 큰 번호로 제시되어 있는지 소논점이 작은 번호로 제시되어 있는지를 확인한다.

✓ 오·탈자와 '해서/에게/을/는'을 점검한다.

문장의 표층적인 요소이다. 신속하게 점검한다.

여기까지의 점검이 다 되었다면, 글은 상당히 정돈된 것이다. 자신 있게 제출하자.

1970년대 미국에서 발족한 라이팅 센터에서는 글쓰기 지원 시 어떤 순서로 해결하는 것이 좋은지에 대한 논의가 지속적으로 이루어져 왔다. 예를 들어 글의 표층적 요소와 내용에 관한 심층적 요소 중 어느 쪽을 우선 지원하는 것이 좋을지에 대한 논의이다.

답안을 쓰는 상황에 놓이면 대부분의 시간을 글쓰기 그 자체에 할애하고 싶을 것이기 때문에 표층적인 점검만이라도 할 수 있다면 훌륭하다. 그래도 시간이 남는다면 당연히 내용에 관한 점검을 해야 한다.

PART Ⅲ 3장 '구성을 생각해서 쓴다'에서 지도받은 구성대로 검토가 이루어졌는지, 내용은 충분한지를 확인할 수 있을 것이다. 또한 PART Ⅰ 3장의 '좋은 글'이 되기 위한 형식적 조건이나 4장의 '좋은 글'이 되기 위한 실질적 조건이라는 관점에서 점검하면 좋다.

　점검항목이나 우선순위는 상황에 따라 선택하는데, 자기 스타일이 확립되어 있으면 편하다. 평소 답안 작성 시에 미리 연습해 두면 좋을 것이다.

 연습 29

자신이 쓴 글을 다음 사항별로 점검하여, 불충분한 부분을 수정해 보자.

질문에 답하였다.
키워드가 일관되게 사용되었다.
당사자 이름이나 기호가 올바르다.
조문 번호가 올바르다.
조문 인용이 올바르다.
표제가 적확하다.
번호 점검, 소논문 번호가 적절하다.
오탈자가 없다.
'해서/에/을/는'이 적절하게 사용되었다.

PART Ⅱ. 연습문제 해답(예)

 연습 1

(해답 예 생략)

 연습 2

(해답 예 생략)

 연습 3

해답 예: 이 비밀번호는 재물이라 할 수 없으나 은행카드와 비밀번호를 이용하면 상당히 높은 확률로 예금을 인출할 수 있다. 그렇다면 현금 점유가 있다고 할 수 있다. 甲은 A의 의사에 반하여 그 점유를 자기 권한으로 옮겨둔 것으로 볼 수 있다.

 연습 4

질문 ❶
해답 예:
'사고'를 수식하고 있는 두 개의 【   】 부분이 길다.
【다양한 사항이 복잡하게 얽혀 있는 사상의 전체에서 개개 사상을 정리하는】 사고
【무엇에 착안하여 누구를 주체로 하여 어떤 순서로 쓰면 좋을지 같은 문장 계획적】 사고

글을 쓸 때, 사람은 두 가지 사고를 동시에 해야 한다. 하나는, 다양한 사항이 복잡하게 얽혀 있는 사상의 전체에서 개개의 사상을 정리하는 사고이다. 다른 하나는 무엇에 착안하여 누구를 주체로 하여 어떤 순서로 쓰면 좋을지와 같은 문장 계획적 사고이다.

질문 ❷
해답 예1: 본고가 식품안전성에 관한 법률상담 내역과 그 추이에 착안하는 것은 눈에 띄는 형태로 식품안전성에 관한 법적 수요가 증가세를 보여주기 때문이다. 각지에서는 소비자 단체가 결성되어 있다. 또한 소비자 센터로 신청 건수가 증가하고 있다.
해답 예2: 본고에서는 식품안전성에 관한 법률상담 내역과 그 추이에 착안한다. 이들 점에 착안하는 것은 식품 안정성에 관한 법적 수요가 증가세를 보이기 때문이다. 각지에서는 소비자 단체가 결성되어 있다. 또한 소비자 센터로 신청건수가 증가하고 있다. 법적 수요는 눈에 띄는 형태로 높아지고 있는 것이다.

 연습 5

해답 예: 키타가와(北川)는 긴 조문을 어떻게 하면 쉽게 읽을 수 있는지에 대한 질문에 다음 세 가지 답을 제시하였다. '① 우선 괄호를 빼고 읽는다', '② 그다음 주어와 술부를 찾는다', '③ 조건을 정리한다'이다.

 연습 6

해답 예: 가해자 관점에서의 집단 괴롭힘을 보면 가해자 자신의 내부적인 문제와 가해자가 처한 환경 같은 외부적인 문제로 나누어 생각할 수 있다. 내부적 문제는 본인의 성격이나 행동 패턴이다. 외부적인 문제는 가족의 경제 상태, 부모의 교육관, 반에서의 평판 등이다. 내부적 문제는 본인을 교육하는 형태로 대처를 해야 하며, 외부적인 문제는 본인을 둘러싼 사람들과 연계하여 문제해결을 해야 한다.

연습 7

해답:

질문 ❶

[방한복과 배낭으로 채비를 한 K군]과 [L군]이 주차장에서 기다리고 있었다.

[방한복과 배낭으로 채비를 한] [K군과 L군]이 주차장에서 기다리고 있었다.

질문 ❷

모든 [근거제시와 기장 의무]에 관해 변경사항이 전달되었다.

[모든 근거제시]와 [기장 의무]에 관해 변경사항이 전달되었다.

[모든 근거제시와 기장] 의무에 관해 변경사항이 전달되었다.

연습 8

해답:

설문 ❶: 의료비 반환 신청을 잊지 않도록 환자<u>에게</u> 주의 환기를 강화했다.

설문 ❷: 국제정세<u>에</u> 비추어 보아 낙관은 허용되지 않는다.

설문 ❸: 개찰구<u>를</u> 들어가기 전에 상사에게 인사를 하는 것이 좋다.

개찰구<u>를</u> 통과하기 전에 상사에게 인사를 하는 것이 좋다.

설문 ❹: 최저생활비<u>가</u> 보장되도록 검토해야 한다.

연습 9

해답 예: 북유럽에서는 에너지 절약, 재생에너지 양방향으로 열효율을 연구해 온 역사가 있다. 왜냐하면 북유럽에서는 일조시간이 짧고 적설량이 많기 때문에 보다 많은 에너지가 난방을 위해서 소비되어야 하기 때문이다.

연습 10

해답:

질문 ❶: 게다가(부가…앞에서 긍정한 후 부가한다)

질문 ❷: 즉, 다시 말해

질문 ❸: 예를 들어(예시)
질문 ❹: 단(보충)

 연습 11

해답 예:
질문 ❶: 상술한 세 가지 이유로 중징계 처분할 것까지는 없다.
질문 ❷: 일단 역으로 돌아온 이유는 아직 불명확하다.

 연습 12

해답 예: 우리나라의 영어 **검정시험**에는 여러 가지가 있다. TOEFL이나 TOEIC 같은 미국에서 개발된 세계적으로 널리 알려진 **검정시험**이 있는가 하면 한국에서 개발된 영어검정시험도 있다. IELTS는 영국에서 만들어졌다. 우리는 다양한 영어 **검정시험**을 치기 위해 많은 준비를 한다.

 연습 13

해답 예: 청년층의 투표율이 낮은 것은 학교 교육에서 교원이 정치적인 것을 피해 왔기 때문일 것이다. **정치적** 중립성을 갖기 위해서, **교원** 개인의 정치적 성향을 학생들에게 언급하는 것은 터부시되어 왔던 것이다. 한 표 한 표가 평등하다는 것을 가르치기 위해서는 교원과 학생이라는 것을 넘어, 대등한 유권자로서 논의하는 것이 이상적이다. 하지만 교원의 한마디가 **학생들**에게 끼칠 영향은 크다. 대등한 논의와 중립성이 양립하는 **유권자** 교육을 실천하는 것이 교원에게 요구되는 것이다.

 연습 14

해답 예: 청년층의 투표율이 낮은 **배경에는** 학교 교육에서 교원이 정치적인 **화제를** 피해 왔기 때문일 것이다. 정치적 중립성을 갖기 위해서, 교원 개인의 정치적 성향을 학생들에게 언급하는 **지도**는 터부시되어 왔던 것이다. 한 표 한 표

가 평등하다는 것을 가르치기 위해서는 교원과 학생이라는 **입장**을 넘어, 대등한 유권자로서 논의하는 **교육**이 이상적이다. 하지만 교원의 한마디가 학생들에게 끼칠 영향은 크다. 대등한 논의와 중립성이 양립하는 유권자 교육을 실천하는 **노력**이 교원에게 요구되는 것이다.

 연습 15

해답 예:

질문 ❶: 분명 버블경제 붕괴는 완화적 위기**라는** 일면이 있었다.

설문 ❷: 희박한 인간관계를 타파하기 **위해 강구되는** 한 가지 대책

 연습 16

해답 예:

설문 ❶: 이상, 원인을 세 가지 들었다.

설문 ❷: 주: 직종에 ~~관해~~ 현재 기술 부문에 종사하고 있는 자는 기획서 외 재직증명서도 제출할 것

주: 추천서에 ~~관해서는~~ 반드시 '○○ 귀하'로 할 것

주: 영어 모국어화자는 영어능력증명서를 제출하지 않아도 됨

 연습 17

해답 예: 유럽 대학과 미국 대학과는 평가 대상이 다르다.

해답 예: 수업 출석에 대한 평가방법, 시험 종류나 빈도에 관한 유럽 대학과 미국 대학 간의 시스템이 다르다.

 연습 18

해답:

암과의 싸움에서 인류는 진보를 거듭해 왔다. 1900년대 초에는 극히 낮은 확률의 사람들만 암을 극복하여 살아남을 수 있었다. 그러나 의료기술이 진보하면서

현재 암에 걸린 10명 중 4명이 삶을 유지하고 있다. 폐암의 직접적인 원인은 흡연임이 입증되었다. 최근의 경우로 따지자면 올해 암에 걸린 10명 중 4명이 5년 후에도 삶을 유지하고 있을 것이다.

 연습 19

해답:
문단을 나누는 방법이 적절하지 않다. 첫 번째 문단의 마지막 문장은 두 번째 문단 토픽 센텐스이다. 첫 번째 문단의 마지막 문장을 두 번째 문단의 맨 앞으로 가지고 오면 각각의 문단 내용이 일관성을 갖춘다.

 연습 20

해답:
파워 1, 2, 3, 2, 3, 2, 3

 연습 21

(해답 예 생략)

 연습 22

(해답 예 생략)

 연습 23

해답 예:
【파워1】에 해당하는 부분을 독립된 문단으로 해야 한다. 파워번호를 삽입한 형태로 제시하면 다음과 같다. 또한 아래 예에서는 두 가지 논점 【파워2】를 하나의 문단에 넣었다. 각각의 논점을 독립시킨 문단으로 해도 좋을 것이다.
【파워1】 우리사회에서는 저출산 고령화에 따라 외국인 노동자가 늘고 있다. 외국인 노동자는 외국에서 생활하는 상황이기 때문에 관광객과는 다른 고충이 있

다. 우리나라에 사는 외국인이 겪는 힘든 일에는 어떤 것들이 있을까.

【파워2】 우선, 언어적인 고충이 있을 것이다. 【파워3】 은행계좌를 개설할 때도 창구에서 하는 말이 어렵다고 한다. 집에 필요한 생활용품을 사더라도 취급설명서를 이해할 수 없는 사람도 많다고 한다.

【파워2】 또한 사회생활에서도 고충이 있을 것이다. 【파워3】 갑자기 명절에 선물을 받고서 왜 오는지를 몰랐다고 하는 친구들도 있다. 남의 집에 갈 때 현관에서 신발을 벗고 들어가야 한다는 것도 학교에서 배워 온 자식들이 이야기를 해 줘서 알았다는 사람도 있다. 【파워1】 이렇게 우리나라에서 지내는 외국인에게는 우리가 모르는 언어사용이나 사회생활에서의 고충이 있다.

 연습 24

해답 예: 호응이 안 된다.

이유: 서론에서는 목적을 '회사가 영어를 공통어로 지정할 때에 일어나는 문제점을 들어 보겠다'로 예고했는데 결론에서 '회사에서는 한국어로 말할 필요가 있다. 지금까지 했던 것처럼 한국어를 공통어로 하는 것이 좋다'라는 식으로 예고를 넘어선 내용을 썼다.

수정법: 서론에 맞춰 마지막 두 문장을 삭제한다. 아니면 서론을 다음과 같이 바꾼다. '본고에서는 회사에서 영어를 공통어로 지정할 때 일어나는 문제점을 들고, 모국어인 한국어로 할 필요가 있다는 것을 주장한다.'

 연습 25

해답 예: 일본이 올림픽 유치에 성공한 것은 이하 3가지 이유에 의한다.

해답 예: 많은 사람이 해외 여행지로 일본을 고르는 이유로 다음 3가지를 들고 있다.

 연습 26

해답 예: 유학생인 필자가 보기에 추석 선물이나 설 선물은 칭찬할 만한 관습이다. 이하 2가지 이유를 들어 본다. 첫째 손윗사람에 대해 평소 감사하는 마음이

나 안부를 전하지 못한 마음을 한 번에 선물로 표현할 수 있기 때문에 '종적사회'인 우리나라에서는 편리한 관습이다. 둘째 혼자 사시는 어르신들께 계절 선물을 할 수 있기 때문에 고령화되어 가는 사회에 필요한 관습이다. <u>이상 2가지 이유이다.</u> 어느 날 지인에게서 마음이 담긴 선물을 받는 것은 누구라도 기분 좋은 법이다. (마지막 문을 두 가지 이유에 모두 걸리는 내용으로 쓴 경우)

해답 예: 유학생인 필자가 보기에 추석 선물이나 설 선물은 칭찬할 만한 관습이다. 이하 2가지 이유를 들어본다. 첫째, 손윗사람에 대해 평소 감사하는 마음이나 안부를 전하지 못한 마음을 한 번에 선물로 표현할 수 있기 때문에 '종적사회'인 우리나라에서는 편리한 관습이다. 둘째, 혼자 사시는 어르신들께 계절 선물을 할 수 있기 때문에 고령화 사회에 필요한 관습이다. 어느 날 지인에게서 마음이 담긴 선물을 받는 것은 누구라도 기분 좋은 법이다. <u>이상 두 가지 이유이다.</u> (마지막 문을 두 번째 이유로 쓴 경우)

 연습 27

해답 예:
서론: 우리나라에서 외래어가 과도하게 사용되면서 일어나는 문제점은 무엇인가? 영어교육에 미치는 악영향과 알아듣지 못하는 사람들이 생겨난다는 문제점이다. 고유어 사용을 촉진하는 것과 외래어에 의미를 병기하는 것이 해결책으로 고려될 수 있다.
결론: 외래어의 과도한 사용은 영어학습에 방해가 되며 고령자들은 이해하지 못한다. 가급적 고유어를 사용하며, 해외에서 온 말은 의미나 표기 그대로 도입하는 것이 좋다.

 연습 28

해답 예:
A를 자동차에 탄 채로 바다에 떨어지게 한 행위에 대한 살인미수죄 성립 여부
① 살인미수죄의 간접정범이 되는지 아니면 자살교사죄 미수범이 성립하는지
  • 피해자 이용(의사억압)에 따른 간접정범 요건

- A는 甲의 '폭행·협박'으로 인해 '그 명령에 따라 차에 타고 바닷속으로 뛰어드는 행위 이외에는 선택할 수가 없는 정신상태'에 빠져 있었다.
② 살인미수죄가 되는지 아니면 강요죄인지
  • 실행행위로 요구되는 현실적 위험성의 유무
    - 절벽에서 차에 탄 채로 바닷속으로 낙하
    - 한겨울 한밤중에 수온은 5도
③ 甲이 A에게 자살할 의사가 있다고 잘못 알고 있었다는 점이 살인 고의를 조각하는가?
  • 살인의 실행행위에 해당하는 사실을 인식하고 있었다. → 자살의사 유무는 중요하지 않다.

연습 29 —————————————————————————————

(해답 생략)

여러분은 법률에 관한 내용을 글로 써야 하는 입장에서 이 책을 읽고 있을 것이다. 과거 자신이 쓴 글이나 지금 쓰고 있는 초고 등을 보면서 PART III을 읽어보자. 그렇게 하면 현장감이 고조된다. 읽을 때 처음부터 순서대로 읽어야 하는 것은 아니다. 군데군데 눈에 들어오는 대로 읽어도 무방하다.

01

일단 끝까지 쓴다

어떻게 하면 좋은 답안을 쓸 수 있을까.

노하우를 가르쳐 달라고 말하는 학생들에게 나는 교수로서, 그 전에 꼭 명심할 것이 있다고 말한다.

끝까지 다 못 쓴 답안이 의외로 많다. '중의원과 참의원을 비교하시오'라는 질문은 간단하기 때문에 충분한 시간을 주면 실력을 가늠할 수 없다. 예를 들어 '10분 만에 쓰시오'라는 조건을 달면, 정신을 집중해 펜을 움직여서 전력을 다해 쓴다. 그것이 가능한지 일단 시험해 보는 것이다. 안타까운 경우는 아래와 같다.

📋 **학생 답안 예**

> 중의원의원 임기는 4년으로 되어 있다. 그러나 해산
> 된 경우에는 그 기간 만료 전에 종료된다(일본 헌법 제
> 45조, 이하 법명 생략). 참의원 임기는 6년으로 되어 있
> 으며 3년마다 의원 과반수를 다시 뽑는다(제46조). 중
> 의원은 참의원과는 달리 국회에서 우월적인 지위를 …

이와 같은 방식으로 답안 마지막이 정말로 '지위를 …'로 끝난 경우이다. 이런 경우가 적지 않다. 문장이 중간에 멈춘 이유가 시간이 없기 때문인지 아니면 중의원의 우월한 부분에 대한 구체적인 설명을 못 하는 것인지. 더욱이 답안의 현실성을 생각한다면 그것은 수기로 초안을 작성할 필요가 있기 때문에 평소 컴퓨터 문서작성에 익숙한 학생들은 '용어가 생각이 안 나서 못 썼다', '문단을 통째로 바꿀 수가 없다' 같은 불편함도 호소할 것이다.

답안을 잘 쓸 수 없는 원인이 무엇일까. 정확히 진단할 수는 없지만, 원인을 모른다기보다 대체로 이들의 요인이 복합적이라서 진단이 불가능하다고 해야 할 것이다. 중의원의 우월한 요소를 구체적으로 떠올리는 중에 10분이 지나가 버렸을 것이다. 이 답안에 대한 평가는 현저히 낮다. 엄격하게 채점하는 사람이라면 불합격을 주는 답안이다.

법을 배우다 보면 소송법을 공부하면서 '증거'라는 개념을 알게 된다. 판사가 판단함에 있어서는 그 근거로 증거가 필요하다. 일반적으로 증거는 여러 가지가 있다. 서면이나 전자화된 문서, 피고인이나 증인 진술, 범행에 사용된 흉기 등이 증거로 이용될지도 모른다. 역사적으로는 모든 증거의 증명력을 미리 법률로써 정하여 두고 법관의 자의를 배제하는 것이 법정증거주의이다. 피고인의 범행을 본 증인이 한 명으로는 충분하지 않지만, 복수의 증인이 유죄라고 한다면, 복수의 증언은 법에서 요청하는 증거, 즉 법정증거이다.

증거주의라는 개념을 필기시험에 적용한다면 필기시험은 한 번의 답안만을 증거로 판단해야 하는 구조이다. 그것이 수업과 결정적으로 다른 점이다. 수업에서는 질문에 대한 답을 하다 마는 학생이 있더라도 교수는 그 학생의 표정을 읽을 수 있다. 답변하는 것을 보면 개념만 알고 구체적인 내용을 모르는 학생과 말을 하려고 보니 술술 나오지 않아서 좀 더 잘 생각해 보라고 교사가 격려하면 구체적인 설명을 할 수 있는 학생을 교수 입장에서 보면 대체로 구분이 된다.

필기시험은 답안이라는 서면만으로 판단한다. 답안 작성을 완료하지 못하고 중간에 끊긴 답안을 보고 뒤에 다 아는 내용일 것이라고 추인할 수는 없다. 추인할 수 없는 것이 아니라 추인해서는 안 된다로 하는 것이 맞겠다. 한편으로는 우월한 구체적인 예를 다 쓴 답안도 있다. 그런 차이를 별로 두지 않고 채점을 하는 것과 의미 있는 차이를 설정하여 채점하는 것 중에 학생은 어느 쪽이 더 공평하다고 생각할까.

1 일단 끝까지 다 쓴다

이 책은 좋은 글을 쓰도록 하기 위해 여러 가지 고안한 내용을 담은 책이다. 좋은 글인지에 대한 여부를 따지기 위해서는 기본적인 전제가 있다. 글이 끝까지 쓰여 있어야 한다는 것이다.

음식에 비유해 보겠다. 인간이 살아감에 있어 먹는 것은 중요하다. 가능하면 식욕을 돋우는 맛있는 것을 먹고 싶다. 그러기 위해서 요리를 잘하느냐 못하느냐를 따지기 전에 우선 식재료가 있어야 한다. 아무리 우수한 쉐프라도 쇠고기나 야채 등이 없는데 스테이크를 만들 수 없다. 당장 식재료가 없으면 결국 우리는 굶게 되고 생존을 위협받는다.

시험도 마찬가지이다. 말 자체에 굶주려 있어서는 안 된다. 처음부터 좋은 글이나 아름다운 글을 써야지 하는 생각은 하지 않아도 된다. 일단 끝까지 다 쓰는 연습을 하자. 어떻게 연습하면 될까. 개념이 풍부하게 축적되어 있을 필요가 있다. 쉽게 말해, 아는 어휘가 많아야 한다. 시험문제를 보자마자 문제에 관련된 어휘를 늘어놓는 작업부터 해 보자. 국권의 최고기관, 유일한 입법기관, 양의원, 이원제, 선거, 민의의 반영, 임기, 해산, 중의원의 우월, 예산 선심의, 재결의, 법률안, 내각총리대신 지명 등 많은 어휘를 쭉 나열해 본다. '어구를 많이 적확하게 사용할 수 있게 되면, 쓰는 속도가 빨라지며 무엇보다도 사고하는 과정이 순조로워지기' 때문이다.

끝까지 다다르지 못한 답안들 대부분은 개념이 빈약하다는 공통점이 있다. 그 원인은 두 가지 경우가 있는데 우선 개념이 수험자 머릿속에 축적되어 있지 않은 경우이다. 이런 경우에 이 책은 해결법을 줄 수 없다. 헌법 강의를 듣고 헌법 책을 열심히 읽어야 한다. 공부하여 그 분야의 내용을 아는 것이 중요하다. 다른 방법은 없다. 바꾸어 말하자면, 이 책은 헌법이나 형법처럼 개별 분야의 내용을 전달하는 책이 아니다.

이 책이 해결해 주고자 하는 것은 다음과 같은 두 번째 원인의 경우이다. 기억을 환기하여 말로 생각해 내고, 나열하는 작업이 순조롭지 않은 상태일 때가 있다. 이러한 경우에 도움이 될 만한 팁들을 알려 드리고자 한다.

2 쓰고 나서 고민한다

일단 끝까지 다 쓸 수 있게 된다면 그다음으로 할 일은 좋은 문장으로 만들기 위한 고민을 하는 것이다. 다시 음식에 비유하자면 일단 식재료가 없으면 굶어 죽는다. 맛이 있든 없든 재료가 없으면 살 수 없다. 그러나 식재료가 갖추어지고 다소 여유가 생기면 그다음으로 좋은 음식을 만들어서 더욱 식욕을 자극할 수 있게 할 수 있다. 자 그럼 쉐프의 솜씨를 발휘할 때이다. 이제부터 PART Ⅲ에서는 PART Ⅰ·Ⅱ에서 갈고닦은 지식과 스킬을 살려 구체적으로 좋은 글을 쓰는 방법을 생각해 보자. 어떻게 하면 잘 생각해서 쓸 수 있을까? 주의해야 할 내용이 있어서 소개해 본다. 학생들에게 양의원 비교를 논하라고 했다.

📋 학생 답안 예 ❶

> 국회는 중의원 및 참의원 양의원으로 구성되며 국권의 최고기관이자 국가의 유일한 입법기관이다.
>
> 양의원은, 전 국민을 대표하는 선거로 선출된 의원으로 조직되고, 양의원의 의원 및 그 선거인들의 자격은 법률로 정하여 인종, 신조, 성별, 사회적 신분, 집안, 교육, 재산 또는 수입에 따라 차별받지 않는다. 중의원의원은 임기가 4년이지만 중의원이 해산되는 경우에는 그 임기만료 전에 종료되며 법률안 의결과 중의원 우월, 중의원 선심의와 우월, 조약 승인과 중의원 우월이 참의원에 미친다. 참의원의원의 임기는 6년으로 하며 3년마다 의원 과반수를 다시 뽑는다.

이와 같은 글은 어떤가. 여러분들도 읽어 보고 어디가 문제인지 같이 생각해 보시기 바란다.

우선 크게 세 가지 조언을 하고자 한다. 첫째, 법률을 적용해서 얻을 수 있는 귀결에는 '몇 조'라는 근거가 제시되는 것이 바람직하다. 귀결을 제시하는 문말에 괄호로 써서 나타내자. 둘째, 줄 바꿈으로 문단을 만들

자. 양의원의 공통점과 차이점을 구별하는 것으로 줄 바꿈을 하면 좋을 것이다. 셋째, 하나의 문장에 다른 역할을 부여하지 않도록 하자. 임기 비교와 권능(權能) 특징을 한 문장으로 하지 말고, 오히려 임기에 대해 참의원과 중의원을 비교하는 문장으로 하는 것이 좋을 것이다. 위 세부적인 주의사항을 첨삭해서 고치면 다음과 같다.

📝 첨삭 예 ❶

국회는 중의원 및 참의원 양의원으로 구성되며 국
(헌법 제42조, 제41조)
권의 최고기관이자 국가의 유일한 입법기관이다.

양의원은, 전 국민을 대표하는 선거로 선출된 의원
으로 조직되고, 양의원의 의원 및 그 선거인들의 자격
은 법률로 정하여 인종, 신조, 성별, 사회적 신분, 집
(동법 제43조 1항, 제44조)
안, 교육, 재산 또는 수입에 따라 차별받지 않는다. 중 ─ 줄 바꿈
의원의원은 임기가 4년이지만 중의원이 해산되는 경
(동법 제45조) 에 관한
우에는 그 임기만료 전에 종료되며, 법률안 의결과 중
예산에 관한
의원 우월, 중의원 선심의와 우월, 조약 승인과 중의
원 우월이 참의원에 미친다. 참의원의원의 임기는 6
인정되어, 이런 점들이(동법   에 비해 큰 기능이 인정된다(동법 제59조, 제60조, 제61조)
제46조) 년으로 하며 3년마다 의원 과반수를 다시 뽑는다.

하나하나씩 잘 쓸 수 있게 되면 줄 바꿈을 넣어서 문단을 재편집해 볼 수 있다. 예를 들어

중의원의원(衆議院議員)의 임기는 4년이다. 단, 중
의원이 해산되는 경우에는 그 기간만료 전에 종료된다
(헌법 제45조. 이하 법으로 칭함). 이에 대해 참의원의
원(參議院議員)의 임기는 6년이다(동법 제46조).

다음으로 양의원 의원 정수가 다르다. 중의원의원의
정수는 465명인 것에 반해 참의원의원은 248명이다
(공직선거법 제4조 제1항, 제2항). 피선거권은 중의원
의원은 만 25세 이상인 자, 참의원의원은 만 30세 이
상인 자로 되어 있다(공직선거법 제10조 제1항). 선거
구에 관해서는 중의원에서는 소선거구, 비례대표선출
을 채택하며, 참의원은 선거구 선출, 비례대표 선출을
채택하고 있다(공직선거법 제12조 제1항, 제2항).

이 같은 예는 화제가 바뀌는 적절한 곳에 줄 바꿈이 되어 있어 문단
이 잘 나뉘어 있다. 별것 아닐 수도 있으나 '칭함' 같은 고어적인 표현이
조금 부자연스럽다. 또한 괄호를 친 부분도 닫는 괄호 뒤에 마침표를 찍
는 경우와 그렇지 않은 경우가 있다. 어느 방식이든 상관은 없다. 이러한
경우가 몇 가지 더 있는데, 같은 조의 항을 열거할 때는 쉼표를 중간에
넣어도 되고 가운뎃점으로 연결해도 된다. 단 하나의 문장 내에서는 통
일을 시키는 것이 바람직하다. 그 외에 약간의 주의할 부분들을 넣어서
첨삭하면,

📝 첨삭 예 ❷

> 　　중의원의원(衆議院議員)의 임기는 4년이다. 단, 중
> 의원이 해산되는 경우에는 그 기간만료 전에 <u>~~종료된다~~</u> ^{임기가}
> (헌법 제45조. 이하 법으로 <u>칭함</u>). 이에 대해 참의원의
> ^{고어체 단어임}
> 원(參議院議員)의 임기는 6년이다(동법 제46조).
> 　　다음으로 양의원 의원 정수가 다르다. 중의원의원의
> 정수는 465명인 것에 반해 참의원의원은 248명이다
> (공직선거법 제4조 제1항, 제2항). 피선거권은 중의원
> 의원은 만 25세 이상인 자, 참의원의원은 만 30세 이
> 상인 자로 되어 있다(공직선거법 제10조 제1항). 선거
> 구에 관해서는 중의원에서는 소선거구 ^{제와} 비례대표선출
> 을 채택하며, 참의원은 선거구 선출, 비례대표 선출을 ^제
> 채택하고 있다(공직선거법 제12조 제1항, 제2항).

　　곳곳에 첨삭이 많은 것처럼 느껴지는데, 좋은 글은 세세한 주의나 치밀한 아이디어를 축적함으로써 비로소 쓸 수 있게 되는 것이다. 다른 예를 한번 살펴보자.

📑 학생 답안 예 ❸

> 　　국회는 중의원 및 참의원 양의원으로 구성되어 있
> 는데(헌법 제42조), 양자는 차이가 있다. 첫째, 각 의원
> 에 소속된 의원의 임기가 다르다(헌법 제45조 및 헌법

제46조). 중의원의원의 임기는 4년이고(제45조), 참의원의원의 임기는 6년이다(제46조). 다음으로, 법률안을 의결할 경우(제59조), 중의원은 참의원보다 우월적 의결권을 갖는다(제59조). 기타 예산 의결(제60조 제2항), 조약 승인(제61조)에 대해서도 동일하다. 이런 차이가 생긴 이유는 중의원이 민의를 더 잘 반영한다고 생각하기 때문이다. 전술한 각 의원의 의원 임기는 참의원이 재선 기회가 많다는 점에서 미루어 짐작할 수 있다. 중의원이 우월적 의결권을 갖는다는 것은 국회 심의를 원활하게 집행하기 위해 중요하고도 필요한 틀이다.

근거가 되는 법령을 인용할 때에 직전에 인용한 법령과 같은 것인 경우 '동법' 같은 '동'자를 사용하는 것이 허용된다. '중의원(衆議員)'이라는 말은 없다(여기에서는 그런 오자가 없으나 중의원 구성원이라 할 때는 '중의원의원(衆議院議員)'이 맞다). 내용에 관해서는 마지막 문장이 조금 거슬린다. 논리가 이상하다. 중의원이 우월적 의결권을 갖는다는 것은 국회 심의를 원활하게 집행하기 위해 중요하고도 필요한 틀이다. 이유는 단순히 국회 운영을 원만하게 하기 위한 것이 아니라 좀 더 본질적인 이유가 있다. 첨삭하자면,

> 국회는 중의원 및 참의원 양의원으로 구성되어 있
> 는데(헌법 제42조), 양자는 차이가 있다. 첫째, 각 의원
> 에 소속된 의원의 임기가 다르다(~~헌법~~ 제45조 및 ~~헌법~~
> 제46조). 중의원의원의 임기는 4년이고(제45조), 참의
> 원의원의 임기는 6년이다(제46조). 다음으로, 법률안
> 을 의결할 경우(제59조), 중의원은 참의원보다 우월적
> 의결권을 갖는다(제59조). 기타 예산 의결(제60조 제2
> 항), 조약 승인(제61조)에 대해서도 동일하다. 이런
> 차이가 생긴 이유는 중의원이 민의를 더 잘 반영한다
> 고 생각하기 때문이다. 전술한 각 의원의 의원 임기는
> 참 의원이 재선 기회가 많다는 점에서 미루어 짐작할
> 수 있다. 중의원이 우월적 의결권을 갖는다는 것은 국
> 회 심의를 원활하게 집행하기 위해 중요하고도 필요한
> 틀이다.

(손글씨 메모) 동법
(손글씨 메모) ↳ 반드시 개선도 언급해주세요. (반드시개선이란? 3년마다 의원수 절반을 재선하는 제도)
(손글씨 메모) 임기는 더 긴 게 아닐까요?
(손글씨 메모) ·논리가 이상해요

이들 문장은 학생들 협조를 얻어 실제로 쓴 것들을 예로 든 것이며 그중 한 명이 소재를 제공해 주었기 때문에 그 사람의 답안도 한번 읽어 보고, 양원제 이야기는 마무리하도록 하겠다.

 학생 답안 예 ❹

> 중의원의원의 임기는 4년으로 되어 있다(헌법 제
> 45조, 이하 법조문명 생략). 그러나 해산된 경우에는
> 그 기간 만료 전에 종료된다(제45조 단서). 참의원 임

기는 6년으로 되어 있어 3년마다 의원 과반수를 다시 뽑는다(제46조). 중의원은 참의원과는 달리 국회의 우월적 지위를 인정받고 있다. 왜냐하면 중의원은 임기도 짧고 해산이 있기 때문에 참의원보다도 민의를 반영하기 쉽기 때문이다. 중의원에게 우선적 의결권이 있는 것은 법률안 의결, 예산 선심의, 조약 승인을 들 수 있다(각각 제59조, 제60조, 제61조). 또한 내각총리대신 지명에도 중의원이 우선시된다.

첨삭 예를 보자.

 첨삭 예 ❹

중의원의원의 임기는 4년으로 되어 있다(헌법 제45조, 이하 ~~법조문명 생략~~). 그러나 해산된 경우에는, *법명 생략* 그 기간 만료 전에 종료된다(제45조 단서). 참의원~~임~~ *'의원' 추가* 기는 6년으로 되어 있어 3년마다 의원 과반수를 다시 뽑는다(제46조). 중의원은 참의원과는 달리 국회의 우월적 지위를 인정받고 있다. 왜냐하면 중의원은 임기 *가* ~~도~~ 짧고 해산이 있기 때문에 참의원보다도 민의를 반영하기 쉽기 때문이다. 중의원에게 ~~우선적 의결권이 있는 것~~은 법률안 의결, 예산 선심의, 조약 승인을 들 *기능적 우월함이 인정되는 사항은* *열거 방식이 이상해요* 수 있다(각각 제59조, 제60조, 제61조). 또한 내각총리대신 지명에도 중의원이 우선시된다.

논리적인 문장이기 때문에 더욱더 주의를 기울여야 하는 것으로 '중의원이 우선시되는 것으로 법률안 의결, 예산 선심의'라는 식의 나열방식이다. '예산선심의'는 그 자체적으로 우선한다는 의미를 내포하고 있는데 '법률안 의결' 자체는 우선시 되는 내용이 포함되어 있지 않다. '어휘'가 지니는 '의미 범주'에 유의해야 한다. 논리 레벨을 동등하게 하기 위해서는 '법률안 의결에서의 재의결 등의 기능, 예산 선심의' 등으로 하는 것이 좋다. 여기에서 형식적인 면도 덧붙여 지적하자면, 예를 들어 '법률안 의결에서 재의결을 하여 법률을 성립시키는 것, 그리고 예산 선심의' 등으로 풀어서 표현한들 아무도 칭찬해 주지 않는다. 두 소재를 논할 때 전자는 '성립시키는 것'이라는 식으로 '것'으로 맺은 데 비해, 후자는 '선심의'라는 한자어 명사로 표현했다. 논리적으로 같은 레벨에 있는 것은 형식상으로도 가능한 한 동일한 형식으로 나열함으로써 같은 레벨임을 명료하게 전달하는 것이 좋다. 예를 들어 부부 동성 합헌성을 다룬 최고재판소 판결[46]에서 아래와 같이 '것'이라는 열거방식이 일관되게 사용되었다.

　　'헌법상 직접 보장된 권리라고까지는 할 수 없는 인격적 이익도 존중해야 할 것, 양성의 실질적인 평등이 보장되도록 할 것, 혼인제도 내용에 따른 혼인을 하는 것이 사실상 부당하게 제약받는 일이 없도록 할 것 등에 대해서도 충분히 배려한 법률제정이 요구되는 것으로 이 점에서도 입법재량에 한정적 지침을 주는 것으로 볼 수 있다.'

02

쪼개어 생각한다

— 쓰기 전에 생각한다, 그리고 문제를 발견한다 —

'포인트가 안 맞다'는 이야기를 할 때가 있다. 커플들끼리 대화에서 '오랜만에 쉬는데 내일 바다에 수영하러 갈래, 아니면 샌드위치 같은 거 싸서 산에 갈래?'라고 하는데, '근데 오늘 저녁에 파스타 먹고 싶다' 아니면 'A대 근처에 가면 엄청 잘 노는 학생이 많은데, B대 학생은 다들 멋쟁이지?'

위 대화들은 이상하다. 해수욕이랑 하이킹을 비교 대상으로 했는데 갑자기 저녁식사 메뉴로 화제가 튀었다. 비교 대상이 다른 대학교 이야기도 그렇다. A대 근처에 잘 노는 학생이 많으면 B대 근처는 그런 사람이 적다던가, 아니면 A대 학생은 촌스럽다던가라고 해야 한다. 비교 대상이 뭔가 맞지 않는다.

물론 일상적으로 아무 생각 없이 하는 대화라는 점에서 일일이 논리를 따질 필요는 없다. 커플들끼리 평화롭게 휴일 계획을 논의하는 것일 터이고, 대학교 비교도 다들 정신없이 떠들고 있을 때 늘 튀어나올 법한 말들이다.

그러나 공부할 때 상황이라면 이야기가 달라진다. 특히 필기 논술답안에서 이러한 논리는 용납되지 않는다. 그런 답안을 제출한다면, 그 문장만으로 점수가 나간다. '중의원에는 해산이 있으나 참의원은 임기가 6

년이다'라는 문장은 위에서 말한 A대와 B대 간의 이야기 수준이라서 좋은 성적을 받을 수 없다.

우수한 성적을 얻기 위해서는 문제를 잘 생각한 후에 써야 한다. 이것이 중요하다는 것 정도는 누구나 잘 알고 있다. 거기에 추가로 하나의 팁을 더 주고 싶다. 수험자에게는 큰 덩어리 문제만 눈에 들어오는데, 쳐다보기만 한들 답안이 작성되지는 않는다. 일단 쓰려면 논할 사항을 작게 쪼개야 한다. 작게 쪼개려면 문제를 발견하는 능력이 필요하다. 임기는 몇 년인지, 해산 유무가 다른지 등의 부제로 쪼갤 수 있으면 성공적인데, '중의원은 임기가 4년인데 해산될 가능성이 있어 해산이 있으면 4년을 못 채우고 신분을 상실하는 것에 비해, 참의원은 임기가 6년이며 해산 제도가 없다'는 식으로 쓸 수 있게 된다. 물론 그 외에도 소논점은 많은데 법률안에 대해서 어느 의원을 우선시하는지, 예산은 어떻게 되는지, 선거는 전원이 한 번에 다시 재선되는지 등 얼마든지 논할 수가 있게 된다.

그러면 어떻게 논해야 할 사항을 찾아낼 수 있을까. 그것은 헌법 강의를 듣고, 헌법 책을 열심히 읽는 수밖에 없다. 그렇게 해서 그 분야 내용을 머릿속에 넣어 두는 것이 중요하다. 미리 말한 바와 같이 이 책은 헌법이나 형법에서 배우는 법적 내용을 가르쳐 주지는 않는다.

03

구성을 생각해서 쓴다

— '괜찮다'는 말의 의미 —

1 독자를 전제로

'괜찮다'라는 말은 다양한 의미가 있다. 시간 되면 차 한 잔 어때? 라고 상대방이 한 제안에 '괜찮아'라고 하면 말투나 표정에 따라서 차를 마시는 데 찬성하는 의미도 되고, 사양하는 의미도 되기 때문에 헷갈리는 말이다. 지금부터 논할 '괜찮다'는 또 다른 제3의 의미로 사용되는 경우이다. 즉, 전반적이고 포괄적으로 좋다는 의미이다.

여러분들이 쓰는 문장 중에서도 여기에서 논하고자 하는 것은 다른 사람들이 읽는 것을 전제로 하여 쓰는 문장들이다. 자신만 보는 메모나 노트, 일기장이면 사고를 공유하는 상대가 없기 때문에 아무렇게나 써도 괜찮다.

그러나 법을 공부하는 여러분이나 법률적 직업을 가진 사람들, 혹은 그런 직업을 가지기 위한 사람들은 다양한 상황을 마주할 수 있는데 그에 대한 해결책을 찾아서 제시할 필요가 있다. 제시되는 상황이 당사자가 법원에 부탁한 사건인 경우, 재판부가 개입하여 제시하는 해결책은 판결이나 결정 같은 재판 형식을 취한다. 혹은 당사자(의뢰인)가 법률상 담을 온 경우에 변호사가 제시하는 해결책은 당사자를 위한 '조언'이나 '의견' 형식이 될 것이다. 또 다른 경우는, 예를 들어 제시되는 상황이 시험문제나 리포트 문제인 경우에 학생들인 여러분들이 제시하는 해결은 답안이나 보고서인 리포트 형식을 빌리게 된다. 이들 작업의 본질은 기본적으로 동일하며 모두 타인이 읽는 것을 전제로 하는 글이다. 따라서 제시하는 자와 제시받는 자간에 사고를 공유하기 위해서는 상대방이 수용할 수 있도록 종합적으로 생각해서 문장을 만들어야 한다.

2 상황 분석에 대한 준비작업

잘 쓰인 '괜찮은' 문장이 되기 위해서는 어떻게 해야 할까. 무엇보다도 주어진 상황을 충분히 분석해야 한다. 분석하는 목적은 주어진 사안에 대해 당사자가 무엇을 원하는지를 간파하기 위한 것이다. 민사소송 중 판사 앞에는 원고가 '청구 취지'라는 방식으로 무엇을 원하는지를 명시하기 때문에 그 자체는 이미 밝혀져 있으며 왜 이러한 청구가 이루어지는지를 알고 있지 않으면 적절하게 사건을 처리할 수 없다. 변호사인 경우에 반대로 의뢰인이 무엇을 누구에게 청구하면 되는지 자신 있게 선택 결정할 수 없는 부분이 있기 때문에, 그런 의뢰인을 위한 조언을 할 수 있는 것이다. 수험자인 경우에 출제형식이 '이 경우에 문제점을 지적하여 견해를 제시하시오'로 되어 있을 때, 사안을 분석해서 문제점을 발견하는 것부터 답안을 쓰는 작업이 시작된다. 반면 '이 경우에 판매자가 구매자에게 대금을 청구할 수 있는지'에 대한 형식이면, 이미 제시된 문제점의 배경을 자기 나름대로 이해한 후에 검토 작업에 들어간다.

두 경우 모두 '상황' 분석이 적절하게 이루어져야 한다. 그러기 위해서는 작업 시행을 반복하여, 분석하는 감성을 갈고닦을 필요가 있다.

상황 분석은 우선 초점이 적확해야 한다. 비껴가면 안 된다. 새로 산텔레비전에서 불이 나서 상처를 입었다고 하는 사람에게 '텔레비전 소유권은 확실히 당신에게 있는 것으로 인정되기 때문에 안심하십시오'라고 말하는 변호사가 있으면, 그 사람은 변호사로서 실격이다. 이 정도로 코믹하진 않더라도 답안 채점을 하다 보면 비슷한 이의를 제기하는 학생들이 때때로 있다. '선생님, 동산인 텔레비전 소유권이 구매자로 이전되었다고 제대로 썼고, 그 자체적으로는 맞는 거니까 여기에 부분점수를 주세요'라고 우기면서 교수 채점을 납득하려 들지 않는 학생에게는 미안한이야기지만 '법을 배워서 당신에게 득이 될 만한 것이 있는지, 당신의 적성을 의심하지 않을 수 없다'고밖에 할 말이 없다.

그리고 예단에 따른 분석도 허용되지 않는다. 텔레비전이 폭발한 이상 제조사에게 과실이 있는 것이 틀림없다는 식의 결론을 지어서도 안된다. 시험 문제인 경우에는 문제에 나타나지 않는 사실을 마음대로 추가하여 해답을 작성하지 않도록 한다.

3 규범 발견

상황 분석을 바탕으로 하여 발견한 논점을 해결하는 방향으로 가보자. 아무리 상황을 분석해도 그것은 현실을 언급하는 것에 지나지 않는다. 그러므로 더 나아가 현실을 바꾸어야 한다는 이야기로 만들어 가는 것이 바람직하다. 일반적으로 법률적 해결은 같은 상황에 대해 동등하게 주어지기 때문에 분석된 상황에 대한 해결 방법을 일반적으로 제시하기 위해, 법에 정해진 내용을 확인해야 한다. 그것이 규범이다. 이런 경우에 어떻게 손해배상을 해야 하는지 하는 문제로 정리될 수밖에 없다.

　적절한 규범을 성공적으로 발견하기 위해서는 직관도 중요하지만 아무리 직관력이 있는 사람이더라도 지식이 없으면 규범을 발견할 수 없다. 규범은 기본적으로 법조문에 있다. 따라서 분쟁 시 해결을 위해 사용되는 법조문의 주요한 내용은 지식으로 파악되어 있어야 한다. 그것은 우리가 입법권 행사를 위임한 국권의 최고기관이 채택한 룰이며 법률적 분쟁해결에서 최고의 가치를 지닌다. 따라서 판결이나 리포트, 답안에서도 근거가 되는 법조문을 제시해야 한다.

1) 후보가 되는 법조문 뽑기

　폭발한 텔레비전에서 상처를 입은 당사자가 손해배상을 청구하는 경우에 채무불이행 민법 조문이 떠오른다. 여기서 무언가 떠오른다는 것이 아주 중요하다. 법조문의 세부 표현이나 법조문 번호를 암기할 필요는 없다. 판사가 판결을 기초할 때도, 대부분의 논술식 시험에도 법조문을 참조하도록 허용되기 때문에, 세부 내용은 법조문을 참조해서 확인하면 된다. 다만 짧은 시간에 후보가 되는 법조문을 빠짐없이 검토해야 한다. 법률 운용에 종사하는 사람들은 모두 바쁘고, 시험 시간은 정해져 있다. 어떤 변호사가 '한 달 동안 6개 법을 다 뒤져서 당신에게 도움이 될 만한 법조문을 찾았습니다'라고 하면 의뢰인은 이미 다른 곳으로 가 버린다. 그래서 검토대상으로 해야 할 법조문을 신속하고도 빠짐없이 수집하기 위해서는 미리 법률체계에 대한 이해가, 소위 머릿속에 서랍 같이 정리되어 있어야 한다.

2) 각 조문에 대한 검토

검토대상으로 할 만한 법조문을 골랐다면 그다음으로 그것을 하나하나 검토한다. 자금력이 있어 보이는 텔레비전 제조사를 상대로 손해 배상을 청구할 경우에는 피해자와 제조자 간에 계약관계가 없는 이상, 계약에 의거한 채무 불이행을 다루는 법조문은 후보에서 제외한다. 한편 일본 민법 제709조에 의거하여 손해배상을 청구하는 것은 충분히 고려될 수 있는데 제조사 과실을 입증할 수 있는지에 대한 과제가 있다는 것을 인식해야 한다. 만약 그 입증이 어렵다면, 객관적으로 텔레비전에 '결함'이 있었다는 것을 입증하면 된다. 즉, 숙련된 법률가라면, 제조물책임법을 이용하여 손해배상을 주장할지에 대한 검토를, 문제를 접하는 순간할 수 있다. 여러분들이 하루빨리 그 경지에 이르기를 바란다.

3) 해석의 대립 문제

법조문 중에는 그 미세한 부분의 의미를 확정하기 위해, 판례나 학설을 참조해야 하는 경우도 있다. 그런 의미에서 여러분들은 규범 발견에 영향을 미치는 판례나 학설에 대한 지식을 지니고 있어야 한다. 더욱이 법조문 중에는 그 의미를 확정한 후, 복수의 견해 대립이 있어, 그중 어느 것을 채택하느냐에 따라 규범의 의미와 내용이 달라지는 경우도 볼 수 있다. 이런 경우에 이들이 대립하는 견해를 비교·검토하여, 이유를 덧붙여 채택해야 하는 의견을 제시함으로써 적용해야 할 규범으로 정한다.

덧붙여야 하는 이유는 어떻게 조합되는 것이 바람직한가. 우선 ① 법조문이 허용하는 해석인지(문리 해석)를 검토해야 한다. 문언이 중요한 것은 앞서 말했듯이 법조문이 국가 권력의 최고기관으로부터 주어진 텍스트인 이상 그것을 존중해야 하기 때문이다. ② 채택하려는 해석에 따라 타당한 해결을 얻을 수 있는지(결과의 타당성)도 중요하다. 물론 무엇을 가지고 타당하다고 평가할지 견해가 나뉠 가능성이 있고, 해석이 대립할 가능성이 생긴다. ③ 그 해석이 단순히 개별 법조의 법조문뿐 아니라 법률 체계상 전체적 정합성이 들어맞는지(체계적인 정합성 확인), 더불어 ④ 해석 대상으로 간주되는 법률의 입법 취지에 적합한지(해석의 역사성 확인) 등의 사항들도 고려하는 것이 바람직하다.

　문제에 따라 ③에 대해 분량이 많은 논술을 하지 않아도 된다고 판단되는 경우가 생기거나 시험 답안을 쓸 경우, 기초자나 입안 담당자의 견해를 확인해야 하는 ④는 언급을 하지 않아도 되는 상황도 있는데 둘 다 전혀 고려하지 않아도 되는 것들은 아니어서, 적어도 학술논문을 쓸 때 이들 요소를 적어도 한 번 정도는 검토해야 한다.

4 사실 추출

　규범은 발견만 하면 되는 것이 아니라, 그것을 사안에 적용하는 것이 궁극적인 목적임을 잊어서는 안 된다. 규범을 사안에 적용한 후에는 규범의 적용 관계를 살펴본 후에 필요한 사실과 그렇지 않은 사실을 식별하여 필요한 사실을 추출하는 것이 중요하다. 우리를 둘러싼 세계는 광대하고도 무한한 지식이 흘러넘치고 있는데 이들 사실 가운데 규범의 적용이라는 관점에서 무의미한 사실도 있다. '텔레비전을 산 날은 날씨가 좋았다', '텔레비전을 산 날부터 폭발사고가 있기까지 구매자가 주로 텔레비전으로 본 것은 스포츠 프로그램이었다', '폭발이 일어난 것은 텔레비전을 사고 2주 후였다'처럼 다양한 사실이 있는데, 이들 전부가 중요한 것은 아니다. 지금 든 예 중에서 앞의 두 문장은 제조물책임법의 적용과 무관하며, 그런 사실이 진실이었는지에 대해 법원이 정력을 쏟아 인정할 필요는 없다. 이에 반해 구매자가 사용하고 나서 사고가 일어나기까지 경과한 시간은 텔레비전의 '통상적으로 있어야 하는 안전성'이 없다는 점, 즉 '결함'이 있다는 평가의 근거로 작용될 수 있는 가능성이 있기 때문에 중요한 사실이 된다. 그 외에도 이 사례의 경우에는 구매자가 상처를 입은 것은 텔레비전 폭발에 의한 것(인과관계 존재)이거나 그 부상에 의한 치료비용을 부담했거나 일을 쉬어서 수입이 감소했다는 점(손해발생)이 규범을 적용하기 위한 사실로 확인되어야 한다.

1) 사실 미확정에 관한 문제

주어진 상황에 따라 규범을 적용하는 전제가 되는 사실 유무가 밝혀지지 않거나, 주어진 사실만으로는 규범을 적용하기 위한 요건을 충족시킬 수 없는 경우도 있다. 이런 상황에 직면하였을 때, 소송절차에서는 가급적 사실을 밝히기 위해 노력해야 하며, 민사소송에서는 일정한 이론 적용을 통하여 어느 사실에 대해서는 원고가 밝힐 책임을 지고, 어느 사실에 대해서는 피고가 증거제출의 주된 책임을 지는 것인지를 검토할 수 있다. 형사소송에서는 피고인을 처벌하기 위한 결론을 도출하는 사실은 검사가 증명해야 하는 것으로 되어 있다. 이렇게 각각 역할을 맡는 당사자가 충분한 증거를 제출하지 못하는 경우에는 그러한 역할을 진 당사자에게 불리하게 규범의 적용이 이루어진다.

2) 시험문제라면

시험문제인 경우 상급단계에서는 이런 소송 절차상의 역할분담 자체를 주제로 하는 문제가 출제되기도 한다. 하지만 형법이나 민법 같이 주로 실체관계를 묻는 취지의 출제인 경우에는 그다지 깊게 들어갈 필요는 없다. 두 가지 가능성이 있다는 점을 지적하여 각각 참고되는 사실을 열거한 후, 경우를 나누어 각각에 대한 법률관계를 지적하는 작업이 필요하다.

문제가 되는 사례의 경우, '동형기종의 텔레비전이 과거에도 1건 폭발사고가 보고되었다'는 사실은 제품 설계에 문제가 있다는 사실을 용이하게 추론하게 하며, 결함이 있다는 평가의 근거가 될지도 모른다. 반면 '구매자 아들인 유아가 장난치면서 텔레비전 위에 올라간 적이 있다'는 사실은 텔레비전이 통상 지녀야 하는 안전성이 결여되어 있다고는 단정할 수 없고, 폭발은 통상적이지 않은 사용법으로 인한 결과로 생겨났을 가능성이 있다는 점을 시사한다. 그것은 결함이 있다는 평가를 방해하는 사실로 작용할 것이다. 하지만 이들 두 사실만으로 결함 여부를 단정할 수는 없기 때문에 동형기종의 텔레비전이 과거에 한 건의 폭발사고가 있었음이 보고되었다는 것이나 다른 사실을 종합하여 결함이 있다고 인정되는 경우와 구매자 아이가 텔레비전 위에 올라간 적이 있다는 것이나 다른 사실을 종합하여 결함이 없다고 인정되는 경우에 대해, 각각 규범 적용 관계를 제시하여 해답을 찾는 것이 바람직하다.

5 해결 제시

추출된 사실에 대해 규범을 적용하여 얻은 해결책은 논리적이고 명확한 문장으로 제시되어야 한다. 소송절차일 경우에는 판결 등 재판의 주문(主文)에 그런 것들이 제시된다. '특정 건물을 명도하시오', '피고는 원고에 금 얼마를 지불하시오' 같이 분명한 문장으로 제시하지 않으면 집행기관이 판결을 집행할 수 없다. '가능한 한 건물을 인수해야 한다' '가능한 한 빨리 금전을 지불하는 것이 바람직하다'와 같은 문장으로 해결 제시가 허용되지 않는 것은 답안이나 리포트에서도 마찬가지이다.

그 외에 가끔 시험 답안 중에 '이 사건에서는 구매자인 피해자의 변명이 인정된다', '이 사건은 제조사의 '패'이다'와 같이 승부를 감각적으로 쓰기만 하고, 그 구체적인 결과를 제시하지 않는 경우가 있다. 승패가 아니라 '피해자는 제조사에 대해, 손해에 대한 배상을 청구할 수 있다'는 구체적인 해결을 제시해야 한다. 또한 법률적 해결이 요구되는 경우란 당사자의 합의가 이루어지지 않아, 법원의 권력적 해결이 요청되는 경우이기 때문에 '합의가 되지 않으면 피해자는 제조사에게 입은 손해 배상을 청구할 수 있으나, 가급적 서로 좋게 이야기해서 합의되도록 노력해야 한다'는 식으로 당연한 것들을 써 놓는 답안은 적절하지 않다.

04

문단 활용법

— 함부로 줄 바꿈 하지 않기 —

1 생각한 순서대로 쓰는 버릇

법률 답안을 읽고 있으면, 가끔 흐름대로 쓰는 경우가 있다. ['…이런 점에서 문제가 된다'와 같은 문장 절단식 문제 제기 → '…은 아닌가'와 같은 부자연스러운 의문형 맺음 → '이 점'이라는 논리적인 의미가 불분명한 접속표현 → '그렇다고 하면'과 같은 논리적으로 부적절한 접속표현 → 결론]이라는 식의 답안 스타일을 흔히 보게 된다. 그것이 답안에서 허용되는 특유한 형식이라는 확신마저 있다.

이렇게 되는 요인은 여러 가지가 있겠지만, 한 가지 짐작되는 이유로 뇌리에 사물이 나타난 순서대로 펜을 움직였기 때문이 아닌가 싶다. 학생들 문장에서 사실과 평가 기술이 혼재되거나 평가를 제시할 때, 추상도가 높은 것과 그렇지 않은 사항에 대한 평가가 구별되지 않기도 한다. 심한 경우, 다른 사람의 의견과 자신의 평가 제시를 섞어 문단을 나누지 않은 경우도, 머릿속에 나온 흐름대로 썼기 때문으로 보인다.

'구성을 생각하지 않고 쓰기 시작했다는 것이 티가 난다.' 이런 말을 하면 아마 학생들은 이의를 제기할 수도 있을 것이다. '선생님, 저희는 줄 바꿈이나 번호 달기 등을 철저히 하고 있어요.' 내용적인 구성을 생각하는 경우와 형식적으로 줄 바꿈과 번호 달기를 하면서 구성을 염두에 두고 쓴 것처럼 착각하고 있는 경우는 다르다. 예를 들어

가. 지자체에서 역이나 음식점 같은 공공장소에서 흡연하는 것을 금지하는 조례를 검토하고 있다. 흡연하고자 하는 개인의 욕구를 권력으로 억제하려는 것으로 상당히 신중해야 한다는 점에서 문제가 된다.

나. 이 점, 인간에게는 어떠한 자유라도 허용되는 것은 아니며, 자체적인 한계가 있다.

다. 예를 들어 자살할 자유가 인정되지 않는 것에서 이 사항은 명백하다.

라. 흡연도 본인의 건강을 해칠 수 있다는 점에서 이것을 규제하는 것은 합리적이다.

마. 또한 흡연하는 사람 근처에 있는 사람이 건강피해를 입는 것도 문제이다.

바. 소위 간접흡연이다.

사. 누구에게도 타인의 건강을 해치는 자유는 인정되지 않는다.

아. 그러면 문제시되는 조례를 제정하는 것은 허용된다.

이런 식으로 쓰는 것이다. 물론 '~점에서 문제가 된다' → '이 점' 같은 흐름방식이나 '그러면' 같은 의미가 애매한 접속사를 사용하는 것도 구성을 소홀히 한 것과 무관하지 않다.

글쓴이는 줄 바꿈을 하는 것이 채점자에게 좋은 인상을 준다는 잘못된 답안 지도 수업의 영향으로, 문장마다 줄 바꿈을 안 하면 문장을 쓰지 못하는 상태가 되었다. 문장을 줄 바꿈하지 않고 이어 써서 하나의 사고를 전달하려는 강인함은 추호도 없다. 이런 식으로 쓰면 오히려 글쓴이의 논리적 사고력이 떨어지는 것을 보여주는 꼴이다.

실제로 어디에서 줄 바꿈을 해야 할지 문단 기능을 의식적으로 고려할 필요가 있다. 흡연자 자신의 건강에 끼치는 영향과 간접흡연 내용을 문단을 나눠 논하는 것은 의미가 있음에 틀림없다. 나. 다. 라.를 줄 바꿈 없이 계속 하나의 문단으로 하고, 그 후에 마. 바. 사.를 하나로 묶는 작업조차 안 되는 젊은이들에게 사법 권력을 맡길 수 없지 않을까.

그렇다고 한탄만 하고 있을 수는 없다. 열심히 떠들어 본들 결국에 내가 할 일은 한 명이라도 더 많은 젊은이가 견고한 사고를 가지고 그것을 유감 없이 표현하는 문장을 익히도록 고군분투하는 수밖에 없다. 그 때문에 법을 공부하는 사람들에게 하고 싶은 말은, 우선 논리를 착실히 쌓아 일반인이 잘 알 수 있게 보통의 문장으로 글을 구성하는 연습을 하라는 것이다. 그렇다고 무작정 줄 바꿈을 해서 문단을 나누는 것이 좋다고 오해하는 사람들이 가끔 있는데 쓸데없이 줄 바꿈을 계속해서 문단을 세분화하는 것은 오히려 글쓴이의 논리적 사고력을 의심케 하는 것이니 주의해야 한다.

2 문단을 이용한 글단위 실전예

문단을 이용하여 글을 쓰려면, 정신을 똑바로 차려야 한다. 문단의 중요성을 강조한 후, 학생들에게 써 보라고 한 문장을 소개해 보겠다. 논제는

민법에서 말하는 '미성년자'와 '고령자'에 대해 논하시오.

'미성년자'와 '고령자'에 대한 법률상(민법상) 규정 방식이 어떻게 상이한지를 논하겠다.

우선 상이점으로 '미성년자'는 연령 규정이 명확히 정의된 것에 반해, '고령자'는 해당하는 사람이 어떤 조건인지 명확히 정의되어 있지 않다. 일본 민법 제4조에는 '사람은 18세로 성년에 이르게 된다'고 정해져 있기 때문에 '미성년자'는 18세가 되지 않은 자로 명확히 정의되어 있다고 할 수 있다. 한편 '고령자'에게는 그런 의의를 명확히 규정하고 있는 민법상 조문이 없기 때문에 범위·조건이 불명확한 개념으로 취급되고 있다.

위 내용에 의거하여 두 가지 상이점이 존재한다. 즉 '미성년자'는 민법상 특별한 인격으로 그들을 보호하기 위한 조문이 명확히 정해져 있는 것에 비해, '고령자'는 민법상 보호해야 할 인격으로 직접 규정하는 조문이 없다는 차이가 있다.

이런 식으로 썼는데 일단 형식적으로 문단을 활용하고는 있으나 여러모로 문제가 있다. 앞부분에 '상이점'이라고 함은 다른 점이라는 뜻이 아닌지? 질문에 들어 있는 의미는 좀 더 넓게 확대하면 '공통점도 지적하시오'이지 않은가. 의미 있는 문단을 만들려면 공통점을 논하는 문단과 차이점을 지적하는 문단으로 구성해야 한다.

이 문장은 문단을 나누고는 있지만, 마지막 문단 앞부분에서 '…에 의거하여'라는 부분은 근거로부터 귀결을 도출하기보다 같은 것을 반복하고 있는 게 아닌가? 고령자 개념이 정해져 있지 않다고 앞 문단에서 말하고 고령자 규정이 없다는 것을 뒤 문단에서 논하고 있어, 규정이 없기 때문에 정의되어 있지 않은 것이므로, 결국에는 같은 이야기이다.

부언하자면 '조문이 정해져 있다'는 주술이 호응되지 않는다. 또한 '보호해야 할 인격으로 직접 규정이 없다'는 문장은 하나의 문장에서 두 개의 사항, 즉 고령자를 보호할 만하다는 점과 그 개념을 정한 규정이 없다는 점, 두 가지 사항을 동시에 전하려고 하다 보니 너무 무거워졌다. 첨삭 예를 보면,

📝 **첨삭 예 ⑤**

> '미성년자'와 '고령자'에 대한 법률상(민법상) 규정 방식이 어떻게 상이한지를 논하겠다.
>
> 우선 상이점으로 '미성년자'는 연령 규정이 명확히 정의된 것에 반해, '고령자'는 해당하는 사람이 어떤 조건인지 명확히 정의되어 있지 않다. 일본 민법 제4조에는 '사람은 18세로 성년에 이르게 된다'고 정해져 있기 때문에 '미성년자'는 18세가 되지 않은 자로 명확히 정의되어 있다고 할 수 있다. 한편 '고령자'에게는 그런 의의를 명확히 규정하고 있는 민법상 조문이 없기 때문에 범위·조건이 불명확한 개념으로 취급되고 있다.
> <u>이 표현은 딱 들어맞지 않아요</u>
> 위 내용에 <u>의거하여</u> 두 가지 상이점이 존재한다. 즉

'미성년자'는 민법상 특별한 인격으로 그들을 보호하기 위한 조문이 명확히 정해져 있는 것에 비해, '고령자'는 민법상 보호해야 할 인격으로 직접 규정하는 조문이 없다는 차이가 있다.

주술 호응이 안 맞아요

한 문장 내에 의미가 너무 많이 들어 있어요

문단에 대한 이해가 꽤 어렵다는 것을 서서히 실감하면서 연습을 거듭하다 보면 점점 좋아질 것이다.

15세의 여자아이가 15세 남자아이에게 초콜릿을 선물했다. 거기에 어떠한 법률상의 문제가 있는가?

위 논제에서 쓴 두 가지 예를 살펴보자. 우선

📑 학생 답안 예 ❻

15세 A(女)가 15세 B(男)에게 초콜릿을 선물했는데, 이는 '당사자 일방이 어떤 재산을 무상으로 상대방에게 준다는 의사를 표시하여 상대방이 수락하는 것'(일본 민법 제549조)에 해당하기 때문에 증여계약이다. 그러나 A나 B 모두 15세라는 점에서 미성년자이다(제4조). 미성년자는 법정대리인의 동의가 없으면 단독으로 법률행위를 할 수 없지만 단순히 권리를 얻거나 의무를 면하는 법률행위에 대해서는 단독으로 행할 수 있다.

본건에서는 초콜릿을 선물 받은 것은 '단순한 권리
를 얻는' 법률행위에 해당하기 때문에 남자아이는 법
정대리인의 동의 없이 단독으로 초콜릿을 받을 수 있
다. 한편, 초콜릿을 선물하는 행위는 '단순히 권리를
얻거나 의무를 면하는 법률행위'에 해당하지 않는다.

그러나 민법 제5조 제3항에는 '법정대리인이 목적
을 정하여 처분을 허락한 재산은 …미성년자가 자유
롭게 처분할 수 있다'라고 규정되어 있다. 따라서 가령
A의 법정대리인이 초콜릿을 타인에게 주는 것을 허락
했다면 초콜릿을 주는 것은 인정된다.

이런 예를 보면 문단을 의식해서 쓰려고 해서 2번 줄 바꿈을 하였다.
그러나 줄 바꿈이 적절하게 이루어졌다고는 할 수 없다(*표시는 인용자가
했음). 여기에서 줄을 바꾸는 것이 정말 좋을까? 오히려 A 이야기와 B 이
야기를 명쾌하게 나누는 것이 좋을 것 같다. 그렇게 한다고 치면 어디에
서 줄 바꿈을 하는 것이 적절할지 생각해 보자. 또 한 가지 사소한 것이
지만 첫 부분에 '이는'이 무엇을 가리키는 건지 확실하지 않다. 첨삭 예
를 넣었다.

첨삭 예 ❻

15세 A(女)가 15세 B(男)에게 초콜릿을 선물했는
데, 이는 '당사자 일방이 어떤 재산을 무상으로 상대방
에게 준다는 의사를 표시하여 상대방이 수락하는 것'
(일본 민법 제549조)에 해당하기 때문에 증여계약이
다. 그러나 A나 B 모두 15세라는 점에서 미성년자이
다(제4조). 미성년자는 법정대리인의 동의가 없으면
단독으로 법률행위를 할 수 없지만 단순히 권리를 얻
거나 의무를 면하는 법률행위에 대해서는 단독으로 행
할 수 있다.

본건에서는 초콜릿을 선물 받은 것은 '단순한 권리
를 얻는' 법률행위에 해당하기 때문에 남자아이는 법
정대리인의 동의 없이 단독으로 초콜릿을 받을 수 있
다. 한편, 초콜릿을 선물하는 행위는 '단순히 권리를
얻거나 의무를 면하는 법률행위'에 해당하지 않는다.*

그러나 민법 제5조 제3항에는 '법정대리인이 목적
을 정하여 처분을 허락한 재산은 …미성년자가 자유
롭게 처분할 수 있다'라고 규정되어 있다. 따라서 가령
A의 법정대리인이 초콜릿을 타인에게 주는 것을 허락
했다면 초콜릿을 주는 것은 인정된다.

(손글씨 주석)
- 무엇을 가리키는지 불명확해요
- 전후 관계가 명점이 아닙니다
- (제5조 제1항)
- (동항 단서)
- 여기에서 문단을 나누는 것이 최선인가요?

문단 만들기를 고려하는 시점에서 또 다른 답안 예를 살펴보자. 아래
는 4문단을 나누었다.

우선, 이 설문에서 15세 A와 15세 B는 모두 18세가 되지 않기 때문에 A, B 모두 미성년자이다(일본 민법 제4조, 이하 법명 생략).

미성년자가 법률행위를 하기 위해서는 원칙적으로 법정대리인의 동의를 얻어야 하는 점(법 제5조 제1항 본문)과 A가 B에게 초콜릿을 선물했다는 행위가 증여 계약에 해당한다는 점(법 제549조)에서, 15세 A가 법 정대리인의 동의를 구하지 않고 초콜릿을 증여하여, 15세 B가 법정대리인의 동의를 구하지 않고 초콜릿을 수령한 경우 각각의 법정대리인이 법률행위를 취소할 수 있는지 문제 된다(법 제5조 제2항).

15세 A가 초콜릿을 살 때 법정대리인이 초콜릿을 구입하는 목적으로 재산을 건넨 경우, 그 법률행위는 '목적 범위 내'의 행위라 할 수 있으며 법정대리인이 해당 법률행위를 취소할 수 없다(법 제5조 제3항 전 단). 또 용돈 같이 목적을 정하지 않고 처분을 허락한 재산을 사용하여 A가 초콜릿을 구입한 경우에도 마찬 가지이다(법 제5조 제3항 전단). 그러나 법정대리인이 문구류를 구입하는 목적으로 A에게 준 재산을 사용하 여 실제로는 A가 초콜릿을 구입한 경우, 그 법률행위 는 '목적 범위 내'의 행위를 일탈했다고 할 수 있기 때 문에 법정대리인은 해당 법률행위를 취소할 수 있다

(법 제5조 제3항 전단).

　15세 B가 초콜릿을 받은 행위는 '단순히 권리를 얻은' 경우라는 점에서 법정대리인은 해당 법률행위를 취소할 수는 없다(법 제5조 제1항 단서).

　"[첫째 문단] 상황 분석 → [둘째 문단] 추상적 규범 확인 → [셋째 문단] A의 법률상황 고찰 → [넷째 문단] B의 법률상황 고찰" 이런 식으로 훌륭하게 썼다. 뒷부분의 두 문단이 길이적인 면에서 차이가 있지만 그런 것은 신경쓸 필요 없다. 이 문제에서는 A를 둘러싼 법률관계가 논할 것이 많기 때문이다.

　아쉬운 것은 두 번째 문단 중반부이다. 논리가 이어지지 않는다. "'미성년자의 법률행위에는 법정대리인의 동의가 필요하다' → '선물은 증여이다' → '이 설문의 법률행위를 취소할 수 있는 것은 아닌가'"로 이어지는데 두 개의 화살표 모두, 앞의 명제에서 뒷부분을 도출하기는 힘들다. 논리를 쌓아가기 위해서는 어떻게 하면 좋을지 생각해 보자.

　그리고 마찬가지로 두 번째 문단 마지막에 보이는 '… 문제된다'와 같은 표현에만 기대는 것은 좋지 않다. '문제된다' 표현은 남의 일처럼 보이고 주체성이 느껴지지 않는다. '문제가 되기 때문에, 이것을 고찰한다'와 같은 입장이 명확한 문체를 고안해 내면 문장이 더 단정하다. 첨삭 예를 보자.

첨삭 예 ❼

　　우선, 이 설문에서 15세 A와 15세 B는 모두 18세가
되지 않기 때문에 A, B 모두 미성년자이다(일본 민법
제4조, 이하 법명 생략).

> 　　미성년자가 법률행위를 하기 위해서는 원칙적으로
> 법정대리인의 동의를 얻어야 하는 <u>점</u>(법 제5조 제1항
> 본문)과 A가 B에게 초콜릿을 선물했다는 행위가 증여
> 계약에 해당한다는 <u>점(법 제549조)에서</u>, 15세 A가 법
> 정대리인의 동의를 구하지 않고 초콜릿을 증여하여,
> 15세 B가 법정대리인의 동의를 구하지 않고 초콜릿을
> 수령한 경우 각각의 법정대리인이 법률행위를 취소할
> 수 있는지 <u>문제 된다</u>(법 제5조 제2항).

[점...
점에서...
문제된다]
식의 문제를
즐겨쓰는 이유가
뭔가요?
논리 진행
방식이
이상해요.

　　15세 A가 초콜릿을 살 때 법정대리인이 초콜릿을
구입하는 목적으로 재산을 건넨 경우, 그 법률행위는
'목적 범위 내'의 행위라 할 수 있으며 법정대리인이
해당 법률행위를 취소할 수 없다(법 제5조 제3항 전
단). 또 용돈 같이 목적을 정하지 않고 처분을 허락한
재산을 사용하여 A가 초콜릿을 구입한 경우에도 마찬
가지이다(법 제5조 제3항 전단). 그러나 법정대리인이
문구류를 구입하는 목적으로 A에게 준 재산을 사용하
여 실제로는 A가 초콜릿을 구입한 경우, 그 법률행위는
'목적 범위 내'의 행위를 일탈했다고 할 수 있기 때
문에 법정대리인은 해당 법률행위를 취소할 수 있다
(법 제5조 제3항 전단).

> 15세 B가 초콜릿을 받은 행위는 '단순히 권리를 얻
> 은' 경우라는 점에서 법정대리인은 해당 법률행위를
> 취소할 수는 없다(법 제5조 제1항 단서).

3 번호 달기

문단과 관련된 문제가 나온 김에 번호 달기에 대해 약간의 첨언을 하고자 한다. 어지럽게 일련번호를 붙이는 것에 대한 폐해는 문단이나 줄바꿈 문제와 관련해서만이 아니다.

우선 번호를 붙여 열거하고 있는데, 무엇을 열거하고 있는지 설명이 없는 경우가 있다.

또한, 출제된 적도 있는 문제인데, '공소권 남용을 명제로 하는 다음 ①, ②, ③의 대법원 판결을 비교 검토한 후, 본문 사례에서 공소권 남용의 변호인 주장을 검토하시오' 같은 경우를 생각해 보자. '소위 형식재판으로 ① 공소기각(판결), ② 공소기각(결정), ③ 면소, ④ 관할위반 판결이 있는데 본문은 ①의 여부에 대해 검토해야 하는 경우로, 이하 논한다'와 같은 식으로 문장을 쓰는 경우를 종종 발견하는데, 여기에서 번호를 써야 하는 이유는 없는 것 같다. 판결에서 공소를 기각하는 경우만 논하면 되는 것이지 그 외의 것을 논하지 않기 때문에 번호를 붙여서 이어갈 만한 상황이 아니다. 번호를 사용하는 것이 무익하며, 채점자가 번잡스러움을 느낄 수 있다는 점에서 유해하기까지 하다. 번호를 써서 유익해지는 상황은 다음 문장처럼 '①, ②와 ③을 비교하면 …이 다르고, 형식

적 소송조건을 충족하지 않는다는 점에서 공통되는 ①, ②와는 …라는 점에서 다르기 때문에 구별된다'와 같이 전개되는 경우다.

단, 그런 경우라 하더라도 출제자가 이미 직권으로 사용하고 있는 번호 기능 행사에 도전장을 내미는 식의 번호 붙이기는 불손하며 논지를 흐리게 한다. 출제에서 '공소권 남용을 명제로 하는 ①, ②, ③의 대법원 판결을 비교 검토한 후에…'라고 언급했다면, 사용 중인 번호와 중복되기 때문에 '소위 형식판결에는 ① 공소기각(판결), …' 식으로 쓰는 것은 이상하다. 그다음에 사용된 ① 외의 것이 판례를 특정하는 것인지, 재판 종류를 논하는 것인지 알 수 없다.

그러나 번호를 멋대로 답안에 사용하는 기분도 모르지 않는다. 시험장에서 수험자들이 느끼는 심리는 암기한 것을 쏟아내는 것에 집중되어 있다. 공소권 남용 주장이 인정된다고 실체 심리를 하는 것은 아니기 때문에, '음.. 이거저거 있었네.. 맞어.. 노트에 필기해 둔 것을 우선 써 놔야지'라고 할 것이다. 그러나 채점자를 고려하지 않고 오로지 암기한 결과물을 쏟아내는 것에만 집중된 학생으로 보일 수 있으니 조심하는 것이 좋다.

나온 김에 한마디 더 하자면, 번호에서 요건을 열거한 후 사안에 입각한 검토를 할 때 일일이 '몇 번 보충' 같이 유행처럼 쓰는 것도 읽다 보면 구차하게 느껴진다. 이것도 결코 유익한 경우라고는 할 수 없고 오히려 글쓴이가 자기 납득을 하기 위해 사용되는 표현이라는 인상을 준다.

05

전하고자 하는 의지

— 재량점수 따내기 —

지금까지 논해 온 바와 같이, '괜찮은 구성'을 생각해서 문단을 고안해서 쓰는 것이 중요하다고 생각하는 것은 어찌 보면 너무 당연한 일이라 여러분들이 의식을 안 하는 부분이 있다. 무슨 말이냐 하면, 어차피 시험은 외운 것을 쓰면 점수가 되고 반대로 못 쓰면 점수가 되지 않는다. '쓰여 있기만 하면 되지, 알기 쉽게 쓰여 있는지는 상관없겠지'라고 마음속 깊은 곳에서 그런 생각을 하고 있지 않은가.

분명 지금까지의 교육 현실에서는 암기 지향적인 부분이 있었다. 그러나 그런 사고방식은 곤란하다. 법을 배우는 여러분들에게는 문제를 제기할 능력과 동시에 주제를 논리적으로 전개할 능력이 요구된다. 여러분들이 이 나라의 민주정치 수준을 좌지우지하기 때문이다. 법관이나 변호사가 될 사람들이 논리적이고 명쾌한 사고를 근거로 사법 권력을 행사해야 함은 물론이며, 그것을 비판하는 시민들도 알기 쉬운 문장으로 사고가 제시되기를 원한다. 그런 능력을 끌어내는 수단으로 학교 시험이 적절한 기능을 하고 있지 않다면 채점 방식을 바꾸면 된다. 즉, 채점자의 재량은 그런 것을 보완하기 위해 마련되어 있는 것이다. 같은 내용을 쓰더라도 문장이 서툴다면 개별 채점항목에서 무슨 이유에서라도 점수가 깎일 것이고 전반적인 평가에서 재량점수를 크게 잃는다. 사고력을 중시하는 우리나라 교육의 전반적인 분위기가 이런 식으로 흘러갈 것이고 법학교육은 특히 그러할 것이다. 힘들여 문장을 쓰는 것이 전체적으로 큰 득점을 하기 위해 필수적이라는 것을 알아야 한다.

06

근거 제시

— 법학적 마인드 함양 —

1 우선 근거를 제시한다

글은 자신의 머리로 생각해서 쓰라는 소리는 귀에 못이 박히도록 들어 왔을 것이다. 이 책도 그런 점을 강조하고 싶다. 그러나 법률 적용을 다룬다면 오히려 자기 머리로 생각하면 안 되는 경우를 논해야 할 때가 있다.

'자위대가 해외에서 활동하는 것은 헌법에 적합한지'라는 물음에 '뭐 최근 국제 정세는 말이죠.. 제가 생각하기에는 …' 등등, 또는 '자기 물건을 손괴하면 처벌받는지'라는 물음에 '음.. 여러 의견은 있겠지만.. 모든 물건에는 생명이 있기도 하고요.. 그건 설령 소유자라 하더라도 소중히 다뤄야 한다고 생각하거든요.. 어디까지나 제 견해이긴 한데요' 등등 다양한 논의가 있을 수 있고, 심할 때는 답안에도 이렇게 쓰여 있다. 그러나 이렇게 쓰면 곤란하다. 아무도 당신의 의견을 묻지 않았다. 일본 헌법 전문이나 일본 형법 제262조 등을 전혀 언급하지 않고 개인의 의견을 시종일관 써 내려간 답안은 1점도 줄 수 없다. 그것은 왜일까. 법률적용은 권력 작용을 취급하는 영역과 직결되기 때문이다. 자기 물건이라서 손괴

해도 처벌받지 않는 것은 이해가 안 된다고 생각하는 사람의 뜻에 반하여, 때에 따라서는 자유를 박탈하여 징역형을 내릴지도 모른다는 사안을 취급하고 있음을 상기하자. 물건에는 생명이 있다는 둥 당신 취향에 가까운 의견대로 처단된다면 참을 만한 상황을 넘어섰다. 그런 처벌을 받으려는 자에 대해 '결코 개인적 의견은 아니고 국민의 대표가 채택한 룰을 근거로 제시한 바, 아무리 개인의 물건이라도 압수되거나 타인에게 임대된 물건은 부수면 안 됩니다. 본건은 당신이 타인에게 빌려준 물건을 손괴한 것이기 때문에 유죄입니다. 설령 당신 마음에 들지 않는 해결방식이라 하더라도 강제하여 실현하겠습니다'라고 고지하는 것이 법률을 적용하여 그 적용의 본질을 배우는 자에게 요구되는 마음가짐이다.

2 다음으로 근거에 기초하여 자신의 의견을 제시한다

법률에 대한 답안을 쓸 때는 반드시 근거가 되는 법령 규정을 찾아보고, 법령이 있다면 적어야 한다. 이와 관련하여 어려운 문제가 있다.

근거가 되는 법령 규정을 못 찾는 때도 있다. 법령 규정이 있어도 그것을 이해함에 있어 의견이 분분한 경우가 생긴다. 예를 들어 다음과 같이 피고인이 주장했다면 어떨까. '분명 타인에게 임대한 물건을 손괴하면 죄가 되지만 저는 타인에게 무상으로 빌려준 물건을 부순 것이라서 무죄라고 생각합니다'라고. 명확히 법률에 기재되어 있지 않기 때문에 곤란한 상황이 발생한다.

이럴 때 비로소 자신의 의견을 쓸 수 있다. 오히려 자신의 의견을 써야 한다. 자신의 의견을 쓴다는 것은 누구의 권위(의견)에도 기대어서는 안 된다는 것을 의미한다. 재차 떠올려 보기를 바란다. 본인의 의사에 반한 해결책을 강요하는 권력을 우리가 다루고 있다. 모두가 지지하는 의견에 따른다면, 예를 들어 '선생님이 좋다고 했으니 상관없다, 판사 정도는 출세한 거겠지, 학자라면 다른 사람에게 비판받으면서 상처입지 않아도 된다'는 식으로 생각하는 사람들에게 자기 운명을 맡겨야 한다면, 이 나라의 사법은 썩었다고 할 수 있지 않은가.

권위에 기대지 않고 쓸 수 있는 능력도 법에 종사한 자에게 요구되는 마음가짐이라면, 답안에 (판례동일) 같은 이상한 괄호를 사용하는 것이 문제라고 인식해야 한다.

'…라는 사실관계하에 A·B 간의 법률관계는 어떻게 되는가'라는 문제에 대한 답안으로, 수험생이 이유를 덧붙여 일정한 결론을 제시하고 기술한 후 (판례동일)이라고 쓰는 경우를 자주 목격한다. 학생 여러분들의 버릇인 것 같기도 하다.

그럼 (판례동일)이라고 쓰는 경우 어떻게 평가될까?

이 경우, 부정확한 논술이 될 수 있고, 감점의 요인이 되기도 한다. 판례 중에는 사례 판단적인 성격이 짙은 것도 적지 않아, 그럴 경우에 정말로 문제 의도인 '…라는 사실관계하에서' 그렇게 생각하는 것이 판례와 동일한지에 대한 여부는 쉽게 단정할 수 없다.

다만 검토를 거쳐 판례동일이라는 결론을 낼 수 있을 것이다. 그럴 때 판례동일이라는 것은 무슨 의미일까. 수험생이 내린 결론이 판례의 취지와 일치된다고 해석할 수 있다. 그러나 잘 생각해 보면, 일반적으로 채점자는 판례를 알고 있으므로, 굳이 판례 정보를 수험생이 가르쳐 줄 필요는 없고 수험생도 그것을 잘 알고 있을 것이다. 그렇다면 판례동일이라고 쓰는 진정한 저의는 수험생이 판례를 알고 있다고 채점자에게 알리고 싶을 뿐인 것이다.

중요한 것은, 판례동일을 적는다고 해서 점수가 올라가느냐이다. 문제에서 '…라는 사실관계하에 A·B의 법률관계가 어떻게 되는지 판례 취지를 소개한 후 자신의 견해를 제시하시오'라고 되어 있다면, 판례가 언급된 답안과 그렇지 않은 답안은 평가가 갈리게 된다. 그것은 당연하다.

하지만 '…라는 사실 관계하에 A·B 간의 법률관계는 어떻게 되는가' 같이 판례언급 여부가 없는 질문에 대해, 판례를 언급한 자에게 가산점을 주는 것은 불공평하다. (판례동일)이라고 적지 않은 학생도 판례를 알고 있지만, 문제가 원하지 않아서 언급하지 않았을 것이고, 판례동일이라고 적지 않은 것이 감점 또는 가점의 요인이 될 수는 없다.

그리고 강조하고 싶기도 하고 가장 곤란한 경우는, 이유를 불완전한 채로 결론을 제시하면서 '판례동일'이라고 적는 경우이다. 당연한 이야기지만 이런 답안은 평가에서 낮은 점수를 받는다. 이유를 불충분하게 덧붙이면서 판례동일이라는 식으로 적어 만회되는 경우는 절대로 있을 수 없다.

그럼에도 불구하고 왜 판례동일이라고 적는지 생각해 보았다. 악의가 있는 경우와 그렇지 않은 경우가 있다고 본다. 악의가 있는 경우는 이유가 불충분하다는 것을 알아차리고, 권위의 힘을 빌려 점수를 좀 따보려는 불순한 동기가 있다고 생각하는데, 이 책을 읽는 여러분들 중에 이런 사람은 적지 않을까 싶다. 일반적인 경우는 이유를 더 말해야 할 것 같은데 계속 생각해 내는 것이 힘들어 적당한 선에서 타협해 판례와 같으니까 괜찮겠지 하고 써 버리는 경우인데, 소위 자기 자신에게 졌기 때문에 나타난 결과이다. 그러면 안 되기 때문에 무엇보다 여러분들에게 해 주고 싶은 말은 그런 괴로움과 힘든 과정을 끝까지 싸워서 버텨야 하는 것이고, 여러분들이 판례동일이라고 쓴들 채점자는 점수를 올려주지 않는다는 것을 알려드리고 싶다.

07

거창하게 쓸 필요는 없다

　지금까지 학생들에게 조언해 왔는데, 법학 교육에 종사한 교수 입장에서 생각해야 하는 것들이 있고, 법을 전공하지 않는 일반인에게 이해를 구하고자 하는 것도 있다. 이야기하자면 끝이 없기는 한데, 문제를 확대하면 우리나라 작문 교육이 부실하다는 결론에 봉착한다.

　먼저, 법학에 관한 특유한 문제점이라기보다는 다뤄지는 국어 문장 자체에서 생기는 문제도 있다. 지금 이 예에서도 볼 수 있듯이 '…점에서 …라고 문제된다. 이 점, …' 등은 법학도가 즐겨 쓰는 표현인데, 국어가 지닌 특성에 기인한 문제점도 있다. 뒤에 나오는 8장 '평이한 접속표현에 대한 자세'에서도 다루어 보겠다.

　또한 '문제로 함이 아니 되는 것으로 풀이된다'와 같이 난데없이 문어적 표현이 왜 등장하는지 생각해 보면 법률이 풍기는 분위기나 법학이 지닌 숙명적인 본질에 문제가 있다고 볼 수 있다. 이런 표현을 쓰는 의식 속에는 법을 논하는 문장이기 때문에 거창하게 써야 한다는 강박관념이 있다. 학생들은 충분한 훈련 없이 세련되게 쓰는 척해서 안 될 것이다. 숙련되어 있지 않은 상태로 그냥 그런 척만 한다면 어떻게 보일까. 법학부 신입생이 두꺼운 형법 책을 들고 마치 법률가가 된 듯 문어체를 쓰며, 잘난 척하면서 돌아다니는 모습을 떠올려 보라. 오히려 웃음거리가 될 수 있다.

그런 웃음거리가 되지 않기 위해서는, 너무 부담 갖고 쓸 필요가 없다. 하물며 잘난 척하면서 쓰는 것은 금물이다. 물론 너무 편하게 쓰는 것도 안 된다. 원고(原告)가 '불쌍하니까' 청구를 인정해야 한다거나 피해자가 상심할 것을 생각하면 피고인이 한 행위는 '화가 난다'고 유죄로 해야 한다는 등, 지극히 드물기는 하지만, 답안에서 목격이 되는 경우가 있다. 요컨대 부담을 갖고 쓰지 말고 쉽게 쓰자. 다시 말하자면 '간결하게 쓴다'는 생각을 해 보면 당연한 것이기도 한데, 법과는 상관없이 공식적인 성격의 문서를 쓸 때도 필요한 기본 사고이기도 하다.

08

평이한 접속표현에 대한 자세

— 따라서 · 그래서 · 그러나 —

1 '그러면' 같은 접속표현

법학부나 법학전문대학원에서 쓴 답안을 읽고 있으면 같은 답안에서 여러 차례 등장하는, 소위 습관이 되어 버린 표현을 발견하게 된다. 심지어 이러한 표현이 다수의 답안에서 발견되고 유행처럼 되어 버렸다는 사실도 엿보인다. 그런 유행표현들 중에서 '그러면' 같은 접속표현이 대표적이다.

2016년 1월에 세계보건기관이 종식을 선언한 에볼라 바이러스 때 화제가 되었던 사항을 소재로 하는 문장을 예로 들어 보겠다.

> 에볼라 바이러스 전염이 유럽 및 미주 선진사회에서도 위협이 되고 있다. 몇몇 나라들은 서아프리카에서 귀국한 사람들의 행동을 제한하는 것도 논의하고 있다. 행동 제한은 인권과 관련된다는 의견도 있다. 그러나 이 병이 가진 위험성은 심각하며 사람들에게 주는 불안감도 만만치 않아서 이대로라면 공황 상태에 빠지지 않는다는 보장도 없다.
> 그러면 귀국한 의료관계자의 행동을 규제하는 것은 어쩔 수 없다고 생각해야 한다.

자주 활용되는 논리 방식으로 답안을 썼으며, 어정쩡한 역할을 하는 '그러면'이라는 표현을 쓰고 있는데, 몇 가지 문제가 있다. 우선 가정표현을 사용하고 있는데, 이는 책임 있는 결정 태도라고 볼 수 없다. 공황 상태에 빠질 수 있더라도 사람들에게 잘 설명하고 근거 없는 풍문이 확산되는 것을 방지한다면, 공황 상태에 빠질 우려를 없애거나 줄일 수 있다. 이런 가능성도 잘 생각한 후에 공황상태에 빠질 가능성이 클지 아닐지에 대한 결정을 해야 한다. 귀국한 의료종사자들이나 보도 관계자들의 거주·이전에 대한 자유에 제약을 가할지 아닐지 하는 중대한 문제를 생각하는 것이기 때문에, '가령 공황 상태에 빠질 우려를 무시할 수 없다면' 같은 식의 무책임한 태도는 좋지 않다. 적어도 법을 공부하는 자라면 말이다.

그럼에도 불구하고 학생 여러분들이 이런 표현을 즐겨 쓰고, 결코 '따라서'라는 표현을 쓰지 않는 이유는 무엇일까.

2 첫 번째 이유

우선 간단히 떠오르는 이유는 자기방어이다. 귀국자의 행동 제한 여부에 대해 채점자가 선호하는 결론을 모르는 이상, 안전한 방법을 찾게 되고 여러 곳에서 단정을 피하는 식으로 논의를 마지막까지 이어 나간다. 소심하다고 쉽게 비웃을 수도 있으나 시험에서는 함부로 썼다가 불합격을 받을 수 있어, 웃을 수만은 없는 일일 것이다.

하지만 책임감 있는 글이라면, 어느 입장을 쓰든 높은 점수를 받을 수 있기 때문에 제대로 된 국어로 쓰라고 일러주고 싶다. 이어 여러분들에게 채점에 대한 기본자세를 소개한 후, 바람직한 단어를 쓰도록 장려하고 싶다.

3 두 번째 이유

학생들을 통해 '그러면'을 쓰는 또 다른 이유를 찾았다. 백 보 양보해서 그런 표현을 눈감아 준다 치더라도, 왜 '그러면' 대신 '그렇다고 한다면'이라는 표현을 쓰지 않는 이유에 대해 답한 것을 보고 놀라지 않을 수 없었다. '시간이 아까워요. 조금이라도 힘을 절약해야 하잖아요'라고 하더라.

분명 '그러면'으로 마무리되면 답안 중에 힘을 더 들인 것과 차이가 있을 것이다. 혹은 물리적인 차이가 크지 않더라도 심리적으로 약간의 차이가 있을지 모른다.

COLUMN 11. 리포트 문화와 답안 문화

실은 법학을 배우는 학생들에게 있어 글쓰기라는 것이 단순한 학습방법의 문제가 아니라 법조 양성제도개혁과 관련된 문제라는 점에서 오해를 살 수도 있으나, 한마디 해 보자면 주저 없이 정치적 문제와도 연관된 측면이 있다는 것이다.

법조 양성제도개혁의 중심에 놓인 것이 법학전문대학원 제도이며, 법학전문대학원에서는 입학자 선발의 다양성을 표방하고 있다. 법학부 졸업생뿐만 아니라, 경제학이나 회계학, 자연과학을 배운 소위 이과 학생들도 법조인으로 양성할 만한 가치가 있다고 보는 사고방식이다. 실제로 매력적인 사람들이 많이 모였고, 과거 사법고시로는 법조인이 될 수 없는 다양한 분야의 젊은이들이 법조인 자격을 취득하여 실제로 중요한 업무를 하고 있다.

그런데 희망을 품고 들어온 법학전문대학원에서 성적이 오르지 않는다는 사람들이 있다. 학부 과정 때 성적을 보면 다들 우수했는데, 대학원에서는 그렇지 않은 케이스가 꽤 있다는 것이다.

그런 현상이 사회학부 자유전공이나 국제관계 분야 학생들에게 두드러지게 나타나고 있는데, 학부 때는 미리 주어진 주제로 '긴 문장을 시간을 들여 여러 사항을 참조해서 쓰는 능력'으로 평가받아 온 학생들이다. 그런데 예외도 있기는 하지만 법학 성적평가는 시험문제에 대한 답을 정해진 시간 안에 논리적으로 암기한 지식에 근거해 쓴다. 한마디로 말하자면 리포트와 답안 문화의 차이인데, 다른 학부에서 우수했던 학생들에게는 수난을 가져다준다. 법학 시험은 짧은 시간과 한정된 지면에서 주어진 점수를 획득해야 한다. 대부분이 에볼라 바이러스로 초래되는 사회불안에 관한 처방을 책임 있는 법적 태도로 쓰라고 하면 못쓴다. 리포트라면 세계보건기구나 보건복지부, 입국관리당국 웹사이트를 참조해서 여유 있고 견고한 논지를 펼친다. 이런 리포트 문화에 익숙한 환경에서 효율적인 성과를 얻으려고 하니 '그러면'과 같은 표현을 쓰고, 대학에서는 허용되지 않는 리포트 제공 업체에 의지한다. 결국 논문 작성법이나 리포트 쓰는 법 같은 책은 수요가 없어서 팔리지 않는다.

4 법학을 배워 온 학생들에게

학생 여러분들이 쓰는 답안의 문체에서 유사한 현상을 보여주겠다. 평이한 순접 기능의 표현이 '그러면'인 것과 대조적으로, 역접 표현에서 버릇처럼 사용되는 것이 '그렇다 쳐도'인 것 같다.

문제에 대한 한 가지 해결책을 제시하자면, '그러면' 대신 '따라서'를 사용해야 한다는 것이다. '따라서'로 단정했으면 채점자는 결론에 도달하는 논리의 과정을 볼 수밖에 없다. 다음은 일본에서 2012년 소비세율 인상이 논의되었을 때 목격한 문장이다.

소비세율을 인상해야 하는지 시사적으로 논의되고 있다. A당·B당·C당 소위 3당 합의로 10퍼센트로 한다는 것이 예정되어 있다는 것이 문제이다.

이 점, 분명 경기가 생각한 대로 상승세라고는 할 수 없고, 개인소비가 저조해질 것은 현저하기 때문에 증세할 적절한 시기가 아니라는 견해가 있다는 점은 이해가 간다.

그렇다 쳐도 이미 정부 재정은 심각한 사태에 빠져있기 때문에 세입 구조를 발본적으로 개선하기 위해 다소의 희생은 어쩔 수 없다고 생각한다. 따라서 증세를 보류해서는 안 된다.

'그렇다 쳐도'가 아닌 '그러나'로 하면 되는 부분이다. '그렇다 쳐도'는 '그러나'보다 글자 수도 많은데 왜 '그렇다 쳐도'가 애용되는지 모르겠다. 그냥 유행처럼 쓴다고 봐야 할 것 같은데 굳이 이유를 밝혀 보자면, 단정을 피하는 자기 몸 사리기 감각이 무의식적으로 작동하여 간명하게 쓸 수 있는 '그러나'와 같은 역접표현을 피하고, 양보 표현을 사용하는 것 같다. '그렇다 쳐도'의 정식 양보표현으로 '그렇다고 하더라도'가 있는데 이것을 '그렇다 쳐도'로 쓰는 것은 글자 수를 절약하려는 심리가 숨어 있다고 봐야 할 것 같다. 어차피 정식 양보 표현인 '그렇다고 하더라도'를 쓰는 것도 채점자에게 좋은 인상을 주지 않는다는 사실을 알려 드리고 싶다.

또한 접속표현은 아닌데 문장 연결이 부자연스러운 전형적인 예로 '문제로 함이 아니 되는 것으로 풀이된다'와 같은 표현이 있다. 본래는

…이 가능한지 아닌지가 문제가 되는데, 그것에 대해서는 …이 불가능하다고 생각한다'라는 말을 멋대로 축약한 표현이다. 변형된 것으로 '조문없이 문제시되는 것도 안 된다고 풀이된다'와 같은 경우도 자주 목격된다. '명확한 규정이 법률에 마련되어 있지 않기 때문에 의문의 여지가 있다는 것인데 …에 관해서는 할 수 없다고 생각한다'로 고쳐야 한다. 번거롭게 독해가 필요한 커뮤니케이션 기능이 상실된 표현이지만 법을 공부하는 일부 학생들은 이런 표현을 쓰면 답안의 체계가 정비되어 있다고 오해를 하고 있다.

'문제시'라는 표현을 권위 있는 표현으로 오해할지 모르겠지만, 객관적인 표현으로 적절하지 않다. '조문 없이'라는 부분도 좀 더 욕심을 부리자면 '명확한 규정이 법률에 마련되어 있지 않다는 점에서'로 적어도 '이/가'와 같은 조사 정도는 넣어서 '명확한 규정이 없고'로 해야 할 것이다. 또한 약간 다른 성질의 문제이긴 하지만 이런 표현을 쓰면 자기 기분에 취해 논리가 결여되는 경우도 자주 목격된다.

> 본 질문의 피고인 채무자는 본건 거래 당시 치매가 진행되고 있었기 때문에 의사무능력이었을 가능성이 있고, 그 효력이 어떻게 되는지 조문 없이 문제로 함도 무효한 것으로 풀이된다.

이 답안이 써졌을 당시 민법에서는 의사능력이 없는 상태인 법률행위의 효력을 정하는 규정이 없었으나, 일본 민법 제3조의2[47])가 마련된 후에 채무자가 사물을 이해하여 거래했는지 다시 따져 봐야 한다. 사실관계 확인과 규정의 유무는 논리적으로 관계가 없다. 감각적으로 펜을 들게 되면 이렇게 된다. 통속적인 답안 문체에 의지하지 말고 평이한 문장을 쓰도록 해야 한다. 평이한 문장을 써야 비로소 명확한 논리를 표현할 수 있다.

5 신입생 여러분에게

법을 배운 경험이 있는 사람들을 대상으로 상기 조언을 했는데, 처음 법을 공부하는 독자분들에게도 가이드라인이 있다.

경제학부나 문학부 혹은 이과를 졸업하고 법학전문대학원에 입학한 분들이나 사회생활을 하다가 입학한 분들은 법학 답안에 대한 경험이 부족해서 불안함이 크다. 그 심정에 충분히 공감하며, 법학 학습경험이 자신보다 풍부한 친구에게 꾸준히 묻는 것으로 불안감을 해소할 수 있다. 그러나 친구의 조언은 잘 가려서 들어야 한다. 가급적 조교에게도 물어봐서 주어진 정보의 가치를 비교하여 판단해야 한다. '그러면', '그렇다 쳐도', '문제로 함도', '명문 없이' 등 이상한 표현으로 답안을 작성하는 것은 법학에서만 있는 일이다.

법학 문장에는 일련의 특별한 약속이 있고, 그에 따라 답안을 작성하지 않으면 점수를 못 받는다는 규율은 없다. 평이하고 논리가 명확한 글은 평가를 잘 받고, 그렇지 않은 글은 점수가 낮은 것이 지극히 당연하다. 이를 잘 이해하고 법률적 사고의 핵심을 명확히 써 내려가길 바란다.

6 번역 불가한 접속표현

또 다른 예로, 학생들 답안 중 '이 점'이라는 말을 문장 중간에 자꾸 넣어서 앞뒤 문장을 연결하는 경우가 자주 목격된다. 이 표현에 대해 법학대학원이나 법학과 교수님들의 의견을 물어봤더니 '그다지 유쾌하지는 않다'고 답하셨다. '이 점'은 서양어로 번역하는 것도 어려운 기묘한 접속표현이다.

그러나 유쾌하지 않거나 번역에 적합하지 않다는 이유만으로 학생들을 꾸짖을 수는 없을 터이다. 최근 변호사가 집필한 논문이나 심지어 판결문에서도 가끔 등장한다. 아마도 '이 점'으로 답안을 작성한 사람들이 법조인이 되었기 때문일 것이다. 이대로 계속 놔둔다면 말이라는 것이 어마어마한 전파력도 있어, 유쾌하지 않다고 생각하는 이들이 소수파가 되어 브레이크가 걸리지 않을 정도로 이미 퍼져있다고 해야 할 것 같다. 이런 양상은 '원칙, 금지됩니다', '기본, 그 의견으로 좋다고 생각합니다'와 같은 표현인데 '원칙적으로 금지됩니다', '기본적으로는 그 의견으로 좋다고 생각합니다'라는 표현을 부자연스럽게 축약한 것인데 지금 와서 부자연스럽다고 난색을 표해도 이미 신문기사나 행정문서에까지 퍼져있어서 막을 방법이 없다.

다행히 '이 점'에 관한 불가사의한 용법은 법률에 관련된 사람들 사이에서만 있는 듯하니, 가급적 지금이라도 주의해야 할 듯싶다.

그래서 이런 표현이 지니는 문제점을 몇 가지 관점에서 생각해 보고자 한다. 이 표현이 사용된 배경과 요인을 몇 가지로 들 수 있는데, 그러기 전에 우선 예를 한번 보자.

소위 말하는 여성 전용칸은 대중교통인 전철의 특정 차량에 여성만이 승차할 수 있는 것으로, 남성 승객의 사용이 제한된다는 점에서 그 도입 여부가 문제된다.

이 점, 남성이 남성임을 스스로 택할 수 없는 사유로 인해 행동에 제한을 받는 것이기 때문에 이는 법 아래 평등에 반하지 않는가?

이 점, 차내에서 치한 등의 피해를 당하는 일이 많은 것은 실제 대부분이 여성이다. 그러면, 통근 시에 여성이 기분 좋게 지낼 수 있도록 하고 이로써 양성공동 참여사회를 추진한다는 점에서도 여성 전용칸 시도는 이유가 있는 것으로 풀이된다. **이에** 여성 전용칸을 도입하는 것은 타당하다고 생각한다.

'**이**'가 무엇을 가리키는지 애매함은 이미 지적한 바이다. 덧붙여 아무리 찾아봐도 '이'가 지시하는 것이 없는 경우도 있다. 이렇게 되면 처음부터 지시표현을 쓰면 안 되는 경우에 지시표현이 쓰인 것이다. 어떤 법률관계자의 문장을 점검한 결과, 같은 페이지에 세 번이나 '이 점'이 등장한다. 그중에 하나는 요약(치환 가능하다면 '요컨대', '종합하면' 등), 다른 하나는 예시('예를 들어'), 나머지 하나는 역접('그러나')으로 치환되어야 하는 것들이었다. 또한 다른 문장에서는 같은 주 안에서도 두 군데에 '이 점'이 사용되어, 하나는 예시의 대용이었고, 다른 하나는 단순히 생략될 만한 것도 있다. 문장 관계를 깊게 생각하지 않아도 문장에서 문장으로 글을 전개할 수 있다는 편리함 때문에 많이 사용되고 있다. 이런 편리성에 기대어 '이 점'을 쓰면 자칫 싸구려 감성 문장이 되기 쉽다.

7 '이 점'이 많이 사용되는 배경요인

'이 점'을 자주 쓰는 이유가 무엇인가. 우리나라 교육제도에서 초등학교부터 대학교까지 논리적인 문장표현을 체계적으로 배울 수 없다. 시험도 대학에 들어갈 때까지는 OMR 카드로만 연습하고 가끔 문장을 쓰더라도 600자 이내로 쓰라는 경우가 대부분으로 논술이 없는 것과 마찬가지다. 그러다가 법조인이 되려면 갑자기 논리적인 문장으로 표현해야 하는 처지에 놓이게 된다. 당황스러워하는 것도 이해가 간다. 게다가 그런 당황스러움을 극복하기 위해서는 이미 성공한 선배나 동료의 것을 모방하는 것이 가장 손쉽고 빠른 길이다.

그다음 요인으로는 '그냥 멋있다'고 느꼈기 때문이다. 정제된 국어를 생각한다면 '멋있는 말' 따위는 좋은 게 전혀 아닌데, 처음 논리적인 문장을 쓰는 이에게는 왠지 사물을 멋있게 말하는 것처럼 비치는 것이다. 즉, '원칙, 금지됩니다'와 같은 표현이 만연한 이유와 흡사하다.

그렇지만 학생들이 '이 점'을 쓰고자 하는 충동에 휩싸이는 가장 큰 배경에는 국어의 특성과 국어를 쓰는 우리의 문화적인 특징이 있다. 의사소통할 때, 상대방에게 동조를 원하고 이를 확인하면서 논리를 전개한다. 앞서 든 예문에서 '이 점'이 두 번 나오는데, 치환하지 않고 제거해도 문장이 성립된다. 없어도 되는 것을 쓰는 이유는 그 앞 문장에서 다음 문장으로 전개를 부드럽게 이어주고, 읽는 이의 저항감을 줄이기 때문이다. 우리가 영어나 독어, 프랑스어 같은 유럽 언어로 작문할 경우를 생각해 보면 이해가 쉽다. 본래 이들 언어는 읽는 이에게 정서적인 동조를 구하는 표현이 없다. 그러나 우리가 영어를 말할 때 'then', 'by the way'가 계속 나오는 격이다. 이런 표현이 쓸데없이 등장한다면 안 봐도 필자는 우리나라 사람이라는 느낌이 온다. 문장과 문장 사이에 무언가 접속표현을 굳이 넣어야 하는지 외국인에게 검사받으면, 대부분이 삭제되기 마련이다.

COLUMN 12. 조화로울 때 비로소 귀해진다

조화로움은 선조들로부터 전해진 가르침이고 우리 언어에 녹아들어 있다. '이 점'이 없어도 되는 것 같기도 한데, 자세히 보면 역접의 뉘앙스가 있는 경우가 있다. 이러한 경우, '그러나', '그렇다고는 해도'를 쓰면 전후 문장의 논리적 갈등이 드러나게 되어, '이 점'을 쓰게 되는 것이다.

또한 '이 점'에 공통으로 드러나는 현상으로 문장에서 문장으로 연결될 때의 논리적 긴장을 버틸 수 없어서, 그 곤란함을 피력하는 것이다. 이를 꿰뚫어 보면, '이 점' 직전에 의문형으로 문장이 나오는 이유도 알 수 있다. 이런 의문형으로 문장을 끝맺는 것도 학생들 답안에서 자주 목격되는 표현이다. '여성 전용 칸이 평등에 반한다는 견해도 있다'고 명쾌하게 단정하고 논리를 풀어 가야 하는데 그런 단정을 했을 때 채점자의 심기를 건드리는 게 아닌가 걱정을 하기 때문에 완곡하게 표현하면서 '이 점'으로 부드럽게 연결하려는 심리가 무의식적으로 발동되는 것이다.

8 접속 기술 향상을 위한 조언

'이 점'이나 '그러면' 같은 부자연스러운 접속표현을 사용하는 이유를 알았다면, 어떻게 하면 되는지 조언이 궁금해질 것이다. 두 가지 조언을 제시하겠다. 우선, 접속사를 생략하고 써도 된다. 이는 튀는 제안도, 막나가는 주장도 아니다. 세계 무대에서 걸작으로 평가받는 '겐지모노가타리(源氏物語)'48)에 관해 2명의 석학이 이런 언급을 하였다. '겐지모노가타리'는 '접속사가 없는 문체로 쓰여 있다. 그렇기에 독자 저항이 강해서 읽는데 에너지를 요한다'. 독자에게만 에너지가 필요한 것은 아니다. 접속사를 쓰지 않고 긴장해서 써 내려간 필자 역시 상당한 에너지를 쏟았다고 본다. 그렇지만 접속사를 쓰지 않아도 하나하나의 문장이 지문과 조화를 이뤄 단단하다. 또한 이를 통해 그 당시의 세계를 생생하게 전하려는 작가의 의지가 담겨 있다. 문장과 문장을 접속사로 연결해서 조심스레 논리를 펼치겠다는 소심함이 없다. 어떤 평론가는 이런 방식을 비난하는 것은 아니지만, 현대인이 고전의 아름다움을 느끼며 읽기 위해서 어느 정도 접속사를 넣어야 하는 것이 좋지 않을까 조언한다. 한편 어떤 평론가는 겐지모노가타리 문체는 꽤 힘들지만, 읽어 보면 내용이 굉장히 부드럽고 섬세하고 논리적이라고 칭찬한다.

두 번째 조언은 접속사를 쓰고 싶다면 쓸 만한 가치의 것을 골라서 쓰자는 것이다. 평이하고 논리를 적확하게 전하도록 접속사를 고르는 것이 좋다. 여러 방식을 조합하여 여성 전용칸 글을 다시 써 보면 다음과 같다.

　　소위 여성 전용칸은 대중교통인 철도에서 여성 등 지정된 사람들만이 승차할 수 있는 것으로 지정된 차량이다. 이에 대한 도입 찬·반 의견이 분분하다. 반대하는 의견은 성별이 사람의 의사로 정해질 수 있는 사항이 아니고, 따라서 그것을 이유로 남성 승객의 사용을 제한하는 것은 합리성 없는 차별이라고 주장한다.
　　일반적으로 사람의 특징이나 속성에 따라 취급을 달리하는 것은 합리적인 근거가 있고, 그 내용이 적당한 한도 안에서 이루어질 경우에는 허용되어야 한다고 생각한다.

차내에서 치한 등 피해를 입는 것은 실제로 대부분이 여성이며, 이를 방치할 수는 없다. 여성의 사회적 진출을 권장하기 위해서라도 대처가 강구되는 것이 바람직하다. 그리고 현재 여성 전용칸은 하나의 열차에 한 칸만을 지정하는 것으로 남성 승객이 수용하기 어려운 불편을 겪는다고 평가할 수 없다.

따라서 현재 실시되고 있는 여성 전용칸 시도는 합리적이라고 생각한다.

COLUMN 13. 옛날에는 '필시' 오늘날에는 '이 점'

단순히 학생들 사이에서 유행하는 것이 아니라, 법을 직업으로 하는 사람들 사이에서도 이상한 표현이 목격된다.

과거, '필시'라는 부사 오용이 학자들 사이에서 유행했었다. 그리고 본래 '생각건대'라는 의미에 'because'라는 의미는 포함되지 않는데, 저명한 학자가 쓰기 시작해서 사람들이 그것을 모방하면서 수습이 곤란한 상황에 이르렀다. 최근에는 별로 안 보이는데, 자연스럽게 사라진 것이 아닐까 싶다. 하여튼 저명한 학자가 쓰는 말이니까 잘못된 표현이라고 지적을 하려면 용기가 필요했을 것 같은데, 다행히 국어적으로 적절하지 않다고 지적한 사람들의 용기가 있어 잘못된 부사의 오용이 사라질 수 있었다.

'이 점'은 줄 바꿈을 하고 난 후, 문단 첫 부분에 사용될 때 문제가 특히 부각 된다. 앞 문단 중의 어느 문장의 의미 내용을 지칭하는지 모르기 때문이다. 줄 바꿈 직전에 '이 점'을 사용한 예로, 여성의 재혼 금지 기간의 헌법 적합성을 다룬 최고재판소 판결49) 예를 들 수 있다.

'여성에 대해서만 6개월 재혼 금지 기간을 두고 있는 본건 규정이 입법목적과 관련하여 상기 취지에 맞는 합리성을 지닌다고 평가할 수 있는 것인지가 문제 된다. 이하 이 점에 대해 검토한다'

위 사례에서는 적절하게 쓰였다. 그래도 법률가가 문장을 작성할 때 '이 점'에 기대는 습관이 좋은 것은 아니다. 가급적 지시어에 의존하지 않고 쓰면 좋을 것이다. 이는 법학분 아니라 논리를 다루는 모든 학문 분야에 요구되는 사항이다. 관계사를 구사해서 논리 조합을 표현하는 영미권의 방식이 좋아 보이지만, 관계사보다도 지시하는 힘이 약한 지시어에 동일한 기능을 기대하면 때로는 논리가 애매해진다. 고민과 노력을 거듭해서 논리적인 문장을 작성하는 것이 중요하다.

장황한 글이 지니는 위태로움

— '…은' 과 '…이'에 주의 —

1 어떤 위태로움이 있는가?

'표현의 자유는 보장한다'에서 특별히 잘못된 것이 없다. 조사 '는'이 주체를 나타내는 주어 제시 역할만을 한다는 점에서, '표현의 자유'가 보장의 주체가 되면 이상하다. 그러나 '는'에 주제를 제시하는 기능이 있어, '표현의 자유는 헌법에서 보장한다'라는 의미가 되어 이상하지 않다. 같은 이유로 '어제는 비가 내렸다'는 문장도 허용된다.

'표현의 자유는 보장하는데, 그것은 사상의 자유경쟁을 활성화하여 민주주의를 적절히 기능하게 하기 위함이고, 함부로 타인의 명예를 손상하면 범죄가 되어 처벌받는다'와 같은 문장을 썼다고 불합격이 되는 일은 없다. 하지만 잘 쓴 것은 아니다. 왜냐하면 전체적으로 무엇을 말하고 싶은지를 알 수 없기 때문이다. 표현의 자유가 보장되어 있다는 점, 표현의 자유의 취지에 대한 점, 그 취지에 비추어 정당한 근거가 있다는 점, 이들 중, 어느 것을 강조했는지를 말하지 않았다. 무엇을 역설하고 싶은지 모르기 때문에 독자는 저자를 신뢰하지 않는다. 글의 설득력이 떨어지고 심한 경우 역으로 정당성을 공격당한다. 그리고 '범죄가 된다'에서 주어는 무엇인지, '처벌받는다'에서 대상은 누구인지 쓰여 있지 않다.

초등학교 작문 시간에 주어를 밝히고, 주어와 술어가 호응하도록 쓰라는 지도를 받았을 텐데, 주술호응이 되지 않는 실수들이 자주 목격된다. 우선 맨 처음의 '은'은 주제 표시를 하는 것으로 주어 전치가 없는 상태로 문장을 시작하고 있는데, 주어를 언급했다는 착각에 '범죄가 된다', '처벌받는다'의 주어가 없어도 되는 것으로 생각했을 것이다. 국어는 주어를 생략하기 편리해서, 그 편리함에 심취하지 않도록 주의를 해야 한다. 그리고 자기도 모르게 그렇게 된다는 것은 문장을 길게 썼기 때문이다. 문장을 사항별로 나누어 주어를 확인하면, 주술이 뒤틀리는 것을 막을 수 있다.

그다음으로 문장이 길어진 이유는 '보장하는데'의 '데'에 있다. '데'는 역접 의미로 사용되는 경우도 있지만('자리 예약을 했는데 어제 두 자리 부탁한 그 예약은 일이 생겨서 취소해도 될까요?') 그것 말고도 주제 제시 의미만을 지니는 경우도 있다('자리 예약 때문에 전화드렸는데 오늘 두 명 지금 갈 건데 빈 자리 있나요?'). 그리고 주제 제시적 기능을 하는 '데'는 종종 마지막에 문장을 길게 늘어뜨리기 쉽다. '표현의 자유는 보장되는데'도 '지금부터 표현의 자유가 보장되는 것과 관련하여 논해야 할 것을 의제로 하겠습니다'라는 뜻으로 읽는 이에게 주제를 전달하고 있으며 그 자체적으로 어법적인 오류는 없다. 그러나 그 말을 쓰는 본인이 주의를 기울이지 않으면 긴 문장이 갖는 폐해의 원인이 된다. 그 때문에 가급적이면 '일문일의(一文一義)'로 하나의 문장에 과도한 부담을 주지 않는 것이 좋다.

2 긴 문장은 잘못된 것인가?

초등학교 작문 시간에서 긴 문장은 좋지 않다고 배운다. 대학교에서도 특히 이과 분야의 논문 작성지도 시에는 하나의 의미를 전달하기 위해서 하나의 문장을 쓰라는 말을 듣는다. 그러나 초등학교 국어 시간에 읽히는 작가들 작품에서 종종 긴 문장이 등장한다. 이는 왜일까. 실은 이과 분야 논문은 정제되고 확실한 논리를 전달하면 되는 것을 목표로 하지만, 문학은 이야기가 달라진다. 읽는 이와 감성을 공유하기 위해, 완급조절을 하는 문장 내지 문장의 리듬을 구사하여 읽는 이를 끌어들여야 한다. 때문에 최적의 묘사를 위해, 한 번에 쓰는 것이 적당하다 싶으면 아무렇지도 않게 긴 문장을 사용하기도 한다.

법학은 이들의 중간에 있다. 논리가 강해야 함과 동시에 논리로서 성립하는 수개의 법해석 중 하나를 지지하는 가치판단에 동조를 구하여 읽는 이를 설득시켜야 한다. 때문에 긴 문장을 쓰는 것은 일종의 정당한 업무 행위이다.

'초등학교 작문 시간에 주어를 명확히 하고, 주어와 술어 호응을 맞추도록 지도를 받아 왔음에도 불구하고 자기도 모르게 실수하는 것은 몇 가지 이유가 있다.' 이 문장을 '초등학교 작문 시간에 주어를 명확히 하고, 주어를 술어와 호응시키라는 지도도 받았다. 우리는 이것을 잘 알고 있다. 그럼에도 불구하고 위 예에서 문득 실수하는 것에 몇 가지 이유가 있다고 추측한다' 이렇게 쓸까도 생각했다. 긴 문장이 잘못되었다는 것은 아니고, 글의 의미가 흐트러질 수 있기에 주의하자는 것이다. 의도적으로 길게 써서 독자가 단숨에 읽도록 하기 위해서는 긴 문장을 써도 좋다. 글의 전달력을 높이기 위해, 조사 '의'를 사용하는 것도 주의하라는 충고도 해 두고 싶다.

3 '은/는'을 주의할 것

　나온 김에 지적해 두자면 설령 주어 제시 의미로 사용되었더라도 '은/는'은 항상 주어 제시의 의미, 다시 말해 강조의 어감을 동반한다. 따라서 하나의 문장에 복수의 '은/는'을 쓰면 강조가 하나로 집약되지 않아 글의 의미가 흐려진다. 가급적이면 '은/는' 복수 사용은 피하는 것이 좋다. '원고는, 건물 명도를 청구할 수 있다'는 원고가 아닌 누군가는 명도 청구가 불가능하다고 강조하고 있는 것인지, 아니면 건물 명도는 청구할 수 있는 것에 반해 토지 명도는 청구할 수 없다는 것인지 불분명하다. '건물 명도를 청구할 수 있는 것은 원고이다'로 하든지 '원고가 명도청구를 할 수 있는 것은 건물이다'로 하면 된다.

10

자신만의 룰을 만든다

— 본서를 다 읽으신 여러분들께 —

　지금까지 이 책에서 학생들의 글쓰기 과정에서 해결해야 할 과제들을 점검해 보았다. 여러 지적을 했는데, 다시 한번 말하자면 학생들은 '스스로의 힘으로 해결하려는 의식을 가지고 사실을 소중히 다루며, 의견 발표 및 커뮤니케이션 능력'을 중시해야 한다. 그리고 교수는 '법학전문대학원 교육에서 수업을 통해 지식을 주입시키기에만 몰두하기보다 학생들에게 법조인으로서 사고하는 힘을 기르게 하자'는 것이었다.

　한마디로, 의미 없는 기술론에 집착하지 말고, 기본에 충실히 하자는 것이다. 기본에 충실한 것이 논리적인 글을 쓸 때만 중요한 것이 아니고, 사회인이 되어서도 자기 자신을 지킬 수 있게 한다. 기본에 충실한 문체는 스스로 만드는 것이다. 선인들의 문장도 참고하여 연구해 보자. 왜냐하면 문장은 그 사람 인격의 표상이자 개성의 표출이기 때문이다.

법학을 가르치는 사람으로서 드리는 한 말씀

— 채점자는 어떤 글을 원하는가? —

대학교수들은 일 년 내내 시험지 채점을 한다

대학에서 수업하는 사람은 리포트 과제를 내고 채점을 하는데, 특히 학기말 시험 기간이 되면 출제와 답안 채점 때문에 상당히 바쁜 시간을 보낸다. 그 외에도 입학시험 채점 및 각종 국가시험 채점 의뢰가 쇄도하기 때문에, 시험 채점 작업은 대학교수에게 연중행사라 할 수 있다. 교수들은 많은 경험으로 채점 작업에 상당히 숙련되어 있으며, 답안을 읽는 요령도 생겼다. 학생들은 눈치채지 못할 수도 있지만, 법 분야를 가르치는 사람들 사이에서 채점 시 생기는 비일률성은 극히 낮다. 같은 답안을 여러 교수가 채점하면, 학문적으로 기본적인 견해 차이가 있음에도 불구하고 상호 간의 평가에서 나타나는 변수(편차)는 그다지 눈에 띄지 않는다. 오히려 일률적인 결과를 낸다는 것이 통례이다.

시험은 학업 과정에서의 성과를 확인하기 위해 치러지는 행위이다. 학기말 시험인 경우에 수업 내용을 제대로 이해했는지가 주요 목적이다. 만약 본인 학설에 근거해서 쓴 답안이 아니라서 좋은 점수를 주지 않는 대학교수가 있다면, 필자는 그 교수가 틀렸다고 확신하지만, 수업 중에 다룬 내용에 대해 교수의 의도를 파악하여 성심껏 쓴 답안을 높게 평가

하는 것은 당연하다고 생각한다.

이해하지 못하면 좋은 글을 쓸 수 없다

법을 배우기 위해서는 최소한의 지식이 있어야 하는데, 본질적으로 해당 법학 분야의 논의를 이해하면서 자신도 그 논의에 주관을 펼칠 수 있게 되는 것이 매우 중요하다. 필자는 지금까지 법학부와 법학전문대학원에서 주로 형법을 가르쳐 왔다. 학기말 시험에서는 가끔 눈이 번쩍 뜨이는 멋진 답안을 만나곤 한다. 필자도 못 쓸 법한 그런 답안이다. 도대체 어떤 답안이냐면, 답안을 작성한 사람이 형법을 제대로 이해하고 있음이 그대로 전달된 답안이었다. '이 사람은 뭔가를 알고 썼네'라고 고개가 절로 끄덕여지는 답안이었다. 이는 대학 학기말 시험이든 변호사 시험이든 공무원시험이든 마찬가지이다.

형법 그 자체에 대한 이해가 부족한데 문장력이 좋아서, 좋은 답안이 된다? 좋은 평가를 받는다? 그런 경우는 있을 수 없다. 역으로 형법은 잘 이해했는데, 문장력이 부족해 높은 점수를 못 받는 상황은 있을 수 있다. 학생 중에는 법학 핵심을 이해하기 전에, 답안 쓰는 법을 신경쓰는 경우가 있다. 이는 본말전도라 할 수 있다. 법학 공부가 불충분한데 문장력으로 좋은 점수를 기대할 수 없다. 법학의 학문적 성격을 떠나서, 좋은 문장이라고 할 수 없으며, 법의 내용적 이해와 별도로 글쓰기가 존재하지 않는 것을 알아두기 바란다.

소위 논증 패턴이라 불리는 것들

법학을 공부할 때, 범용성이 있는 지식과 사고력을 갖추는 것이 매우 중요하다. 소위 모든 사례를 미리 모두 검토하여 해결 방법을 배우는 것은 불가능하며, 인간의 두뇌 용량이 한정되어 있기 때문에 기본적인 사례와 그 해결 방법을 잘 입력해 두고 그것을 유연하게 응용하는 형식으로 여러 문제를 해결해야 한다.

그런데 채점자 입장에서 보면, 일정한 논증 패턴을 그대로 붙여넣기 한 것 같은 답안, 출제한 사례에는 적합하지 않음에도 억지로 끼워 맞춰 일정한 결론을 도출한 답안(정확히는 결론이 논리적으로 도출된 것처럼 꾸민 답안)이 있다. 그런 답안에는 점수를 낮게 줄 수밖에 없다. 분명 범용성이 있는 사고패턴을 익히는 것은 중요하지만 ① 우선 교과서에 있는 것을 잘 읽고, 기본적인 논리 과정을 이해한 후에 ② 대표적인 사례의 해결 방법을 배우고, 그 안에서 논증 패턴을 익힐 필요가 있다. 교과서에 있는 기본적인 사고를 제대로 이해하지 않고, 상당수의 각기 다른 패턴의 기본 사례를 검토해 보지 않고, 단순히 몇몇 사례에만 들어맞는 논증 패턴을 기계적으로 기억해서 여러 사례에 끼워 맞추는 것은 무리가 있다. 지금까지의 경험상 좋지 않은 답안의 전형적인 예로는, 논점이 나오지 않는 답안과 논증 패턴을 시종일관 붙여넣기 한 답안, 이 두 가지라고 본다.

그럼 어떤 답안을 써야 하는가?

이하 채점자 입장에서 읽고 싶은 답안의 견본을 제시해 보겠다. PART Ⅰ에서 다룬 몇몇 사례문제가 시험에 나온다고 생각했을 때, 이런 답안이라면 채점자들도 만족할 만하다. 복잡한 사례문제 1은 나중에 생각하기로 하고 일단 사례문제 2부터 보기로 하자. 여러분들도 지금까지 배운 것을 토대로 아래 문제가 출제되었을 때 어떤 답안을 쓰면 좋을지를 해답 예를 보지 말고 한번 고민해 보시기를 바란다.

 **사례문제 2**

> 甲은 종교단체 X교단의 신자이다. 甲은 교단에서 탈퇴하려고 행방을 감
> 춘 A를 찾고 있었는데, B가 A를 숨겨주고 있다는 정보가 있어 A를 찾기 위
> 해 오전 2시경, B의 가족이 사는 집 담을 넘어 정원에 무단으로 들어갔다.
> 甲의 형사책임을 논하시오.

만약 이 문제가 법학부 '형법각론' 강의 학기말 시험에 출제되었다면
다음과 같은 답안을 쓸 것으로 예상된다.

 해답 예

> 이 문제는 심야에 무단으로 B의 가족이 사는 집의 담을 넘어 정원에 들
> 어간 甲의 행위가 주거침입죄(일본 형법 제130조 전단)에 해당하는지를 묻
> 고 있다.
> 본죄의 객체는 '사람의 주거' 또는 '사람이 관리하는 건조물' 등이다. 이
> 케이스의 甲은 단지 B의 집 정원에 들어간 것뿐이지만, '사람의 주거'에 침입
> 한 것에 해당한다. 왜냐하면 B가 사는 집은 주거로서, 주거에는 건조물뿐 아
> 니라, 그것과 일체적인 주변인 위요지도 포함되기 때문이다.
> 또한 주거침입죄가 예정하는 행위는 '침입'인데, B의 주거권자 허락 없이
> 주거 내로 들어간 행위는 그 의사에 반하는 주거권 침해행위로, 침입에 해당
> 한다.
> 따라서 甲의 행위는 주거침입죄 구성요건에 해당하며, 甲(및 X교단)이 A
> 를 찾아서 돌려놓을 목적으로 그런 행위를 했다는 사정이 있더라도 위법성이
> 조각되는 이유가 되지는 못하기 때문에 甲에게는 주거침입죄가 성립된다.

해답 예의 첫 번째 문단은 소위 문제 제기 부분인데 甲의 형사책임을
검토함에 있어 그 후보가 되는 범죄를(형법전에 있는 몇몇 조항들과 함께)

명시하고 있다. 첫 번째 문단은 '지금부터 무엇에 관해 논할 것인지' 주제를 제시하는 부분이며, 법 문장 전체 구성을 논리적으로 제시하는 부분이기 때문에 읽는 이가 쉽게 이해하기 위해 없어서는 안 될 부분이다. 채점하는 입장에서는 이런 문장을 접하면 지금부터 이루어질 논증 방향이 잘못된 부분은 없는지 확인할 수 있다.

두 번째 문단과 세 번째 문단은 주거침입죄 구성요건 중(본문에 해답을 제시함) 검토가 필요한 '**객체**'와 '**행위**'로 나누어 본 사례에서 각각의 사실이 인정되는지에 대한 검토가 추가로 이루어지고 있다. 특히 주의해야 할 점은 주거침입죄의 객체인 '**주거**'라는 부분에 위요지가 포함되느냐는 것이다. 답안을 쓸 때 이 점을 애매하지 않게 확실히 언급하여 시비를 명확히 할 필요가 있다. 만약 수업 담당 교수가 수업 중에 이 논점에 대해 상세히 언급하여 예를 들어 위요지가 주거 등의 일부로 보호되어야 하는 대상이 되기 위한 요건에 대해 판례를 들어 설명했을 때는, 답안에서도 그런 논점에 대해 약간 자세히 검토하여 주거 일부가 된다는 논거 등에도 언급하는 것이 좋겠다.

마지막 문단은 검토된 결론을 제시하는 부분으로 甲이 A를 발견하여 되돌려 놓으려 했다는 사정으로 인해 이루어진 행위가 정당화되는 것이 아니라(위법성 조각사유가 되지 않는다)는 부분도 빠짐없이 언급하고 있다.

 사례문제 3

甲은 사례문제 2와 동일한 상황에서 도망 중인 A를 찾고 있었는데, B가 A를 숨겨주고 있다는 정보가 있어, A가 정말 B의 집 안에 있는지를 확인하기 위해, 오전 2시경, 인접한 아파트의 외부계단에서 무단으로 B가족이 사는 집 지붕에 올라갔다. 甲의 형사책임을 논하시오.

사례문제 3에서는 B가 사는 집의 지붕에 올라간 행위가 주거침입죄가 되는지를 묻고 있다. 여기에서도 본죄의 객체가 지니는 의미가 문제된다. 전술한 해답 예의 두 번째 문단을 다음과 같이 바꾸면 본문에 대한 해답이 될 것이다.

 해답 예

> 본죄의 객체는 '사람의 주거' 또는 '사람이 관리하는 건조물' 등인데 B의 가족이 사는 집은 주거로서, 주거에는 건조물뿐 아니라 위요지도 포함된다(판례·통설). 그렇다면 B의 집 지붕 위는 어떨 것인가? 주거침입죄의 처벌규정이 보호하는 사람의 주거공간(즉, 주거권이 미치는 범위)에는 지붕도 포함되는 것으로 해석된다. 왜냐하면 그것도 위요지와 마찬가지로, 거주 장소로 건조물 부분과 일체적으로 사용되는 것이며, 사적영역의 일부로 형법상 보호되어야 하기 때문이다.

다음으로 사례문제 4를 보자. 여기에서는 본죄의 '객체'뿐 아니라, 특히 조문상 예정된 '행위'로서의 **'침입'**의 의미가 문제 된다.

 사례문제 4

> 甲은 사례문제 2와 동일한 상황에서, 도망 중인 A를 찾고 있었는데, B가 A를 숨겨주고 있다는 정보가 있어 A가 정말 B의 집 안에 있는지를 확인하기 위해 오전 2시경, 무인기인 드론에 소형 카메라를 달아 B의 가족이 사는 집 부지 내를 비행시켜, 내부 모습을 촬영했다. 甲의 형사책임을 논하시오.

만약 이 문제 출제자라서 다음과 같은 답안을 읽는다면 만족할 것이고, 좋은 점수를 줄 것이다.

　　본문에서 드론에 소형카메라를 부착시켜 심야에 타인의 주거 부지 내를 비행시키는 행위가 주거침입죄에 해당하는지를 묻고 있다.

　　우선 본죄의 객체는 '사람의 주거' 또는 '사람이 관리하는 건조물' 등인데 B의 가족이 사는 집은 주거로서, 주거에는 건조물뿐 아니라 위요지도 포함된다(판례·통설). 따라서 B가 사는 집의 부지 내 공간도 건조물과 함께 일체적으로 사용되는 것이며 주거침입죄의 처벌 규정이 보호하려는 사람의 주거 공간(즉, 주거권이 미치는 범위)에 해당한다고 해야 한다.

　　그러나 드론을 타인의 주거 부지 내에 비행시키는 행위는 본죄에서 말하는 '침입'에는 해당하지 않는 것으로 보인다. 본죄의 규정에는 '사람의 주거 …에 침입한 자는 …'이라고 되어 있다는 점에서 그 해석상 본죄가 보호하는 타인의 주거 공간 내에는 '사람'의 신체가 들어가는 행위가 필요하다(단, 행위자 자신이 신체적으로 들어가지 않아도 누군가 타인을 들여보내는 간접정범 형태에서 일어난 실행도 가능하다고 해석된다). 현실적으로 사람이 들어가지 않더라도 기기나 동물을 가옥 내에 들여보내서 프라이버시를 침해하는 행위까지 '침입'에 해당한다는 해석은 조문에서 사용되고 있는 단어가 지니는 한계를 넘어선 유추해석이며 죄형법정주의 원칙이 지배하는 형법에서는 허용되지 않는 것이다.

　　본문에서 甲의 행위는 **주거침입죄**의 구성요건에 해당하지 않는다. 형법전에는 기타 甲의 행위에 적용 가능한 처벌 규정은 없어 그 행위는 불가벌이다.

이 답안에서는 형법에서 말하는 '침입'이라는 의미와 그 해석을 어디까지 다룰 수 있는지에 대한 한계가 명확히 거론되고 있어, 甲을 불가벌한다는 결론과 그 이유가 설득력 있게 제시되어 있다.

한 걸음 더

 사례문제 1

> 甲은 자동차 사고를 가장하여 A(여성)를 자살시켜 보험금을 취득하려는
> 계획을 세웠다. 甲은 폭행·협박으로 A에게 절벽 위에서 차를 탄 채, 한겨울
> 한밤중에 수온 5도인 바다에 스스로 뛰어들어 자살하라고 집요하게 요구하
> 여, A는 자살 결의에 이르지는 않았지만, 甲의 명령에 따라, 자동차에 타고
> 바다에 뛰어들 수밖에 없는 정신상태에 이르게 되어, 그대로 실행하였다. 그
> 러나 A는 수몰 전에 차에서 탈출하여 죽음에 이르지는 않았다. 甲의 형사책
> 임에 대해 논하시오.

사례문제 1 해답 예를 보기 전에 이런 종류의 법학 사례문제를 풀 때
반드시 알아 두어야 할 점을 말하고자 한다. 이런 사례는 이미 본서 같은
입문서 영역을 넘어 한 걸음 더 나아간 중급 레벨 지식에 속하는 것이다.

필자는 법학을 배울 때 다음 세 단계가 있다고 생각한다. 우선 첫 단
계는 민법이나 형법 같은 법학 교과서·체계서에 쓰인 것을 읽고 이해할
수 있는 독해력을 지님과 동시에 그 내용을 정확히 이해하고 머릿속에
입력시키는 것이다. 이 첫 번째 단계는 책을 읽는 힘을 몸에 익히는 것과
읽고 이해한 사항의 기본을 머릿속에 넣는 두 가지 행위를 포함한다. 첫
단계는 보통 학부 시절에 달성해야 할 것들이다.

두 번째 단계는 위 내용을 전제로 교과서·체계서에 써진 것을 사례
(케이스)에 적용하는 힘을 기르는 것이다. 지금 여기서 검토대상으로 하
는 형법 사례에서 구체적인 사실관계 중 어디에서 어디까지가 구성요건
에 해당하는 사실인지를 정확히 구분할 수 있어야 한다. 구성요건에 해
당하는 행위란 처벌 대상(동시에 처벌근거) 말고는 없기 때문에 필자는 그

것을 '처벌 대상 추출'이라 부른다. 두 번째 단계가 법학 교육의 중심이 되어야 한다.

이어 세 번째 단계는 위 두 단계를 거쳤다는 전제하에 민법이나 형법 같은 법률을 현실 사건에 적용하기 위해 필요로 하는 사실의 증명과 인정 방법에 관한 능력을 기르는 것이다. 형법에 관해 말하자면 구성요건에 해당하는 사실(따라서 증거에 의한 증명 대상이 되는 사실(요증사실))이 어떤 증거에 의해 어떻게 인정되는지를 배워야 한다. 이를 본격적으로 배우는 시간은 연수 기간이다.

법학 사례문제에서 그 해답을 찾는 방법을 배우려는 자는 첫 번째 단계의 과정을 밟아서 세 번째 단계로 이어지는 공부를 하고 있는지 전체적인 측면에서 자신의 위치를 자각해야 한다.

 해답 예

이 사례에서 甲은 A를 자살시키기 위해 폭행·협박을 가하고 절벽 위에서 차에 탄 채로, 바닷속에 뛰어들도록 집요하게 명령하여 그대로 실행하게 하였지만, A는 죽음을 면했다. 甲의 행위가 살인미수죄를 구성하는지, 아니면 자살교사죄 미수범 내지는 강요죄가 성립하는지 문제이다.

甲의 행위가 살인죄의 실행행위로 인정되기 위해서는 (가) 그 행위가 사람의 사망의 결과를 초래할 정도의 현실적 위험성을 지닐 것, (나) 그 행위와 결과 사이에 타인(행위자 이외의 사람)의 새로운 의사행위 개입이 없을 것이라는 두 요건이 필요하다.

甲의 행위는 우선 (가), 한겨울 한밤중에 자동차에 탄 채로 절벽 위에서 수온 5도인 바닷물에 빠지게 하는 행위로서 A의 생명을 잃게 하는 현실적으로 위험성을 지닌 행위이다. 이 행위는 단순히 강요죄에 해당하는 행위에 그치는 것이 아니라 살인죄의 실행행위성을 가진다.

또한 (나), 甲이 A에게 한 행위가 의사를 제압하여 자발적인 의사결정을 배제할 정도였는가라는 점은 의문시되며, 이것이 긍정된다면, 甲은 살인죄의 간접정범이 된다. 이런 사안에서 뛰어들기까지 A가 어느 정도의 자발적인 의사가 있었다 하더라도, 甲은 A로 하여금 명령에 따라 자동차에 탄 채로 물속에 뛰어드는 소위 불합리한 행위 이외의 행위를 선택할 수 없는 정신상태에 빠지게 했다. 따라서 甲은 자기 범죄의 목적을 실현하기 위해 배후에서 A의 행위를 지배했던 것이며, 살인의 정범으로서의 실행 행위성을 긍정할 수 있다. 甲의 행위는 A에게 자발적인 자살 의사를 일으켜 이를 실행시킨 자살교사미수 행위에 그치지 않고, 타인의 의사를 제압하여 구성요건 해당사실을 실현하게 한 것으로, 살인미수죄의 간접정범이다.

또한 甲은 A가 자살할 생각으로 바다에 뛰어들었다고 오신한 것 같은데 그것이 살인미수죄의 고의를 조각하는 것은 아니다. 다시 말해 甲이 A에게 자살 의사가 있다고 오신하였기 때문에 자살교사 행위에 지나지 않았다는 것은 아니라는 것이다. 甲은 A의 의사를 제압하여 사망하는 데 현실적 위험성이 높은 행위를 강요했다는 사실 자체에 대해서는 정확히 인식하고 있었고, 살인죄의 고의를 인정하기 위해 그것으로 충분하다.

이상과 같이 甲은 간접정범 형태로 살인미수죄에 해당하는 사실을 실현한 것으로, 그 착오는 고의를 조각하지 못한다. 甲에게는 **살인미수죄**가 성립한다.

해답 예의 첫 번째 문단은 본문에서 처벌 대상이 될 수 있는 행위를 제시하여 무엇을 논해야 하는지에 대해 주제로서, 명백히 밝히고 있다.

두 번째 문단은 살인의 실행행위성을 긍정하기 위해 필요한 두 가지 요소가 명백히 제시되어 있다. 이는 법적 문제 해결에 있어서 판단기준이 되는 법적 룰(규범적 명제)이라는 의미에서의 '규범'을 확실히 하는 것이다. 세 번째 문단 및 네 번째 문단은 두 번째 문단에서 밝힌 살인죄의 실행행위성을 긍정하기 위한 '규범'에 포함되는 (가) 위험성 요소, (나) 정범성 요소의 순서로 '적용' 여부를 검토하여 이를 모두 긍정하고 있다. 다섯 번째 문단은 객관적으로 살인미수죄에 해당하는 사실이 있다고 해도, 행위자 甲의 착오에 의해, 가벼운 형벌규정(여기에서는 자살교사 미수죄)이 적용되는 것은 아닌지에 대해 검토하여 이를 부정하고 있다. 마지막 문단은 검토한 결론을 제시하는 부분으로 전체를 간결하게 정리한 것이다.

본문에서 논점은 크게 3가지인데 이는 행위의 위험성, 행위의 정범성, 착오로 인한 고의조각 유무이다. 이들 세 가지 논점을 정확하게 짚었고, 그에 관해 명쾌한 논증과 결론이 제시되어 있는지를 보는 것이 답안의 포인트이다.

또한 이런 '보험금 살인'에 대한 사안에서 범인은 보험금을 타려고 했다는 점에서 단순한 살인죄가 아닌 강도살인죄가 되는(이 경우 강도살인미수죄가 된다) 것이 아닌가 하고 생각하는 사람이 있을지도 모른다. 그러나 소위 보험금 살인인 경우, 범인은 폭행·협박을 가하여 피해자로부터 재산을 빼앗지 않고, 제3자(보험사)에서 이를 타 내려고 한다. 따라서 강도는 성립되지 않고 피해자와의 관계에서는 통상적인 살인죄가 성립하고, 보험사와의 관계에서는 사기죄가 성립되는 것으로 볼 수 있다.

한 걸음 더 나아가

사례문제 1과 그 해답 예를 읽고 '어렵다'고 느낀 사람들도 많을 것이다. 앞서 말했듯이 사례문제 해결은 법학을 배우는 과정의 두 번째 단계에서 본격적으로 훈련되어야 하는 것으로 첫 번째 단계에서 배운 것을 토대로 배워야 할 것들을 재확인하면서, 한 단계 업그레이드한 좀 더 고도의 작업이라 할 수 있다. 여러분들이 만약 본격적인 형법총론이나 형법각론 교과서를 아직 다 읽지 않았다면 지금 말한 내용이 정확히 무슨 말인지 모르는 것은 당연할 것이다. 법학 공부 진도를 더 진행한 후에 다시 한 번 더 읽는 것도 좋을 것이다.

단, 여러분들 중에는 법학부 3, 4학년 또는 법학전문대학원 과정에서 이미 형법의 기본적인 과정을 한 번 훑은 사람들도 있을 것이다. 그런 사람들을 위해서 여기에서 좀 더 상세한 설명을 해 두고자 한다. 물론 지금까지 열심히 따라온 저학년 여러분들도 조금만 더 참고 마지막까지 읽는다면, 그것만큼 기쁜 일도 없을 것이다.

본서에서도 이미 언급했지만 법조인이 하는 일이란 법적용을 통하여 사건(분쟁)을 해결하는 것이며, 법적용이란 인정된 사실에 법해석에 따라 구체화·명확화된 법규범은 적용하는 것이다. 사례문제 해결을 문장으로 제시하는 것은 이를 위한 훈련이며, 그 중심이 되는 것은 사실관계 속에서 추출된 사실(인정사실)에 해석을 개입시켜, 구체화·명확화된 법규범을 적용시키는 것이다. 이하 여기에서 말하는 법해석과 규범 적용이라는 작업, 그리고 그들 상호관계에 대해 그 엄밀한 부분을 밝혀보고자 한다.

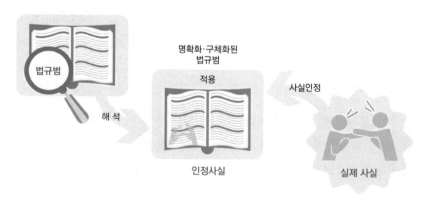

그림 _ 법적용 프로세스

개념 정의를 매개로 하는 '적용'

법규범을 사실에 적용할 때 법규범에 포함되는 개념을 정의하고, 이 정의에 따라 밝혀진 개념 구성요소에 대응하는 사실이 있는지, 즉 사실관계 속에서 찾는 것이 하나의 방법이다(사례문제 2~4에서도 주거침입죄에서의 '주거' 및 '침입'에 관한 개념의 구체적 해명이 요구되었다). 거기에는 법규범에 포함되는 개념(이하, 법개념이라 함)이란, 정의할 수 있는 것으로, 반드시 충족되는 구성요소로 분해 가능하다는 전제가 필요하다.

여기에서는 비교적 간단한 예를 들어 보겠다. 육법전을 열어 형법규정을 보면, 거기에는 '건조물'이라는 법개념이 곳곳에 등장한다. 예를 들어 건조물 방화죄, 건조물 침입죄, 건조물 손괴죄 등이다. 이 경우 건조물은 '지붕이 있고 벽 또는 기둥으로 지지되어 토지에 붙어서 그 내부에 사람의 출입이 예정된 것'이라고 되어 있다. 따라서 ① 지붕이 없는 것(비를 피하지 못하고, 그 안에 사람이 계속적으로 체재하도록 예정되어 있지 않은 것)이거나 ② 토지에 붙어 있지 않은 것(예를 들어 캠핑카)이거나 ③ 사람이 안에 들어가지 않는 것이거나 들어가게 되어 있지 않은 것(예를 들어 개집)은 건조물이라는 법개념의 구성요소를 충족시키지 못하고 이들은 해당하지 않는 것이 된다. 이러한 곳에서 이루어진 행위는 위의 각 형벌법규를 적용할 수 없다.

COLUMN 14. 원폭 돔은 '건조물'인가?

원폭 돔(구 히로시마현 산업장려관 터)은 주위에 철조망을 설치하여 일반인 출입을 금하고 있는데 그 안으로 허가 없이 들어간 행위가 건조물 침입죄에 해당하는지 문제가 된 경우가 있다. 법원은 다음과 같은 판단을 하여 본죄가 성립하지 않는다고 하였다.[50] '건조물 침입죄에서 말하는 건조물이란 … 일반적으로 지붕이 있고 담벽 또는 기둥으로 토지에 정착되어 있으며 적어도 사람이 내부로 출입하는 데 적합한 구조를 지니는 공작물'이라 해석되어, 당 법원도 기본적으로 이와 동일한 입장에 서 있다. 하지만 본죄의 보호법익에 비추어 보면 본조의 '건조물'로서는 구조적으로 보아 적어도 비를 피하는 외부와 구획된 내적 공

간이, 사람의 내부적 평온을 설정할 수 있는 것으로 해당 공작물의 효능, 사용
목적 등에 비추어 보아, 사람이 주거 출입을 본래 예정하고 있어야 할 필요가
있어 위 요건을 충족시키지 못하는 것은 … 그에 해당하는 '건조물성'을 소극적
으로 해석한다. … 본건 '원자폭탄 돔'의 '건조물성'에 대해 살펴보면 가장 구조
적으로 갖추어져 있어야 할 옛 창고 부분조차도 담벽이나 내부 상태로 보아 외
부로부터 내부적 평온을 설정할 수 있을 만큼의 체계를 지니는 것으로는 보기
힘들다고 볼 수 있고, 가장 중요한 부분으로 보이는 중앙 원통형 부분을 비롯하
여 다른 부분도 지붕이 전혀 없거나 혹은 없는 것과 별 차이가 없어 비를 피하
기에 충분한 효용을 지녔다고 볼 수 없는 것이 명백하여 이를 종합하여 보면
'원자폭탄 돔'의 전반적인 구조는 한마디로 폐허감을 면할 수 없고 도저히 사람
의 내부 출입에 적합한 구조로 볼 수 없으며 그 존재 의의나 관리 방법 측면에
서도 함께 고찰해 보면 그것이 사람의 내부 출입을 본래 예정하고 있지 않은 것
이 명백하여 결국 본건 '원자폭탄 돔'은 건조물 침입죄에서 말하는 '건조물'에는
해당하지 않는 것으로 판단할 수밖에 없다.

법개념을 – 그 정의를 개입시켜 – 법개념의 구성요소로 분해하는
것은 법해석이라 할 수 있다. 그리고 사실관계 속 정의의 결과로서, 밝혀
진 법개념의 구성요소에 대응하는 각 사실의 존부를 확인하고, 그 모든
것이 긍정되는지를 판단하는 것이 '적용'이다. 여기에서 적용의 판단은
법해석과는 꽤 명확히 구별될 수 있다.

평가적 판단을 요구하는 개념

위에서 적용된 실례로 '건조물'에 대한 법개념을 다루었다. 그것은 비
교적 단순한 사례라 할 수 있는데 COLUMN 14의 '원폭 돔'인 경우에 밝
혀졌듯이, 거기에서 필요한 판단은 결코 기계적이고 형식적인 것에 그친
다고는 할 수 없다. 법개념의 정의에서는 해당 법규의 목적 내지 존재 이
유(형법의 경우 그 형법의 보호법익)와 정합적이고, 동시에 문제 되는 구체

적 사례의 특성을 고려한 정의가 요구되며, 가공하지 않은 사실에서 법적으로 중요한 사실을 추출함에서도 법개념의 구성요소를 정확하게 파악한 후에, 하는 것이 중요하다.

단, 법개념으로 평가적 요소를 포함하는 개념이 사용되면 판단은 더욱더 어려워져 '적용'할 때는 더 발전된 법적 사고가 요구된다. 이런 경우 법해석(법개념의 구체화·명확화)과 적용의 판단은 이미 구별하기 힘든 밀접·불가분의 관계에 있다고 할 수 있다. 여기에서 하나의 예를 들어 보겠다. 형법은 몇몇 범죄 행위가 '**공연성**(公然)'을 요건으로 하고 있다. 예를 들어 공연음란죄, 음화반포죄 등이 있으며 그 의미는 기본적으로 동일하다. 가족 2~3명이 모인 장소에서 이런 행위를 했다면 이는 공연하지 않지만, 그 이외의 경우에 과연 언제 공연성을 인정할 수 있는지는 상당히 어려운 문제이다.

여기에서는 **명예훼손죄**를 예로 들어 생각해 보자. 이 죄는 공연히 사람의 사회적 평가를 저하시키기 족한 구체적 사실을 적시함으로써 성립된다. 여기에서 말하는 공연이라는 의미는 다른 범죄의 것과 동일하며 '불특정 또는 다수인이 인식할 수 있는 상태'이다(누군가가 실제로 인식할 필요는 없고 인식 가능한 상태에 있으면 족하다). 따라서 피해자의 명예를 훼손하는(즉, 피해자의 사회적 평가를 저하시키는 것에 적합한) 구체적 사실이 전달된 상대방이 특정되어 소수의 사람인 경우라면 그것은 공연한 것으로 볼 수 없다. 문제가 되는 것은 사실적시의 직접적인 상대방이 특정되어 소수인 경우, 후에 거기서 전파되어 최종적으로 불특정 또는 다수인이 알게 될 가능성이 있는 경우이다. 그런 전파될 가능성이 구체적으로 있는 상황이라면 그 발언 자체가 '불특정 또는 다수의 사람이 인식할 수 있는 상태'에서 이루어진 것으로 볼 수도 있다(즉, 공연성의 정의에 포함할 수 있다). 이런 의견은 판례가 인정하는 부분이다.

법학 논술 시험에서 명예훼손죄의 공연성을 이해하는지를 묻는 문제
는 다수 출제된다. 다음 사례에서 乙의 명예훼손행위가 공연성 요건을
적용할 수 있는 상황에서 이루어졌는지, 또한 그것을 판단할 때 중요한
사실은 무엇인지 주목하면서 사례를 잘 읽어 보길 바란다.

 사례문제 5

1. 甲(남성 17세)은 사립 A고교 (이하 A고교라 함)에 다니는 고교 2학년으
   로 A고교의 학부모회장을 맡은 아버지 乙(40세)과 둘이서 살고 있다.
2. 7월 어느 날 甲은 다른 학교 학생들과 치고받는 싸움을 하고 귀가하였다.
   乙이 얼굴이 부어 있는 이유를 묻자 甲은 다른 학교 학생들과 싸운 것을
   숨기려고 바로 乙에게 '수학 선생님인 丙이 시험을 칠 때 내가 부정행위
   하는 것으로 의심했다'라는 이야기를 하여, 乙은 그 이야기를 믿었다.
   乙은 예전부터 丙에게 개인적인 원한을 품고 있었고 이 기회에 화풀이하
   려고 丙이 甲에게 폭력을 행사한 것을 A고교 학부모 회의에서 문제를 삼
   아 사건을 많은 사람에게 퍼트리려고 마음먹었다. 이에 乙은 학부모 회의
   를 소집한 후, 회의에서 '2학년 수학을 맡은 선생님이 우리 집 애를 때렸
   다. 철저하게 조사해야 한다'고 발언했다. 학부모회에 출석한 사람들은 乙
   을 포함하여 보호자 4명과 A고교 교장이었고, A고교 2학년에서 수학을
   담당하는 선생님은 丙뿐이었다.
3. 학부모회에서 乙의 발언으로, A고교 교장이 丙과 다른 선생님을 조사한
   결과, A고교 교사 25명 전원에게 丙이 甲에게 폭력을 행사했다는 이야기
   가 퍼졌다. 丙은 교장에게 甲에게 폭력을 행사한 사실이 없다고 말했으
   나, 교장은 당분간 수업을 하거나 甲 및 乙과 접촉을 금하였다.

   이 사례에서 乙의 형사책임에 대해 논하시오(업무방해죄 및 특별법 위반
은 제외). 한편 乙에게는 공공의 이익을 위한 목적은 없었던 것으로 함.

이 경우에 乙은 학부모회에서 구체적 사실을 적시하여, 丙의 명예를 훼손하는 발언을 했다. 회의에 참석한 사람은 보호자 3명과 A고교 교장(합 4명)으로, 사실을 전한 직접적인 상대방은 특정적이고 소수였다고 볼 수 있다. 단 乙은 丙의 불상사를 다수에게 퍼트리려는 심산으로 사실관계의 철저한 조사를 요구하였고 그 결과적으로 불특정 또는 다수에게 전파되는 것이 처음부터 예정되어 있었다(그리고 실제로 丙의 근무지인 A고교 25명 교사 전원에게 전파되었음). 따라서 乙은 공연성의 정의에서 말하는 **'불특정 또는 다수가 인식할 수 있는 상태'**에서 사실적시를 포함한 명예훼손행위를 했다고 할 수 있다. 이렇게 본문에서 명예훼손죄의 성립이 긍정되기 위해서는 특히 乙의 발언 시점에서 전파될 구체적 가능성이 있다는 사실을 지적함으로써, 공연성 개념이 적용될 수 있다는 점을 논증하는 것이 필요하다. 일단 해답 예를 보면 다음과 같다.

 해답 예

1. 이 사례에서 A고교 학부모회장인 乙은 丙이 甲에게 폭력을 행사한 것을 다수의 사람에게 퍼트리려고 학부모회를 소집한 후, 거기에서 '2학년 수학을 가르치는 선생님이 우리 집 애 얼굴을 때렸다. 철저한 조사가 필요하다'라고 발언했다. 이러한 乙의 행위에 대해 명예훼손죄가 성립되는지가 문제 된다. 이 죄는 공연하게 구체적 사실을 적시함으로써 타인의 사회적 평가라는 의미에서 명예(외부적 명예)를 저하시킬 수 있는 행위를 함으로써 성립된다. 乙은 학생에게 폭행을 행사하는 것이 범죄를 구성할 수 있는 행위이며, 초중등교육법령이 금지하고 있는 체벌에 해당되는 행위를 했다는 사실을 지적한 것으로, 丙의 사회적 평가를 저하시킬 수 있는 행위이다. 乙은 사실적시를 함에 있어 丙의 이름을 거론하지는 않았으나 2학년 수학을 가르치는 선생님은 丙밖에 없다는 점을 적시함으로써 피해자의 특정성 요건에도 부족함이 없다. 또한 丙에게 당분간 수업을 못

하도록 하는 명예를 침해하는 결과가 발생하였지만, 본죄는 추상적 위험범이기 때문에 침해 결과 발생 그 자체는 범죄성립의 요건이 되지 않는다.

2. 사실적시는 '공연'하게 이루어져야 한다. 여기에서 말하는 공연이란 불특정 또는 다수인이 알 수 있는 상태를 말하는데 판례에서는 사실 적시된 직접적 상대방이 특정되고 소수라 하더라도 불특정 또는 다수인에게 전파될 가능성이 있을 때는 공연성이 인정되는 것으로 보고 있다. 적시된 결과 불특정 또는 다수인에게 전파될 구체적 가능성이 있는 상태가 있었을 때, 그것은 불특정 또는 다수인이 알 수 있는 상태이며 사실적시를 한 것으로 되기 때문에 이는 공연성 요건을 충족시킨다는 점에서 판례가 취하는 전파성 이론은 타당하다. 본건의 경우, 적시하는 직접적인 상대방은 특정되고, 소수(행위자 이외에 4명)였지만 거기에 교장이 포함되어 있었고, 乙은 丙에 대한 개인적 원한에서 발언 내용이 다수인에게 퍼지는 것을 목적으로 하여, 사실관계를 철저히 조사하라고 요구하여 그 결과 불특정 또는 다수의 사람에게 전파되는 것이 처음부터 예정되어 있음과 동시에 실제로 (A고교 교원 25명 전원이 다 알았음) 다수에게 전파되었다. 이는 사실적시를 한 시점에서 불특정 또는 다수의 사람이 알 수 있는 상황이 있었다는 것을 의미하는 것으로, 이런 경우에 공연성을 인정할 수 있다. 한편 乙은 스스로 사실관계를 철저히 조사하도록 요구하여 적시한 사실이 불특정 또는 다수인에게 전파될 수 있는 상황에 대한 고의도 인정된다.

3. 乙이 적시한 내용이 학생에 대한 폭행이라는 범죄라는 측면에서 공공의 이익을 위한 것인지를 검토할 수 있겠으나, 乙에게는 '공익을 위한 목적'이 없었기 때문에 진실한 사실 여부도 문제되지 않는다.[51]

4. 이상의 쟁점에서 이 사례에서의 乙의 행위는 명예훼손죄가 성립되며 乙은 그 형사책임을 진다.

종합적 판단이 요구되는 경우

지금까지 형법법규의 적용은 법개념을 정의하여 그것을 구성요소로 분해하여 사실관계 속에서 각각의 요소에 해당하는 사실을 추출하여 거기에 개념을 적용하는 판단으로 설명해 왔다. 그러나 법개념 정의와 그 구성요소를 사실에 적용하는 작업에는 설명이 불가한 경우가 있다. 예를 들어 형법총론의 중요한 논점이 되는 법적 인과관계('위험의 실현'을 긍정해야 할지), 부진정부작위범이 지닌 보증인적 지위(형법상 작위의무를 져야 하는 지위에 있는지), 정당방위상황(상대방의 위법한 공격이 있음에도 불구하고 그에 이른 경위에 비추어 정당방위상황이 부정되는 경우란 어떤 경우인지), 정범과 공범 구별(예를 들어 공동정범과 방조범을 어떻게 구별할 것인지) 등이다. 이런 경우에는 그 개념(예를 들어 위험의 실현, 보증인적 지위, 정당방위 상황, 정범 등)을 단순히 구성요소로 분해할 수는 없고, 이에 해당하는지에 대한 판단 시 고려해야 할 시점 내지 요소가 몇 가지 존재하여 그들을 종합적으로 판단함으로써 비로소 그 개념을 적용할 수 있는지에 대한 여부가 판단 가능하다. 이렇게 고려해야 할 시점 내지 요소는 어떠한 사례에서든 항상 충족되어야 하는 구성요소가 아니라, 한쪽 사례에서는 일정한 요소가 전면에 나오지만, 다른 사례에서는 그 요소가 뒤에 숨겨져 있어 서로 다른 요소가 전면에 나오는 경우가 있다.

여기에서는 일례로 **공동정범과 방조범**의 구별 문제를 다루어 보자. 현행 형법은 범죄에 관여한 자를 정범과 공범으로 구별하여 처벌하고 있다. 정범이란 실현된 범죄를 일차적으로 귀속시킬 수 있는 **주범**(공동정범)이며, **공범**(방조범)은 타인이 행한 범죄에 협력한 '조연'이다. 이들 법개념은 이것을 구성요소로 분해하여 사실에 적용할 수 있는 성질의 것이 아니다. 판례실무에서는 여러 명이 함께 범죄 실현에 주체적으로 관여한 자는(스스로 범죄행위를 실행하지 않았어도) 공동정범에 해당하는 것으로 보며, 이익향유 욕구·동기의 강도 등 주관적인 사정, 범죄수행 과정에서 피고인이 한 역할 등 객관적인 면을 종합적으로 고려하여 '자신의(을 위한) 범죄'를 함께 실현했다고 할 때 공동정범으로 분류하고, '타인의 범죄'에 힘을 빌려만 줬을 때는 방조범에 지나지 않는다. 공동정범과 방조범 구별은 다음과 같은 대법원 판례를 보면 알 수 있다.

 사례

> 甲은 A에게 대마 밀수입 계획을 제안받아 밀수입을 직접 실행하는 실행책을 맡아 달라는 부탁을 받았다. 甲은 거절했으나 대마를 입수하고픈 욕구에 휩싸여, 대리 인물을 소개하는 등 협조할 것을 약속했다. 甲은 지인인 B를 실행책으로 A에게 소개했다. A는 밀수에 성공하면 대마 일부를 준다고 약속하여 대마 밀수입 자금 일부를 제공했다. A는 그 지인인 C 및 B와 협의한 후, C를 현지에서 구입하는 구입책, B를 운반하는 운반책으로 태국으로 파견했다. B와 C는 태국에서 구입한 대마 1.414그램을 항로로 수입하려고 했으나 세관 검사에서 발각되어 체포되었다.52)

여기에서 甲이 대마밀수입죄 및 무허가수입미수죄에 대한 공동정범인지 아니면 방조범인지 문제가 된다. 분명 甲은 직접 수입에 관한 행위의 일부를 실제로 담당한 것은 아니다. 그런 의미에서 공동정범이라고 하기 어렵다. 그러나 한편으로 대마를 입수하고자 하는 욕구·동기 강도라는 주관적인 면에 관한 부분이 있고, 범죄 수행 과정에서 피고인의 중요한 역할(즉 실행행위자 소개나 자금 제공 등)을 수행하는 등 객관적인 면도 있어 이것을 종합적으로 검토했을 때, 공모자 일원으로 범죄 공모에 가담하여 그 범죄를 '자신의 범죄'로 실현한 자로 파악할 때는 상당한 이유가 있었을 것이다. 대법원은 甲을 공동정범으로 한 원심의 판단을 정당한 것으로 보았다.

종합적 판단법을 배운다

이상과 같이, 법적용에서의 프로세스는 법개념의 정의와 정의에 의해

명확하게 밝혀진 그 구성요소 사실에 적용하는 비교적 단순한 판단으로 이루어지는 경우가 있는가 하면, 몇몇 시점을 종합적으로 고려하여 다양한 사실 속에서 중요한 사실을 골라내어 그 개념으로 '파악'하여 판단하는 경우도 있다고 보아야 할 것이다(성문법 규범 및 법개념에서 출발하는 대륙법적 사고[연역적 사고]와 케이스와 상황의 비교에서 출발하는 영미법적 사고 [귀납적 사고] 간의 차이에 어느 정도 선까지 대응되고 있다). 개념 정의 선에서 해결이 된다면 오로지 개념 정의를 외우기만 하면 되는, 기억에 의존한 학습만으로 해결될지도 모른다. 이에 반해, 복수 시각에서 종합적으로 고려하는 것은 더욱 고도의 법적 사고를 요하는 것으로 법학전문대학원에서 수강하면서 경험이 축적되어야 비로소 몸에 익힐 수 있는 기술이다. 그러기 위해서는 판례에서 보이는 수많은 사례를 접하고 전문 법률가가 그 개념을 어떤 시점에서 파악하고 어떤 사례에 적용했는지를 추적하여 이를 체험하면서 머릿속에 동일한 사고 패턴을 쌓아 가야 한다. 이는 종종 법학 교육의 최종 목표로도 거론되는 '법률가처럼 생각할 수 (Think like a lawyer)' 있게 된다는 의미이다. 그리고 '법률가처럼 생각할 수' 있게 됨으로써 비로소 '법률가처럼 쓸 수' 있게 되는 것이다.

맺음말

본서는 법을 배우는 사람이 좀 더 쉽고 치밀하게 생각해서 법을 말할 수 있었으면 하는 바람에서 집필되었습니다. 여러분들은 본서를 접하고 좀 더 좋은 글을 쓸 수 있겠다는 느낌이 드시는지요?

현대사회에서 법은 더욱 많은 사람들에게 가깝고도 밀접한 형식으로 존재합니다. 10년 전에 필자가 발족한 라이팅 센터 기능을 설명하기 위해 법학 연구과를 찾아갔을 때 받은 충격을 아직도 잊을 수 없습니다. 라이팅 센터에서는 각자 글쓴이의 상황에 맞춰 글을 알기 쉬운 방법으로 튜터링한다고 이야기했더니, 법률 전문가인 그 교수님은 법을 배우는 사람들에게 알기 쉬운 문장을 쓰도록 도와주는 것은 오히려 독이 되기 때문에 대학원생은 가급적 라이팅 센터를 이용하지 않는 것이 좋겠다고 하시는 것입니다. 법률 혹은 법률을 논하는 말은 일상용어에서 괴리되어 있을수록 오해의 소지가 줄어들기 때문에, 어렵게 쓰는 것이 중요하다는 것입니다. 그렇구나 싶었는데 10년이라는 시간이 흘렀습니다. 시민들이 형사사건에 참여하는 재판원 재판(국민참여재판 제도와 유사 제도)이 생겼습니다. 법률을 논하는 글은 어렵게 쓰는 것이 중요하다고 말했던 사회가 변했습니다.

일상생활 속의 다양한 국면에서 동의서를 써야 하는 것도 지금의 법 실정을 반영하고 있습니다. 'ㅇㅇㅇㅇ 동의함'에 체크를 하지 않으면 다음 페이지로 넘어가지 않는 시대가 되었습니다. 동의서 내용을 잘 읽어보면 이런 것까지 정의가 되어 있나 싶을 정도로 놀랄 때가 많습니다. 법

내용은 보다 세분화되었고 보다 치밀해져 가는 것입니다.

이러한 사회에서 법을 배운 사람들이 좀 더 평이한 말로 치밀하게 생각해서 글 쓰는 기술을 익혀야 하는 것은 중요한 의미를 지닌다고 생각합니다. 그런 뜻에서 형법 전문가, 민법 전문가, 글쓰기 지도 전문가 세명이 팀을 꾸려 이 책을 출판한 것은 상징적이기도 하고 기쁜 일이기도 합니다. 법을 배우는 여러분들에게 이 책은 새로운 차원에서 드리는 응원이 될 것입니다. 이 책에는 앞으로 우리 사회를 짊어지고 갈 여러분들이 '쉬운 문장'으로 '치밀하게 생각'해서 법을 논하고 활약해 주었으면 하는 세 학자의 바람이 있습니다.

마지막으로 이 책을 기획하고 진행, 조사 등 모든 방면에서 수고해 주신 츠지 나나코(辻南々子)님과 2판을 담당해 주신 시마부쿠로 마나미(島袋愛未)님께 깊은 감사의 말씀을 드립니다. 두 분께서 꼼꼼하게 인내하며 도움을 주셔서 이 책을 완성할 수 있었으며 제2판을 낼 수 있었습니다. 이 책에는 세 교수님이 지금까지 해 온 수업에서, 학생들이 실제로 쓴 문장을 실제 예로 활용한 부분이 있습니다. 협조해 준 학생들께도 깊은 감사를 드립니다.

2019년 11월
저자를 대표하여 사도시마 사오리(佐渡島紗織)

역자 후기

　연구년에 일본 츄오대학 방문 준교수(日本中央大学訪問准教授)로서 초
대를 받고, 우연히 법학과 어학이 어우러진 이 책을 만나게 된 것은 큰
행운이었습니다. 신입생이나 재학생에게 늘 받던 질문이 "법학 답안 어떻
게 쓰면 A+ 받을 수 있나요?"라는 것이었고, 시험 전에 잠시 시간을 내
어 설명하기도 했지만, 막상 학생들의 답안지를 보면, 체계와 내용적인
면에서 문제의 의도를 파악하지 못하고 딴 이야기를 하는 학생들이 많아
서 보다 근본적인 설명이 필요하다고 생각했습니다. 한편 어떤 학생들은
쟁점과 상관없이 짜여진 틀에 맞추어 답안을 작성하는 경우도 보았습니
다. 틀렸다고는 할 수 없지만, 무조건 "구성요건해당성, 위법성, 책임"을
쭉 나열하는 식의 답안입니다.

　이 책을 보는 순간, '법적 사고력을 바탕으로 답안이나 리포트 작성
방법까지 알려줄 수 있는 책이다'라는 생각이 들어, 이다(井田) 교수님께
한국어판 제작에 대해 의논하였더니 흔쾌히 허락해 주셨고, 출판사와도
계약이 빨리 성사되어, 즐거운 마음으로 번역했습니다.

　번역서이지만 학습서 역할을 하는 이 책은 저자의 허락을 받고 의역
된 부분이 있습니다. 일본 고유지명 및 인명 등 학습에 방해가 된다면 과
감히 생략하고, 우리나라 법을 적용할 수 있는 부분은 우리나라 법을 적
용하고, 그렇지 않은 부분(예를 들어 참의원·중의원 부분 등)은 그대로 번역
하였습니다. 이렇게 번역한 이유는 학생들이 이해하기 쉬운 책을 만들고
싶었기 때문입니다. 즉, 학생들이 법학글쓰기에 조금 더 쉽게 다가갈 수

있도록 하기 위해서입니다. 외래어 표기도 원어 본래 발음에 가깝게 표기하여 현재 국어 맞춤법에서 벗어난 표기가 있습니다.

초벌 번역 후, 단국대학교 법학과 이아영 조교, LEX21 회장 김하은, 제주대 로스쿨 서지숙 학생의 도움으로 표현이 다듬어졌습니다. 간세이가구인(関西学院)대학 법학연구과 조교수 아베쇼타(安部祥太), 동 대학원 박사과정 박제민, 아사히 신문 기자 요시노 타이치로(吉野太一郎), 서울경찰청 고명준님, 한국외대 동소현 선생님이 번역작업에서 생긴 고민을 함께 해 주었습니다. 라이팅 표현과 관련해 경기고 왕건환 선생님, 단국대 장유정 교수님께서도 고견을 말씀해 주셨습니다. 지면을 빌려 모든 분께 감사드립니다. 이 책이 나올 수 있도록 힘써 주신 박영사 장규식 팀장님과 편집부 윤혜경님께도 진심으로 감사의 말씀을 전합니다. 사랑하는 가족에게 늘 응원해 줘서 감사하다는 말을 전하고 싶고, 기회가 된다면 강의 등에서 독자 여러분과 교류하면서, 이 책의 번역 작업에 대한 아쉬움을 달래 볼까 합니다. 질문이 있으시면 evergreen@dankook.ac.kr, keeyi@nate.com로 연락주시기 바랍니다.

마지막으로 한국과 한국인을 무척 좋아하시는 이다 교수님께서 "앞으로도 사이좋게 양국 간의 교류가 있었으면 좋겠다"라고 번역서 출간을 축하해 주셨습니다.

2022년 3월
공역자 이정민, 장성숙

미 주

1) 木田元, 『現象学』, 岩波書店, 1970.
2) 木田元, 『哲学の横町』, 晶文社, 2004, 34면.
3) 林大・碧海純一, 『法と日本語―法律用語はなぜむずかしいか』, 有斐閣, 1981, 127면.
4) 『존재와 시간』을 쉽게 해설한 책으로는 仲正昌樹, 『ハイデガ―「存在と時間」入門』, 講談社, 2015, 轟孝夫, 『ハイデガー「存在と時間」入門』, 講談社, 2017이 있다.
5) Martin Heidegger/高田珠樹 訳, 『存在と時間』, 作品社, 2013, 380면.
6) 碧海純一, 『新版 法哲学概論(全訂第2版補正版)』, 弘文堂, 2000, 123면.
7) 碧海純一, 위의 책, 125면.
8) Mathias R. Schmidt, Bob Dylan und die sechziger Jahre(Fischer Taschenbuch Verlag) 1983, S.124 f에도 같은 지적이 있다.
9) 역자주: 일본에서는 정령(政令: 내각이 제정한 명령, 한국의 대통령령(시행령)과 유사), 성령(省令: 각 부처 장관이 제정한 명령, 한국의 부령(시행규칙)과 유사).
10) 삼단논법에 대해서는 山下純司 외, 『法解釈入門』, 有斐閣, 2018, 3면 이하, 田高寛貴 외, 『リーがルリサーチ＆レポート』, 有斐閣, 2015, 8면・53면; 木山泰嗣, 『法学ライティング』, 弘文堂, 2015, 96면 참조.
11) 野矢茂樹, 『論理学』, 東京大学出版会, 1994, 78면.
12) 이 사례는 最決平成16・1・20刑集58巻1号1頁의 사안을 기초로 한 것이다.
    역자주: 最決은 최고재판소 결정으로, 우리나라 대법원 결정과 유사한 것이다.
13) '5W1H'는 'WHO 누가, WHAT 무엇을, WHERE 어디서, WHEN 언제, WHY 왜, HOW 어떻게'이며, 참고가 될지도 모르겠다.

14) 사람의 의사결정과 그 이유가 된 사실 간의 심리학적 관계를 '인과관계'라고
할 수 있을지에 대해 철학 분야에서 견해의 대립이 있지만, 여기에서는 인과
관계를 광의로 이해하고 싶다.

15) 정치 분야에서 의사결정 할 때, 이러한 실질적 논의의 가능성을 넓게 보장하
려는 사고방식을 '숙의 민주주의'라고 부른다.

16) 일정한 범위 내에 있는 상공도 포함한다고 해석될 수 있을 것이다.

17) 東京高判, 昭和54·5·21高刑集32卷2号134頁에서는 '주거의 지붕 위'는 주거
의 일부로서 주거침입죄가 성립한다고 판시하였다.

   역자주: 高判은 고등재판소 판결로, 우리나라 고등법원 판결과 유사한 것이다.

18) 현재 사형제도를 가진 일본의 현행법도 사형판결이 확정된 사람의 생명을
[사형판결 집행과의 관계를 빼고] 보호 대상으로 한다.

19) 最高裁判所決定, 平成16·1·20.

20) 상고가 신청된 항소심인 고등법원의 판결.

21) 司法研修所 編, 『裁判員裁判における第一審の判決書及び控訴審の在り方』,
法曹会, 2009, 7면.

22) 일본에서는 최고재판소(最高裁判所).

23) H.L.A.Hart/長谷部恭男 訳, 『法学の概念 第3版』, 筑摩書房, 2014, 38면.

24) 長尾龍一, 『法哲学入門』, 講談社, 2007, 171면.

25) 団藤重光, 『法学の基礎』, 有斐閣, 2007, 167면.

26) 역자주: 일본의 태평양 전쟁 전(前)·중(中) 대심원 판결(大審院判決: 일본에
서大判으로 약칭)은 지금의 최고재판소 판례 정도로 보장은 아니지만, 판례
위반이 상고이유 및 상고 수리 신청이유가 된다. 이 경우 최고재판소 판례
가 존재하지 않는 경우에 한정한다. 한편 대심원 판례 변경은 소법정에서도
가능했다.

27) Gunther Arzt, Einführung in die Rechtswissenschaft: Grundfragen mit
Beispielen aus dem deutschen Recht (Luchterhand, 1996), S.6.

28) 井田良, 「法令の解釈・事実の認定・法令の適用」, 『研修』848号, 2019, 3면.

29) Edward Sapir, 1884−1939.

30) 平林幹郎, 『サピアの言語論』, 勁草書房, 1993, 200면.

31) Ludwig Wittgenstein, 1889−1951.

32) Ludwig Wittgenstein·黒崎宏 訳 『論考「青色本」読解』, 産業図書, 2001, 11면.

33) James L.Kinneavy, 『A Theory of Discourse』, New York: W.W.Norton & Company, 1971, 48－72면.

34) 宇佐美寛 編, 『作文の論理－分かる文章の仕組み』, 東信堂, 1998, 96면.

35) 北川統之, 「条文の読み方Q&A)」, 『刑政』 1453号, 2014, 101－103면.

36) 野矢茂樹, 『論理トレーニング101題』, 産業図書, 2001.

37) 일본 유실물법 제2조, 제4조 제1항, 일본 민법 제195조 참조.

38) 最大判 昭和7・2・16民集11卷138頁.

역자주: 最大判은 최고재판소 대법정 판결로, 우리나라 대법원 전원합의체 판결과 유사한 것이다.

39) Samuel I. Hayakawa, 『思考と行動における言語, 原書 第4版』, 岩波書店, 1985, 173면.

40) 역자주: 일본어의 연체조사 'の'를 번역한 것임.

41) 역자주: 일본 전통 희극.

42) 역자주: 폭행을 기점으로 하여 이중의 결과적 가중범인 상해치사죄는 신체에 대한 불법적 유형력의 행사에서 폭행죄가 되고, 상해결과를 매개로 하여 사망에 이르게 된 때, 甲의 행위는 상해치사죄의 구성요건에 해당한다. 우리나라에서는 결과적 가중범의 중한 결과에 과실이 요구되지만, 일본에서는 판례에서 중한 결과에 과실을 요구하지 않는다.

43) J.E Sparks, Write for Power(Los Angeles: Communication Associates, 1982), 6－7면 부분을 필자가 번역.

44) 矢野恵美, 「スウェーデンにおけるジェンダー視点からみた受刑者処遇」, 『犯罪と非行』 176号, 2013, 155면.

45) 佐渡島紗織・太田裕子 編, 『文章チュータリングの理念と実践－早稲田大学ライティング・センターでの取り組み』, ひつじ書房, 2013.

46) 最大判 2015・12・16 民集69卷8号2586頁.

역자주: 일본 최고재판소는 우리나라 헌법재판소 기능을 겸한다.

47) 역자주: 2017년 개정으로 추가되었다. 법률행위의 당사자가 의사표시를 한 때에, 의사능력을 가지지 않은 경우는 그 법률행위는 무효로 한다.

48) 역자주: 일본 헤이안시대(平安時代)의 장편소설.

49) 最大判平成 27・12・16民集69卷8号2427頁.

50) 広島地裁昭和51・12・1刑月8卷11＝12号517頁.

역자주: 地裁는 지방재판소 판결로, 우리나라 지방법원 판결과 유사한 것이다.

51) 역자주: 명예훼손죄 위법성 조각사유 - 진실한 사실로서 오로지 공공의 이익에 관한 때는 처벌하지 아니한다.

52) 最決昭和57·7·16刑集36卷6号695頁.

법학글쓰기

초판발행	2022년 3월 31일
중판발행	2022년 9월 30일
지은이	井田良·佐渡島紗織·山野目章夫
옮긴이	이정민·장성숙
펴낸이	안종만·안상준
편 집	윤혜경
기획/마케팅	장규식
표지디자인	이영경
제 작	고철민·조영환
펴낸곳	(주) **박영사**
	서울특별시 금천구 가산디지털2로 53, 210호(가산동, 한라시그마밸리)
	등록 1959. 3. 11. 제300-1959-1호(倫)
전 화	02)733-6771
f a x	02)736-4818
e-mail	pys@pybook.co.kr
homepage	www.pybook.co.kr
ISBN	979-11-303-4144-6 93360

* 파본은 구입하신 곳에서 교환해 드립니다. 본서의 무단복제행위를 금합니다.
* 역자와 협의하여 인지첩부를 생략합니다.

정 가   17,000원